Gerald Kitzmüller

Rien ne va plus?

Eine Spezies auf dem Scheideweg

Liebe Frau Müller,

statt einer Ansichtskarte der (leider gescheiterten) Weltumwanderung schenke ich Ihnen gerne mein neues Buch.

Liebe Grüße
Gerald Kitzmüller

Impressum:

© Karina-Verlag, Wien
www.karinaverlat.at

Autor:	Gerald Kitzmüller
Lektorat:	Werner Diefenthal
Layout:	Werner Diefenthal, Karina Pfolz
Cover:	Design Karina Pfolz
Covercredits:	Ofner&Partner, Wildpixel, Shutterstock
Druck:	Tredition, Hamburg, Deutschland

ISBN Softcover: 978-3-903161-74-0
ISBN Hardcover: 978-3-903161-75-7

Gerald Kitzmüller

Rien ne va plus?

Eine Spezies auf dem Scheideweg

Inhalt

Vorwort

Der Mensch. Homo sapiens. Ein aufrecht gehender Affe, dessen Horizont längst jede Grenze überschritt. Dieses Wesen eroberte Wälder, später Dörfer, Städte, Länder und ganze Kontinente. Am Ende zähmte diese Kreatur die Gesetze der Physik und stieß das Tor zu zuvor absurd erscheinenden, gewaltigen Horizonten auf. Der Makrokosmos mitsamt seiner unbegreiflichen Größe wurde dem Menschen vertraut. Doch ebenso offenbarte sich dem Menschen der Mikrokosmos, in dem die Naturgesetze ebenso ihre ewige Arbeit leisten.

Ist es längst zu spät? Geht die glorreiche Geschichte der Menschheit ihrem Ende entgegen? Überzieht unsere Gesellschaft den Kreditrahmen, den uns unser Heimatplanet gewährte? Ist die erfolgreichste Kreatur der Evolution dem Untergang geweiht, weil sie sich nicht mit der Konstante natürlicher Grenzen abfindet?

Machen wir uns nichts vor und akzeptieren wir den chauvinistischen Gedanken, dass der Mensch das erfolgreichste Produkt der Evolution ist. Erfolg ist jedoch nicht alles, wird er um jeden Preis erzielt. Der Pyrrhus-Sieg über die von der Natur vorgegebenen Normen könnte uns vom Erdboden fegen. Erfolg ist eben nur ein Teil des Fortschritts. Eine sich selbst reflektierende Tierart trägt zwischen den Schultern einen entscheidenden genetischen Vorteil. Unser Gehirn erlaubt uns, unsere Taten zu hinterfragen und aus begangenen Fehlern zu lernen. Eigentlich beste Voraussetzungen, um den Erfolg unserer Weltengemeinschaft zu prolongieren … sollte man meinen!

Schon längst ist uns die Fragilität unserer Heimat bekannt. Vor allem in den reichen Industrieländern gewährt uns ausreichende Bildung einen geschulten Blick auf Konsequenzen unseres gierigen Wachstums. Viele Naturgesetze wurden selbst von schlechten Schülern verinnerlicht, z.B. die natürlichen Grenzen der Lichtgeschwindigkeit. Das Universum konnte seine Vielfalt nur entwickeln, weil es gewissen Regeln unterworfen ist. Eine davon lautet unmissverständlich, dass selbst größte kosmische Gebilde nicht ewig währen. Mit den Jahrmilliarden, die vergehen, dünnen Galaxien aus, Quasare verbrennen ihre schier unerschöpfliche Energie, selbst schwarze Löcher scheinen nach dem neuesten Stand der Wissenschaft nicht ewig durch die unendliche Schwärze des Raums zu schweben. ›Too big to fail‹ gilt für nichts und niemanden in diesem Kosmos. Wächst etwas über alle gesunden Maße hinweg, stößt es an eigene Grenzen. Ein blauer Hyperriese (die größte uns bekannte Sorte von Sternen) ist ebenso an Grenzen des Wachstums gebunden wie ein kleines Insekt. Schon Atome ziehen ihre Bahnen nach fix vorgegebenen Mustern. Täten sie dies nicht, wäre der Urknall ein Spektakel ohne Wirkung gewesen. Niemand im All hätte darüber forschen können, denn nichts Komplexeres wäre entstanden, nicht einmal Sterne. Ebenso unterliegen Völker natürlichen Wachstums-Grenzen. Wird ein Ameisenstaat zu dominant für sein Habitat, ist er gezwungen, auf ein besseres Revier auszuweichen, will er fortbestehen. Bäume wachsen ebenso nicht grenzenlos in den Himmel, wofür die Gravitation, Mutter der physikalischen Grundgesetze, sorgt. Mehr als 130 Meter ist ein Holzgigant nicht imstande, seine Krone dem Himmel entgegen zu recken, denn höher kann das lebenswichtige Nass, unser Wasser, nicht transportiert werden.

Die Entwicklung der Arten fand mit dem Menschen einen jähen Höhepunkt. Nie zuvor war ein Wesen auf der Erde in der Lage, abstrakt zu denken. Noch nie konnte ein Lebewesen diese Gedanken auch in die Tat umsetzen. Ein derartiger Vorteil im ständigen Wettkampf mit der unmittelbaren Umwelt ließ die Population des Menschen gedeihen. Mit wachsender Zahl an Individuen wuchs auch der Platzbedarf. Irgendwann geht jedoch jeder Raum zur Neige. Platzmangel entsteht. Die Nutzung des vorhandenen Geländes wurde schon vor Jahrhunderten stetig verbessert, mancherorts optimiert. Trotzdem: Auch, wenn modernste Technik vor kurzem noch für sagenhafte Effizienz sorgte … irgendwann kommt unweigerlich der Zeitpunkt, an dem das Ende der Fahnenstange erreicht ist. Dieser Moment ist jetzt gekommen unterscheidet sich eine technologisierte Zivilisation in keiner Weise von einem klitzekleinen Virus: Wird ein eingedrungener Organismus zu mächtig und bedient sich im Übermaß an einem Wirt – stirbt dieser. Die Verbreitung mancher Epidemie wurde bis 2019 nur deshalb im Zaum gehalten, weil die befallenen Wirtskörper zu schnell starben. So war es zum Beispiel bei Ebola. Wäre diese fürchterliche Krankheit nach der Infektion nur mit halbem Verwüstungs-Hunger programmiert, die Überschreitung in andere Körper zu Zwecken der Vermehrung würde erschreckende Opferzahlen generieren. Da Ebola aber, verglichen mit harmloseren, jedoch ähnlich strukturierten Viren, in Windeseile für Ermattung und Tod des Wirtskörpers sorgt, waren Pandemien von gefährlichen Seuchen wie dieser noch ausgeschlossen.

Während der Erstellung dieses Buches überholte die Realität das Geschriebene, denn Covid-19, das Coronavirus ›Sars-CoV2‹, fraß sich einen Weg, der inzwischen auf dem ganzen Erdball für eine Katastrophe sorgt. Die Pandemie ist da! Einstweilen kämpft ausnahmslos jeder Staat der Welt gegen die ungebremste Ausbreitung, um die medizinischen Kapazitäten nicht zu überlasten. Leider befinden sich einige Länder (Italien, Spanien, USA; Iran …) schon in der Bredouille. Die Todeszahlen steigen rapide. Fast die ganze Welt steht still und befindet sich im ›Lockdown‹, der uns zum Hausarrest zwingt, um die Verbreitung in Grenzen zu halten. Die Weltwirtschaft fuhr komplett hinunter, ein Kollaps droht die Menschheit in große Schwierigkeiten zu bringen. So ist dieses Buch bedauerlicherweise aktuell, wie es während des Schreibens nie war. Es bleibt mit dem aktuellen Stand der Dinge nur zu hoffen, dass sich die Opferzahlen während der Pandemie und durch den ökonomischen Shutdown in Grenzen gehalten werden.

Die Weltwirtschaft fuhr komplett runter, ein Kollaps droht die Menschheit in große Schwierigkeiten zu bringen. So ist dieses Buch bedauerlicherweise aktuell, wie es während des Schreibens nie war. Es bleibt mit dem aktuellen Stand der Dinge nur zu hoffen, dass die Opferzahlen während der Pandemie und durch den ökonomischen Shutdown in Grenzen gehalten werden.

Viren mutieren jedoch. Es ist nicht auszuschließen, dass tödliche Seuchen eines Tages auf dem gesamten Globus, bedingt durch die hohe Mobilität des Menschen, für Tod und Verderben sorgen. Der Hollywood-Film ›Contagion‹ zeigt trocken und unaufgeregt, wie rasant gefährliche Erreger die Schleusen der Flughäfen passieren und damit kaum noch einzudämmen sind. Der Mensch wiederum mutiert ebenso. Kaum eine Generation, die nicht durch wachsenden Wohlstand in den letzten hundert Jahren größer, stärker, klüger wurde. Gute Ernährung und hohe Lebenserwartung sorgen für eine explosionsartige Vermehrung unserer Art, den zwei Weltenbränden des letzten Jahrhunderts zum Trotz. Im geologisch lächerlichen Zeitraum von fünfzig Jahren verdoppelte sich die Population von Homo sapiens sapiens.

Die Prognosen für die nächsten Jahrzehnte sind schauderhaft, denn schon lange bedienen wir uns stärker an unserem Heimatplaneten, als dieser liefern kann. Ressourcen-Knappheit und das Kippen wesentlicher Bestandteile einer intakten Natur sind die Antwort auf einen vom Menschen unvergleichlichen Raubzug.

Ein Planet von der Größe der Erde ist natürlich nicht grenzenlos mit Bodenschätzen und Platz ausgestattet. Selbst wenn unser Planet die Größe des Jupiters besäße, käme eines Tages trotzdem der Zeitpunkt, an dem der irdische Brötchengeber mit dem enthemmt wachsenden Hunger seiner dominanten Spezies einfach nicht mehr mithält.

Tausende von Jahren vergingen, bis unsere Zivilisation den endgültigen Siegeszug über die Natur angetreten hat. Ein Nichts, verglichen mit allen großen Erschütterungen der Erdgeschichte, die zumeist mindestens ein paar hunderttausend Jahre für grobe Umwälzungen benötigten. Die Zähmung der Natur war nur eine logisch folgende Antwort unserer Intelligenz auf die Herausforderungen unserer gefährlichen Umwelt. Unser Planet ist aber kein unendliches Füllhorn, dessen wir uns nur zu bedienen bräuchten. Er ist – so wissen wir inzwischen – einem sensiblen Gleichgewicht unterworfen, dessen Erhaltung oberste Priorität für uns Menschen besitzen sollte. Gibt es keine intakte Umwelt, kann auch der Mensch trotz all seiner technischen Meisterleistungen nicht überleben. Wir können es drehen und wenden, uns alle Eventualitäten ansehen, rechnen und prognostizieren … am Ende ist Schluss mit lustig.

Klimawandel, Radikalisierung, Überbevölkerung und wirtschaftliche Notlagen stellen inzwischen nur einen Teil der von uns gezüchteten Gefahren dar. Wir haben gelernt, intellektuell geschärft durch die revolutionären Fortschritte der Naturwissenschaften, Gefahren und Herausforderungen präventiv zu begreifen. Studien, Funde und fürchterliche Erfahrungen der Vergangenheit lieferten Erkenntnisse, die uns zu denken geben sollten. In zahlreichen Segmenten moderner Forschung erkennen wir zum ersten Mal im Laufe unserer Geschichte naturgegebene Limits. Grenzen des Machbaren als auch der Ethik belehren uns über die Endlichkeit von Entwicklungen, präsentieren aber auch unbarmherzig, dass wir gewisse Schritte eher vermeiden sollten.

Vor allem aber während der letzten Jahrzehnte wurden unsere Limits nachhaltig nach oben verschoben, teilweise in kaum begreifbarer Geschwindigkeit. Die Auswirkungen dieser Epoche sind erst in ein paar Jahrhunderten vollends begreifbar. Unser Alltag ist mit dem unserer Großeltern kaum noch zu vergleichen. Bequemlichkeit und Komfort zogen wie ein Sturm der Gemütlichkeit in unsere Haushalte ein. Reziprok zum gesparten Aufwand für alltägliche Dinge wächst unsere berufliche Produktivität. Doch zu welchem Preis?

Langsam weicht die menschliche Arroganz gegenüber ihrer Umwelt der Angst vor dem kompletten Verlust ebendieser. Noch immer wird die permanent wachsende Bedrohung relativiert und kleingeredet. Reaktionen der Natur auf menschliche Aktionen folgen in steigender Zahl. Hungersnöte und Dürren, stärker werdende Stürme über den Meeren, steigende Häufigkeit von (durch ungebremsten Raubbau provozierten) Naturkatastrophen geben uns zu denken. Ständiges Bedienen am noch vor kurzem unerschöpflich geglaubten Füllhorn der Natur brachte uns nun in eine Bredouille, deren Ausmaße noch gar nicht richtig abschätzbar sind.

Die folgende Grafik zeigt unmissverständlich, wie die Human-Produktivität von 1990-2014 beständig wuchs.

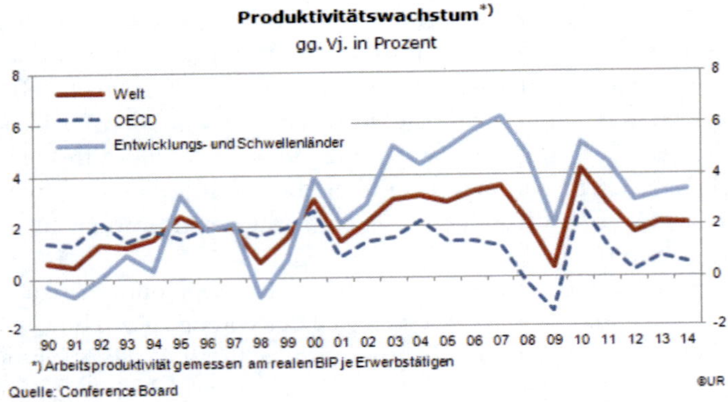

Doch zerstören wir Fauna und Flora unseres Heimatplaneten nachhaltig? Nein! Hier gilt es zu unterscheiden. Sogar ein nuklearer Weltkrieg würde Mutter Natur ›nur‹ um ein paar hunderttausend Jahre zurückwerfen. Es geht nichts verloren. Energie wird nur umgewandelt, doch bleibt sie dem Kosmos erhalten. Ausnahmslos bewies die Evolution in der irdischen Geschichte, dass selbst die größten Katastrophen schadlos überstanden wurden. Evolutionäre Anpassung kommt immer dann zur Geltung, wenn unvorhergesehene Katastrophen den Entwicklungsfaden von Mutter Natur zum Reißen bringen, denn manche Organismen überleben auch stärkste Einschnitte in die unmittelbare Umwelt. Diese Spielarten der Natur bilden die Basis für einen neuen Anlauf der Evolution, die unter speziellen Umständen dementsprechend zu reagieren vermag. Fünf Massensterben in der Weltgeschichte wurden durch dieses unbestechliche Prinzip schon überwunden. Das sechste ist gerade im Gange. Radikaler als zuvor schaffte es der Mensch – eigentlich die unumstrittene Krone der Schöpfung – sich selbst den Ast anzusägen. Der Yucatan-Asteroid[1], uns Menschen bekannt als die Katastrophe, welche jäh die Ära der Dinosaurier nach fast 150 Millionen Jahren beendete, schlug abrupt und mit unvorstellbarer Zerstörungskraft in die Erdkruste ein. Und doch dauerte es tausende Jahre, bis die Nachwirkungen des gewaltigen Einschlags endgültig (beinahe) alle Spuren des zuvor florierenden Lebens auslöschten. Es ist nicht die Natur, die vor

Schmerzen schreit. Sie existiert, weil die Naturgesetze einfach bestehen. Die Natur fühlt nicht, sie ist. Sie erholt sich daher von selbst und hat Millionen Jahre Zeit, um sich in anderer Form wieder zu regenerieren. Dieses Prinzip agiert so lange, bis unsere Sonne zum roten Riesen mutiert (in circa zwei Milliarden Jahren) und alles Leben auf der Erde unmöglich macht. Es sind ›nur‹ wir selbst, die in größter Gefahr sind!

Homo sapiens sapiens, der moderne Mensch, die (bisherige) Krönung der Evolution, ist im Begriff, sich selbst trotz geradezu perfekter Anpassungsfähigkeit den Boden mit Absicht abzugraben. Stur und bar jeglicher Vernunft wird aber weiter, schneller, höher und in rauen Mengen produziert, als gäbe es kein ›Morgen‹. Es wird weiterhin geprasst, verschwendet, der Wohlstand erhöht, Reichtum gefördert und dem Gewinn wie einem Götzen gefrönt. Der Trend zum Egoismus höhlte unsere Gesellschaft vor allem in den letzten hundert Jahren beständig aus. Jetzt ist kaum noch jemand gewillt, das Ruder herumzureißen, da der persönliche Wohlstand kaum noch reduziert werden will. Nur ein kleiner Teil unserer Gesellschaft ist dazu bereit, den Gürtel enger zu schnallen, obwohl jeder Einzelne von uns große Verantwortung daran trägt, den nächsten Generationen zumindest noch Reste dieses Paradieses zu vererben.

Wieso aber agieren wir alle so? Wieso macht kaum jemand von seiner Pflicht Gebrauch, achtsamer mit den Ressourcen von Mutter Erde umzugehen? Psychologisch ist dies relativ leicht nachvollziehbar: Unser ureigener Instinkt (neben der Fortpflanzung und dem Trieb zum Überleben) machte den Menschen erst zu dem Erfolgskonzept, das ihn schlussendlich ausmacht … Gier! Die uns angeborene Gier funktioniert nach ähnlichen Prinzipien wie Suchtverhalten. Wir streben nach immer mehr, sind aber niemals zufrieden! »Der Weg ist das Ziel« strahlt wie ein allmächtiges Mantra über unserer getriebenen Gesellschaft. Der gewohnte Standard, obwohl außergewöhnlich hoch, verkommt irgendwann zur langweiligen Normalität. Dieser Teufel in unserem Verhalten, der achtsameres Umgehen mit dem, was uns zur Verfügung steht, verhindert, bemüht sich redlich, uns als Kollektiv zum Scheitern zu bringen. Ohne der uns eigenen Gier wiederum - so die Kehrseite der Medaille – wären wir niemals so weit fortgeschritten. Das psychologische Prinzip gierigen Verhaltens impliziert eben auch den positiven Aspekt der Neugier! Das Eine ergibt das Andere – und vice versa!

Maßnahmen zur Rettung gäbe es, jedoch wächst mit jedem verstrichenen Tag die Schwierigkeit der praktischen Ausführung. Wenn sich Politiker, ihren Lobbys verpflichtet, halbherzige Zugeständnisse zum Abbau der CO^2-Emissionen abringen, diese aber zum Stimmengewinn bei Wahlen nicht einhalten, weil die Rettung der Welt langfristig und dadurch nicht für den typischen Wähler greifbar ist, wäre man versucht, aufzugeben und unsere Art abzuschreiben. Flugs werden diverse Versprechungen publiziert, die – Überraschung! – nach einer Wahl plötzlich kaum noch Wichtigkeit genießen. »Geht's der Wirtschaft gut, geht's uns allen gut!« ist Sinnbild einer verzerrten Wahrnehmung unserer politischen Landschaft, da die moderne Marktwirtschaft nur ein Dogma kennt: Gewinn! Da allen gewinnorientierten Firmen Grenzen gesetzt sind – schließlich ist jeder Markt einmal übersättigt – kennt unsere Politik keine Skrupel bei der Umweltpolitik und schiebt allfällige Einschnitte unseres Lebensstandards einfach vor sich hin. Schließlich gilt es, dem Individuum finanziellen Wohlstand zu garantieren. Darauf basiert unser gesamtes System. Sollen sich doch die Nachfolger darum kümmern, wenn man selbst alle Schäfchen im Trockenen hat!

Greta Thunberg und ›Fridays for Future‹, der ›Aufstand‹ der Jugend für die Erhaltung des Planeten, schüren neue Hoffnung auf eine klügere Gesellschaft der Zukunft, die noch nicht das Handtuch wirft, sondern aktiv und vor allem bewusst die grimmigen Herausforderungen der nächsten Jahrzehnte annimmt. Unsere Jugend hat allerdings keine Wahl, denn alle Alternativen enden katastrophal! Der Kollaps der Tier- und Pflanzenwelt, eine rapide steigende Häufigkeit von Wetterextremen, unerträgliche Hitze und Dürren, Hungersnöte, Konflikte, Kriege und viele schreckliche Konsequenzen heutiger Umweltsünden werden – ausschließlich zu unserem Nachteil – geduldig auf ein endgültiges Kippen der Umweltbedingungen hinweisen … bis es zu spät ist! Noch ist es nicht zwingend erforderlich, global radikale Maßnahmen zu treffen. Allerdings erschwert jeder verstrichene Tag die Meisterung dieser kolossalen Herausforderungen, deren Basen schon längst gelegt sind. Mit all den halbherzigen Zugeständnissen, dem Erhalt der persönlichen Bequemlichkeit unterworfen, verunmöglichen wir die Zukunft unserer Enkelkinder und deren Nachfahren. Wir werden als ›Generation der Zerstörer‹ in die Geschichte eingehen, hinterfragen wir nicht auf der Stelle dieses alles auffressende System, in dem wir leben.

Noch könnte die Zeit reichen, ginge jeder von uns nur ein wenig bewusster im Umgang mit den verfügbaren Ressourcen um, doch die Uhr tickt schon längst unbarmherzig gegen uns. Das kapitalistische System, bislang Triebfeder für Wohlstand und Innovation, läuft völlig aus dem Ruder, während die Gesellschaft gesättigt ist und permanent durch ständigen Hunger nach ›mehr‹ die Schlagzahl erhöht. Die Schieflage unserer Gesellschaft hat längst gefährliche Dimensionen angenommen. Es scheint, als wäre der

Mensch degeneriert, herrscht doch ein regelrechter Boom auf rechte Parteien und deren gierige, die Klimaerwärmung negierende, menschenverachtende Mentalität.

Als wollten wir die Apokalypse, die uns droht, beschleunigen oder gar erzwingen, fördern wir die Aspekte, die zur Zerstörung unserer Umwelt den Hauptteil beitragen.

Ein Kaninchen ist dazu geboren, die Flucht zu ergreifen. Deshalb entwickelte die Evolution eine Stellung der Augen, die es erlaubt, beinahe rundum zu sehen. Ein vollständiger Rundum-Blick wurde aber von Mutter Natur noch bei keinem Säugetier erfunden, weshalb auch der breiteste Fokus seinen toten Winkel besitzt. Befinden sich direkt vor dem Tier Gefahren, versagt der Fluchtinstinkt von Hasenartigen, weshalb sie in dieser Ausgangsposition oft mühelos von ihren Jägern gerissen werden.

»Wie das Kaninchen vor der Schlange« wurde Synonym für eine Gefahr, der man zwar ins Antlitz blickt, ohne deren tatsächliches Potential zu erkennen. Starr sieht man das Unheil kommen, wagt aber keine Bewegung … bis die Konsequenz unweigerlich eintritt!

Können wir die Katastrophe noch verhindern? Um ehrlich zu sein, schwindet mein persönlicher Glaube stetig. Um die Kurve noch zu kriegen, müsste sich unser aller Denkweise radikal ändern. Der weit überhöhte Lebensstandard in den Industrieländern müsste grob beschnitten werden. Gerechte Verteilung von Gütern an die Allgemeinheit müsste auf Kosten globaler Konzerne und der Superreichen forciert werden. Zur selben Zeit besteht die Pflicht, den eigenen Egoismus in den Hintergrund zu drängen. Wer aber soll dies initiieren? Vorbilder wie Jose Mujica, ehemaliger Präsident von Uruguay, berühmt durch unvergleichliche Bescheidenheit trotz des Amtes als höchster Politiker des Landes, sind rar gesät. Donald Trump und Co. als Galionsfiguren der neuen Gier treiben den Raubbau am Planeten voran, als wäre eh schon alles egal. Was also tun?

Die komplexe Misere, in der wir uns befinden, lässt sich nicht durch einfache Schlagworte beheben, weshalb ich mit diesem Buch einen anderen Weg bestreiten will. Um auch dem größten Skeptiker gewisse Vorgänge nahezubringen, will ich die Mechanismen der Kausalität erklären.

Das Prinzip von ›Ursache und Wirkung‹ hat uns in der gesamten Geschichte des Universums gezeigt, warum etwas geschieht und welche möglichen Folgen daraus entstehen. Aktuelle Zahlen lassen Schlüsse zu, die es auch dem Laien ermöglichen, der fatalen Situation persönliche Taten zur Verminderung der Gefahr abzuzwingen. Die Erhaltung unserer Umwelt und damit die Erhaltung von uns selbst begrenzt sich nicht auf die Prozesse der Politik, sondern fordern jeden von uns. Kausalität ist ein alltäglicher Vorgang, welcher uns rund um die Uhr begleitet. Versteht man dieses Prinzip halbwegs, entsteht die Fähigkeit, ›auf Sicht‹ zu leben, sprich: Man lernt, gewisse Vorgänge schon vor dem Ablauf zu erkennen und zu agieren, statt zu reagieren.

Eines sollte aber auch dem Ignorantesten unter uns bewusst sein: All die Behauptungen, meist von Populisten unter die Menschen gestreut, wonach der Mensch keinen Einfluss auf das Klima besitzt, sind grundfalsch. Unser Wohlstand ist weitaus schneller gestiegen, als es die Erde verkraften konnte. Auch wenn unsere Zivilisation keinen Einfluss auf das Klima dieser Welt ausüben würde, die Angst machenden Fakten liegen trotzdem unbeirrbar auf dem Tisch. Deshalb spielt es nicht die geringste Rolle, wer schlussendlich für den gordischen Knoten gesorgt hat, vor dem wir stehen. Das fundamentale Problem ist da! Und es ist auch schon längst in hiesigen Breiten zu spüren! Deshalb sollte auch der vehementeste Klima-Leugner eines akzeptieren: Ändern wir nichts, sind wir verloren. Da das Klima, ebenso wie die Artenvielfalt, keine politischen Grenzen kennt, hilft es uns auch nicht, uns auf Schritte der Politik zu verlassen. Hohe Politik kennt nur Macht und Gier. Vernunft verliert sich meist in den engstirnigen Grenzen einer Legislaturperiode. Auch das Warten, dass die USA oder China endlich Vorbildfunktionen übernehmen, ist bequem und schlecht, da die Verantwortung am Status Quo in uns allen steckt, weil wir allesamt Konsumenten eines gnadenlosen Wirtschaftssystems sind. Das System werkt unerbittlich weiter, bis nichts mehr übrig ist. Um die tödliche Gewinnsucht unserer gesellschaftlichen Struktur zu unterbrechen, braucht es Bewusstsein. In jedem von uns!

Darum geht es auch in diesem Buch. Es will nicht belehren, es will nicht von oben herab geschrieben sein. Immerhin bin auch ich als Autor Teil dieses Systems, dem zu entkommen so gut wie unmöglich ist. Es geht um Bewusstsein. Um neue Bescheidenheit. Um Sorgfalt mit Gegenständen. Und um jeden Einzelnen von uns.

Zivilisation

Kausalität und logischer Schritt

Ein sachlicher Überblick über die Gesamtsituation erfordert höchstmögliche Umsicht. Emotionen sind fehl am Platz und werden deshalb den Untergangspropheten kampflos überlassen. Um die Unbestechlichkeit natürlicher Mechanik zu begreifen, bedarf es Logik und Nüchternheit.

Gleich vorweg: Es sieht gar nicht gut aus! Doch emotionale Schlagzeilen sollen den Boulevard-Medien, politischen Parteien und ihren Marketing-Abteilungen überlassen sein. Emotion ist falscher Ratgeber in dieser beinahe aussichtslosen Lage, aus der uns nur strategische und möglichst gerechte Besonnenheit in unseren Entscheidungen retten kann.

Die aktuelle Kurve zeigt gnadenlos auf ›Ende‹, doch das kommt nicht von ungefähr. Hierfür verantwortlich ist ein klassisches Prinzip, das sich seinen natürlichen Grenzen nähert: Unaufhörliches Wachstum!

Endloses Steigern mündet stets im Kollaps: Sowohl im Kleinsten, wenn gewisse Bakterien-Kulturen Konkurrenz so dezimieren, dass am Ende auch die eigene Kultur verhungert, als auch in stellaren Dimensionen, in denen Sterne am Ende des Lebens aufgebläht ihrem Tod entgegengehen, um am Schluss zu implodieren und in einem kümmerlichen Rest zu enden, ist ›zu viel‹ ein tödlicher Zustand. Für Zivilisationen gilt dies ebenso.

Wir Menschen sind die dritte von vier Stufen der Evolution. Der Werdegang des Lebens erfüllt einen Zweck, der offensichtlich wirkt: Ziel jeder Art von Evolution ist es, das eigene Habitat zu schützen, um weitere Entwicklung vorantreiben zu können. Weshalb sich die Stufen der Evolution einfach definieren lassen: Nämlich aus der Perspektive des Lebensgebers selbst, der Erde.

Deshalb lohnt sich der Blick auf die Evolution, um einen vereinfachten Überblick über all die Geschehnisse seit Entstehung der Erde zu bekommen. Trotz der unberechenbaren Komplexität von allem lässt sich das meiste auf simple Prinzipien reduzieren. Um die aktuelle Notsituation zu begreifen, bitte ich Sie, die von mir genannten Punkte im Buch nicht nur zu lesen, sondern zu überdenken. Da ich nicht auf Richtigkeit der von mir genannten Dinge poche (außer Statistiken und Daten, die natürlich aus seriösen Quellen stammen), sondern Sie einfach nur animieren möchte, sich selbst Ihren Reim auf jene Art und Weise zu machen, wie ich es vorexerziere, hoffe ich auf Ideen, die Ihnen Ihrer persönlichen Fähigkeit zur Logik entwachsen.

Selbst aus der kleinsten Idee, der ›mindesten‹ Konsequenz, dem geringsten Umdenken bildet sich oft ein Schneeball, der, wenn viele Menschen das Ihrige dazu beitragen, schnell zur Lawine werden könnte.

Wird nichts hinterfragt, wird alles zur Kenntnis genommen. Die kommenden Kapitel bitten daher um laufend aktive Hinterfragung des Geschriebenen, denn die Summe der denkenden Köpfe erhöht die Zahl der potenziellen Ideen!

Die vier Stufen der Evolution

Vom aufrecht gehenden Affen zum Menschen

Stufe 1 – Das Objekt

Um Evolution zu ermöglichen, benötigt die Natur ein paar Ingredienzien: Materie und stabile Gesetze der Physik und Chemie. Vor allem aber jede Menge Zeit! Weshalb die Fachwelt der Astronomie mittlerweile beinah einstimmig meint, Leben könnte nicht im Umkreis großer Sternriesen entstehen. Da die Lebenszeit eines Sterns diametral zu seiner Größe steht, besitzen besonders große Sterne einfach nicht die Lebenserwartung, um komplexem Leben eine stabile Grundlage zu bieten. Es gilt die Faustregel: Je größer und heißer ein Stern, desto kürzer seine Lebenszeit. Ein Riesenstern wie der uns relativ nahestehende Beteigeuze[2] (1000x größer als die Sonne, ca. 400-500 Lichtjahre entfernt) verbraucht, bedingt durch seine pompöse Dimension, wesentlich schneller seinen Brennstoff als unser Heimatgestirn. Obwohl nur wenige Millionen Jahre alt, wird er in astronomisch kurzer Zeit zur Supernova und stirbt. Die Entwicklung des Lebens in seinem System – so eines vorhanden – findet daher keine Chance vor.

Zuallererst braucht es daher ein Objekt mit optimalen Voraussetzungen, um das Leben zur Entfaltung zu bringen: Nicht irgendein rundes Ding, das ziellos durch die Weiten des Alls treibt, sondern einen mit bestimmten Kriterien ausgestatteten Felsen. Der heutige Stand der Naturwissenschaft besagt, dass gewisse Erfordernisse zur Entfaltung des Lebens bereitgestellt sein müssen. Primäres Ziel der Entstehung von Leben ist Verbreitung und Erhaltung. Da wir unser Wissen auf kohlenstoffbasierte Organismen konzentrieren (andere Elemente bieten kaum die Möglichkeit, komplexe Kettenmoleküle wie Aminosäuren zu bilden), ahnen wir bereits, welche Zutaten für die Rezeptur des Lebens ungefähr nötig sind.

Carl Sagan (1934-1996) erwähnt schon früh den Begriff ›Kohlenstoffchauvinismus‹, die speziellen Eigenschaften des Kohlenstoffes, die Mehrfachverbindungen als Basis für komplexe Moleküle wie Aminosäuren erst ermöglichen. Silicium weist ähnliche Eigenschaften wie Kohlenstoff auf, doch sind Mehrfachverbindungen nicht nur schwieriger zu bilden. Langkettige Silicium-Verbindungen sind auch wesentlich starrer und unflexibler. Das Leben auf Silicium-Basis erfordert daher nicht nur wesentlich mehr Zeit als die uns bekannten Kohlenstoff-Organismen, es würde auch – so es existierte – in allen Belangen langsamer sein. Leben auf Silicium-Basis ist theoretisch möglich. In der Praxis aber gibt es keine uns bekannten Szenarien, die es auch unterstützen. Ein Indiz dafür bieten die irdischen Silicium-Vorkommen, auf der Erde wesentlich häufiger als Kohlenstoff. Trotzdem gibt es keine uns bekannte Form oder Vorform einer organischen Verbindung, die auf diesem Element basiert.

Wichtigste Zugabe für einen Planeten oder Mond, der eines Tages zum Lebensspender werden soll, ist Ruhe. Diese findet er in der habitablen Zone seines Muttergestirns, dem Abstand zu seiner Sonne, der Wasser in flüssiger

Form erst ermöglicht. Ist der Stern zu nah, verdampft das allmächtige Lebenselixier, ist er zu weit weg, gefriert es. Nur flüssiges Wasser erlaubt stabile Molekular-Bildung. Auch die Lage des gesamten Systems, in unserem Fall in der tristen Vorstadt der Milchstraßen-Metropole, besitzt große Wichtigkeit! Zu weit im Zentrum der Galaxis drohen Supernovae oder vorbeiziehende Sterne die Ruhe zu beenden. Dazu kommen große Mengen an Strahlung, tödlich für komplexe Molekular-Strukturen aus Kohlenstoff. Oft wird die härteste aller Wellen, – die Gamma-Strahlung, die es einem Planeten unmöglich macht, Leben zu schaffen – auf Grund solcher Ereignisse durch das endlose All gejagt. Gamma-Strahlung durch nahe interstellare Ereignisse verunmöglicht die Bildung jeden Lebens, da sie komplexe Moleküle zerstört. Auf der anderen Seite der Medaille wären rote Zwerge, die langlebigsten Sterne im All (sie leben oft auch Billionen von Jahren). Sie böten sich aufgrund der enormen Lebenserwartung zwar an, doch ist es auf Grund der hohen Strahlung, der ein Planet in der Nähe eines Sterns wehrlos ausgesetzt ist, unwahrscheinlich, dass sich Leben im Umkreis bildet. Strahlung alleine erschwert die Entstehung komplexer Aminosäuren-Konstrukte nicht, denn die hohe Gravitation in der Nähe von roten Zwergen sorgt zusätzlich dafür, dass gebundene Rotation (dieser Effekt sorgt auch dafür, dass der Mond immer dieselbe Seite an unsere Erde richtet) die Umdrehungsgeschwindigkeit der Trabanten um diese kleinen Sterne so lange runterschraubt, bis nur noch eine Seite Richtung ›Stern‹ zeigt. So entstehen enorme Temperaturen auf der Sonnen-Seite, während die Rückseite der Kälte des Kosmos Tribut zollt und bitterkalt bleibt. Kein guter Boden für Leben! Kategorisch ausgeschlossen ist die wundersame Entstehung lebender Organismen auf solchen Objekten natürlich nicht, doch fehlt der Menschheit noch jeglicher Hinweis darauf.

Kreist ein Trabant wie der Mond um das Objekt, oder kreist das Objekt selbst gelangweilt um einen Planeten, stabilisieren sich Bahn und Rotation. Im Falle der Erde ist es die Schwerkraft des Mondes, die es erlaubt, Gezeiten zu besitzen, die die chemische Suppe stets rühren. Wasser aber, das zauberhafte Molekül, ist die Essenz dieser Rezeptur. Ohne das köstliche Nass, in und um uns in nahezu göttlicher Omnipräsenz, entsteht keine Bildung komplexer Aminosäuren. H^2O ist der Zauberstoff, den es zur Entstehung von Leben braucht. Der blaue Planet bietet diese Voraussetzungen. Deshalb wissen wir: Weist das im All beständig seine Runden drehende Objekt all diese Aspekte auf, kann sich endlich das entwickeln, was unser Universum so besonders macht – Leben!

Stufe 2 – Leben selbst

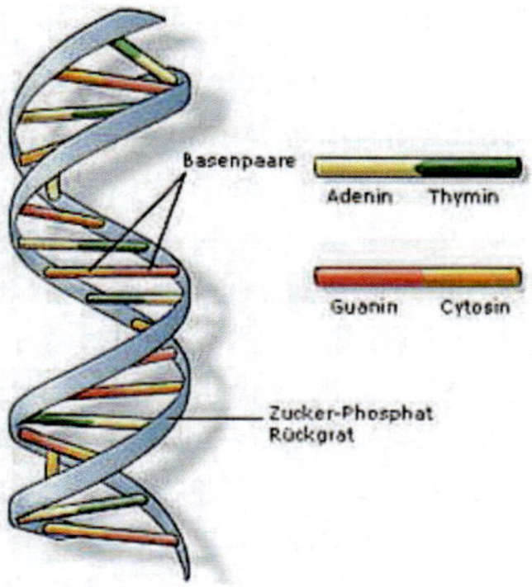

Die zweite Stufe der Evolution – das Leben selbst – benimmt sich fast wie ein Selbstläufer, sobald die Initialzündung erfolgt ist. Voraussetzung ist natürlich, dass ein seine entspannten Runden drehende Gesteinsobjekt sehr viel Zeit bekommt.

Als unsere Erde noch jung war, war es unmöglich, Leben zu bilden. Die Struktur unseres Sonnensystems war noch nicht vollendet. Regelmäßig stürzten in kurzen Zeitabständen große Asteroiden auf die Erde. Noch befand sich die Erdoberfläche im glutflüssigen Zustand, der eiserne Erdkern begann sich erst zu bilden. Dadurch entstand das für uns so wichtige Magnetfeld. Auch ein wichtiger Indikator für Leben, wie wir es kennen, denn das irdische Magnetfeld schirmt den Großteil der kosmischen Strahlung von unserem Planeten ab. Wahrscheinlich – eine Menge Indizien sprechen dafür – kam das Wasser aus einer schier unerschöpflichen Zahl von Körpern, die auf die Oberfläche unseres Planeten knallten und verdampften. Irgendwann begann es durch die Unmengen an Wasser in der Ur-Atmosphäre zu regnen. Unaufhörlich. Für mindestens hunderttausend Jahre. Die Ozeane bildeten sich, flüssiges Wasser gab es plötzlich in Hülle und Fülle. Die Ursuppe konnte sich bilden!

Heute wissen wir, dass das Leben schon recht früh in bakterieller Form begann, seine Verbreitung zu finden. Schon im frühen Kambrium, vor über drei Milliarden Jahren, begannen die ersten Bakterien, ihr Tagwerk in Angriff zu nehmen. Doch bis sich komplexes Leben entwickelte, dauerte es noch sehr, sehr lange! Unsere Erde hatte aber Zeit, denn kosmisch herrschte zusehends Ruhe. Die DNA, der Baustein allen Lebens, bildete sich. Eine strukturierte Verkettung von vier Molekülen an einer Leiter mit Milliarden Sprossen … auch, wenn man die unendliche Zeit, die der Natur zur Verfügung stand, bedenkt, ist die Erfindung des genetischen Codes aufgrund der Komplexität wahrscheinlich der größte Geniestreich aller Zeiten! Nach vielen Jahrmillionen beschloss irgendwo ein Einzeller, eine Gemeinschaft mit einem anderen Einzeller einzugehen. Die Geburt des ersten

Mehrzellers läutete die Explosion des Lebens ein. Nun durfte die Natur experimentieren. Das Starke überlebte, das Schwache wurde durch Aussterben ausselektiert. Zahllose Spielarten der Natur erlebten schon früh ihre Geburtsstunde. Erste Räuber erschienen. Ein Gleichgewicht der Kräfte schickte sich an, die Welt zu erobern. All die beschriebenen Effekte bezeugen auf entwaffnende Weise das Prinzip der Kausalität, denn keine Wirkung hätte eingesetzt, ohne sich die vorhergegangene Wirkung zu Nutze zu machen. Jetzt, im Holozän (der geologische Name, der den Einfluss des Menschen auf die Natur beschreibt, heißt ›Anthropozän‹ und ist Teil davon), leben mehrere Millionen verschiedenster Spezies auf der Erde. Wahrscheinlich ist uns Menschen noch immer nur ein kleiner Teil der lebenden Arten bekannt. Niemals wird es uns gelingen, alle Variationen des Lebens zu katalogisieren. Dies ist das Ergebnis von Jahrmilliarden an Evolution, deren Geduld und Einfallsreichtum keine Grenzen kannte. Heute erleben wir, die Zeitzeugen, vielleicht die letzte Hochphase des Lebens.

Stufe 3 – Intelligentes Leben

Aktuell befinden wir uns in der dritten Stufe der Evolution. Ständige Weiterentwicklung des Lebens erreichte dieses Ziel geduldig und privilegiert. Mit dem Menschen gibt es nun eine Spezies mit der Fähigkeit, abstrakt zu denken und diese Abstraktionen auch handwerklich umzusetzen. Unsere Art mutierte zum ›Gehirn‹ des Planeten. Als das Internet erfunden wurde, war die weltweite Vernetzung von Wissen und Erfahrung vollendet. Der Mensch errang eine neue Aufgabe, stieg zum Gewissen der Erde auf. Nun vernetzt sich unsere Art, ähnlich den Neuronen in unserem Gehirn, und beginnt mit Selbstreflexion. Wir überlegen, wie wir unser Habitat nachhaltig für uns zu stabilisieren vermögen. Möglicherweise zu spät, doch liegt es (noch) an uns, den Körper (Erde) am Leben zu erhalten. Unser Lebenszweck ist Resultat dessen, wofür sich die Natur Millionen von Jahren Zeit nahm, um sich zu ihrem eigenen Wohl zu entwickeln.

Die vielleicht größte Erfindung der Menschheit – das Internet – vernetzt uns und lässt uns global interagieren. Um sich zu visualisieren, wie sehr unsere Art nun Verantwortung zu übernehmen hat, reicht es, sich den Planeten von außen anzusehen. Eine blaue, wunderschöne Kugel dreht sich im Nichts des Weltraums. Zoomt man auf die Oberfläche, wuseln nun kleine, reflektierende Wesen auf dieser herum, ihrem Tagwerk nachgehend. Jedes davon hinterlässt unweigerlich Spuren. Der kleine Bauer in der russischen Taiga hinterlässt ebenso wie der Magnat im Dachgeschoss des Konzern-

Hauptquartiers nachhaltige Einflüsse in seinem persönlichen Mikrokosmos. Unsere Interaktion mit denkenden und Information speichernden Artgenossen stelle ich mir deshalb wie einen Impuls von Synapse zu Synapse vor, damit Information verarbeitet wird. Wird diese Form der Kommunikation positiv geführt, werden andere Synapsen positiv stimuliert. Negative Energie geht den gleichen Weg, nur in destruktiver Form.

Bevor das Internet seinen Siegeszug angetreten hat, war die Möglichkeit zur Interaktion zwischen Menschen zumeist auf regionale Dimensionen reduziert. Nun kommunizieren die Menschen weit über Landesgrenzen hinweg, lernen von der Welt und sprechen mit ihr. Technische Innovationen haben schon zuvor den Umweltschutz-Gedanken in die Wege geleitet, doch seit der Erfindung des WWW (World Wide Web) wächst unser Umweltbewusstsein nachhaltig. Kurz zuvor galt der Umweltschutz nur der eigenen Wohlstandsverbesserung und zur Verhinderung lokaler Katastrophen.

Wir, die Menschen, wurden durch globale Aufmerksamkeit zum pulsierenden Gehirn unseres Planeten. Wir denken, fühlen und agieren in seinem Sinne. Zwar klappt nach wie vor kaum einer unserer Schritte, die wir als Wesen dieser Kugel zu ihrer Erhaltung setzen, doch langsam, aber stetig verbessert sich – der Notsituation wegen – die ehrliche Motivation hinter dem Umweltschutz-Gedanken. Tägliche Nachrichtendienste berichten uns beinahe panisch über die Notwendigkeit dieses Projekts, eine Flut von Studien lehrt uns die Dringlichkeit dieses Tuns, womit das Gehirn nun endlich langsam in die Gänge kommt, um sich für den eigenen Körper zu interessieren. Der Mensch als Gewissen des Heimatplaneten steckt noch immer in der Entwicklungsphase. Vielleicht zu spät, vielleicht gerade noch rechtzeitig. Unsere Rolle ist aber definiert und alternativlos, denn so wie in unserem Körper gilt: Ohne Gehirn kein Körper – ohne Körper kein Gehirn! Evolution als Mutter aller Dinge gab uns Verantwortung. Fraglich, ob wir uns ihrer würdig erweisen.

Stufe 4 – Verbreitung

Ein das Leben entwickelndes Objekt ist dem Prinzip des Wachstums ebenso wie der Rest des Universums unterworfen. Ohne Verbindung und Wachstum von Atomen gäbe es nichts, organische Strukturen gäbe es nicht. Verbindung und Wachstum der lebenden Neuronen (wir Menschen) der Erde führen zu Verbreitung und Erhöhung ihrer Reichweite. Deshalb verlaufen die Grenzen zwischen Stufe drei und Stufe vier fließend. Während wir uns verstärkt auf die Erhaltung der Erde konzentrieren, wagen wir seit über 60 Jahren zaghafte erste Schritte ins All. Diesen Schritt werden wir einst, in ferner Zukunft, zu gehen gezwungen sein, sollte unsere Art noch existieren. Das Objekt, in unserem Fall Mutter Erde, beginnt mit uns als entstandenen Geschöpfen, ihr Umfeld zu erweitern und expandiert. Evolution ist Resultat kausaler Ereignisse, die sich zu dieser Zeit wahrscheinlich auf Millionen von Planeten, ebenso den lokalen Umständen unterworfen, vollziehen. Am Ende dient sie nur dem kosmischen Objekt, das sie trägt. Wir existieren also nur, um den Planeten zu erhalten. Das ist unser Lebenssinn.

Der Werdegang des Menschen ergab sich nicht aus purem Zufall. Er resultierte aus einer schier endlosen Kette von Fortschritten, die meist logisch nachvollziehbar in weiteren Fortschritten mündeten. Kein Schritt, der nicht einem Fortschritt zuvor bedingt ist. Das in diesem Buch ausreichend strapazierte Prinzip von Ursache und Wirkung sorgte mit verlässlichen Ergebnissen dafür, dass gewisse Konsequenzen aus bestimmten Ereignissen unumgänglich sind. ›Kausalität‹ als Begriff, der nicht nur seit dem Urknall maßgeblich für die Entwicklung des Kosmos sowie all der in ihm vorhandenen Prozesse ist, dient als allmächtiges Prinzip. Der Mechanismus von ›Ursache‹ und ›Wirkung‹ gilt in allen Bereichen unseres Lebens und ist unvermeidbar.

Durch Regen wird es nass. Diese simple Weisheit erklärt auf einfachste Weise, wie Kausalität funktioniert. Ein Effekt geschieht und hinterlässt wiederum eine Auswirkung, die wiederum Basis für andere Ereignisse ist. Bei der Bildung einer Zivilisation und deren Fortschritten wirkte eine enorm lange Kausalkette, die scheinbar unvermeidlich in die Richtung lenkte, die zu unserer heutigen Gesellschaft geführt hat. Wären gewisse Events in der Erdgeschichte anders verlaufen, würde der Mensch in dieser Form höchstwahrscheinlich nicht existieren. Kleine Modifikationen der evolutionären Marschrichtung hätten große Änderungen des Status Quo bewirkt. Manche Parameter spielen aber unweigerlich eine gewichtige Rolle, wenn es darum geht, die Entwicklung bestimmter Kriterien zu fördern. Die Verteilung von Ressourcen, das Wetter, die Umweltbedingungen oder einfach nur Glück sind nur einige der entscheidenden Parameter, die weitere Ereignisse beflügeln oder auch an der Entstehung hindern.

Ob im All oder auf dem Planeten, ob im Makrokosmos von Galaxien und Galaxie-Clustern oder auch im subatomaren Bereich: Jedes noch so kleine Ereignis mündet in einen Effekt, welcher erst durch das Ereignis möglich gemacht wurde. Manche Effekte sind durch mathematische Formeln einfach nachzuvollziehen, wodurch sie vorhersehbar werden. Andere wiederum inkludieren so viel Komplexität, dass nicht einmal ein Konglomerat aller Computer der Welt zur Berechnung reicht. Die Bahnen der Planeten sind leicht auszurechnen, da deren Bewegungs-Richtungen, die sie durch das All treiben lässt, auf unbestechlichen physikalischen Formeln basieren. Das genaue Gegenteil, nämlich eine nicht zu berechnende Komplexität, auf einer für exakte Voraussagen unmöglich zu sammelnder Zahl an

Parametern basierend, ist beim Wetter zu beobachten. Eine unbeschreiblich große Zahl an Einflüssen zeigt sich für den Kreislauf des Wassers mitsamt den dafür nötigen Bedingungen verantwortlich, weshalb es selbst für die besten Supercomputer noch immer nicht möglich ist, exakte Prognosen für die nächsten paar Tage zu erstellen. ›Wetter‹ ist jedoch wiederum nur Kausaleffekt des Klimas. Das Klima selbst, ein Konglomerat an unzähligen Faktoren, sorgt für abwechslungsreiches und möglichst ausgewogenes Wetter, da es physikalisch stets bestrebt ist, sich auszugleichen. Es schützt uns vor der Sonne und interstellaren Plagen, recycelt sich selbst und nutzt sich selbst als Fabrik weiterer Ereignisse. Zum Beispiel speichert große Hitze sehr viel Wärmeenergie, die sich mittels eines mehr oder weniger heftigen Gewitters entlädt. Das Ziel der möglichst ausgewogenen Balance ist nicht nur dem Klima zu eigen. Es ist allen intakten Kreisläufen gleich.

Eines ist aber unmissverständlich festzuhalten: Das Universum kennt kein ›gut‹ oder ›böse‹. Es werkt einfach vor sich hin, nimmt keine Rücksicht auf Freud und Leid. Die Naturgesetze haben sich als unbestechliche Normen stets verlässlich erwiesen, weshalb wir auch schon in der Lage sind, einige Effekte präventiv zur Opfervermeidung zu erkennen. Nicht nur in meteorologischen Modellen lässt sich diese auf den ersten Blick nichtlineare, im Detail jedoch äußerst präzise Dynamik, beobachten und theoretisch beschreiben. Auch gesellschaftspolitische und soziale Ereignisse sind (zieht man rationale Schlüsse) dank unseres empirischen Geschichtsverständnisses relativ leicht zu berechnen. Ein Ereignis zieht das nächste nach sich. Kleinste Veränderungen resultieren häufig in großen Umwälzungen.

Kausalität ist das Naturgesetz unserer Welt. Sie dient dem Energie-Austausch von Atomen als auch dem Sterben von Welten. Sie resultiert aus kleinen sozialen Brandherden ebenso wie aus pompösen Militär-Interventionen. Wenn Geschichte passiert, oft mit gigantischen Auswirkungen auf die Zukunft, fällt dies auf den ersten Blick nicht einmal auf. Unsere Taten, auch kleinste, haben Folgen. Manche Geschehnisse wirken zuerst klein und nichtig, können aber auf lange Zeit verheerende Wirkungen entwickeln. Die Geschichte des 20. Jahrhunderts hätte – um ein großes Ereignis aus dem letzten Jahrhundert als Beispiel zu nennen – einen völlig anderen Weg genommen, wäre Adolf Hitler auf der Wiener Kunstakademie aufgenommen worden. Die meisten von uns hätten dadurch das Licht der Erde nie erblickt, denn das Leben unserer Vorfahren hätte eine gänzlich andere Richtung eingeschlagen. In einem friedlichen 20. Jahrhundert hätten sich unsere Ur-Großeltern wie auch deren Nachkommen höchstwahrscheinlich, bedingt durch rudimentär modifizierte Lebenswege, gar nicht kennengelernt. Manche Erfindungen wären früher, andere wiederum später entwickelt worden. Die Welt wäre eine radikal andere, vor allem politisch. Dem Beamten der Wiener Kunstakademie darf man aber keinen Vorwurf über die grausamen Konsequenzen seiner Entscheidung machen. Niemand konnte damals wissen, welch Monster in so manchem unter den vielen Benachteiligten damaliger Verhältnisse schlief. Die Folgen der Ablehnung Hitlers in Wien präsentieren die Konsequenzen des Schmetterlings-Effekts auf geradezu perfekte Art und Weise. Kleinste Aktionen münden nur zu oft in größten Konsequenzen. Um diese präventiv erfassen zu können, sind wir trotz unseres genialen Denkapparates kaum in der Lage. Jede Entscheidung, auch unbewusster Natur, zieht einen Rattenschwanz an Folgen mit sich. Entscheidungen wachsen aber nicht als zarte Pflänzchen, die immer und überall wohlüberlegt gefällt werden wollen. Oft sind wir als denkende Wesen spontan zur Entscheidung aus diversen Optionen gezwungen, womit sich sekündlich neue Wege und Gabelungen der Kausalität und damit der Welt ergeben.

Triviale Beispiele gibt es zuhauf: Schon seit mehr als hundertfünfzig Jahren ist es paläontologisch evident, dass jedes Lebewesen, das über unseren Planeten kriecht, das Ergebnis evolutionärer Anpassung ist. Charles Darwin revolutionierte mit seinem bahnbrechenden Werk ›Die Entstehung der Arten‹ die Sicht der Dinge einer noch klerikal dominierten Welt. Was wäre zum Beispiel geschehen, wären die großen Dinosaurier erst zehn Millionen Jahre später von der Bildfläche verschwunden? Hätten sich Säugetiere trotzdem durchgesetzt? Hätten vielleicht Vögel die Welt zu beherrschen begonnen? Man weiß es nicht und ist nur zu theoretischen Modellen fähig. Garantiert könnten findige Köpfe brillante Theorien zu einzelnen Entwicklungs-Varianten entwickeln, stünden ihnen ausreichend große Datenmengen der einzelnen geologischen Epochen zur Verfügung. Jede noch so detaillierte These bliebe aber Theorie, da all die Kleinigkeiten, die seit dem Beginn von Raum und Zeit zumeist für Umwälzungen sorgen, nicht kalkulierbar sind.

Evolution ist daher das Ergebnis von Kausalität. Ursache und Wirkung zeigen sich bei der Entwicklung der Arten in bestechender Logik. Neue Spezies entstehen durch Mutation, meist bedingt durch verschiedene Spielchen genetischer Kombinationen im Zuge der ständig nötigen Anpassung an die Anforderungen der jeweiligen Umwelt. Jede Generation aller Tier- oder Pflanzenarten weist neue genetische Variationen auf, den Umweltbedingungen geschuldet. Die DNA mehrzelliger Geschöpfe ist niemals zur Gänze deckungsgleich. Selbst geklonte Lebewesen weisen klitzekleine Unterschiede im genetischen Bauplan auf, vergleicht man sie von Protein zu Protein. In den meisten Fällen erzeugt die Unzahl an Variationen keine anhaltende Konsequenz für danach lebende Generationen. Mutationen setzen sich meist in winzig kleinen Schritten durch und sind in den ersten Stufen kaum wahrnehmbar. Frühzeitiger Tod eines weiterentwickelten Exemplars einer Art verhindert weiteren evolutionären Fortschritt, da der genetische Vorteil erst im Entstehen war. Während ich diese Zeilen schreibe, werden sicherlich gleichzeitig Mutations-Fortschritte verhindert, doch ebenso werden zur gleichen Zeit völlig neue, vielfältige Spielarten der Natur geschaffen. Selten aber doch schaffen es manche Individuen, ihren genetischen Unterschied zu den Vor-Modellen als Vorteil zu nutzen, wodurch sich in den kommenden Generationen eine neue Spezies etablieren kann.

So werden die ›Sieger-Gene‹ weitergegeben, modifiziert, angepasster, erfolgreicher. Über viele Zeitalter funktionierte dieses mächtige Instrument der selektiven Optimierung, bis schließlich immer wieder eine ganz eigene Art entstand, die sich minimal von den Verwandten, aus der sie hervorging, unterschied, aber doch das Zeug zum Siegeszug besaß. Ein neuer Genpool entstand, ein neuer Kreislauf wurde in Bewegung gesetzt. Aus einer kleinen Mutation entwickelte sich Stabiles. Vielleicht setzten sich sogar Prozeduren in Gang, die die Grundlage für habitable Dominanz bildeten. Wie seinerzeit das Aussterben der großen Echsen den Aufstieg der Säugetiere ermöglichte, damit erst Gelegenheit zum florierenden Durchmarsch gab und somit den Menschen überhaupt erst aus Primaten entstehen lassen konnte, ist unser Fortbestand daher auch niemals garantiert und steht pausenlos auf wackeligeren Beinen, als man sich vorzustellen vermag. Es wäre dreist, uns als ›Krönung der Evolution‹ zu bezeichnen, denn laufend und unbemerkt entwickeln sich neue Kreationen der natürlichen Fantasie. Kausalität ist nicht zu vermeiden. Ähnlich der Gravitation, die als universales Grundgesetz ständig ihren Dienst tut, existiert sie und lässt sich nicht vermeiden. Erst in ferner Zeit, wenn im Universum in Trilliarden von Jahren der letzte Stern auskühlt und später endgültig der absolute Nullpunkt erreicht ist, sich damit nicht einmal mehr Atome bewegen, wird auch das Prinzip der Kausalität endgültig erlöschen.

Gewisse Auswirkungen lassen sich durch besonnene Handlungen minimieren, wenn nicht gar verhindern. Andere übersteigen unseren Einfluss. Für gewisse Entscheidungen ist ein großes Maß an Besonnenheit und Bildung vorauszusetzen, andere entstehen intuitiv. Was sie eint, ist das Resultieren in Ergebnissen, welcher Art auch immer. Wenn es jedoch um nachhaltige, nützliche Entscheidungen unserer Lebensführung (ob einzeln oder als Kollektiv) geht, sollte Besonnenheit und Überlegtheit Triebfeder der persönlichen Entscheidungsfindung sein. Ideologische Vorprägung trübt den Blick auf das Gesamtbild, weshalb sie nur zu oft klügere Alternativen verhindert. Doppelt tragisch ist daher, dass es die Politik des Menschen noch immer nicht geschafft hat, präventiv statt anlassbezogen zu agieren. Die aktuelle Lage unserer Umwelt schreit geradezu aus vollem Hals ›Ich bin das Ergebnis falscher und gieriger Entscheidungen, aus denen die ideologischen Bretter vor dem Kopf entstanden!‹. Hier landen wir bei einem der Hauptübel unserer Gesellschaft: Der steten Dominanz subjektiver Meinung, welche immer beeinflusst und nicht mit logischen Maßstäben zu werten ist. Zwar kann eine Meinung objektiv durchaus richtig sein und produktive Entscheidungen zur Folge haben. Sie ist aber auch wiederum für viele falsch oder folgenreich, hinterlässt in der Gesetzgebung viele Profiteure, aber meist noch mehr Leidtragende. Mathematisch lässt sich der gesellschaftliche Aspekt kaum berechnen, weshalb die Empirie der Politik zu Diensten ist. Erfahrung, die in die meisten Gesetze dieser Erde aus Anlässen entsteht, fließt daher stets in die Gesetzgebung ein. Wir reagieren, aber agieren nicht.

Zurück zum Prinzip von ›Ursache und Wirkung‹ und den daraus erwirkten Resultaten, die schließlich den modernen Menschen geprägt haben. Es ist keine Zauberei, die Entwicklung unserer Zivilisation Schritt für Schritt nachzuvollziehen. Dazu braucht es nur ein wenig geschichtliches Wissen um Anthropologie, Technik, Politik als auch der Gesamt-Historie sowohl des Menschen als auch des Planeten. Vermengt mit neutraler, staubtrockener, meinungsfreier Verarbeitung der Fakten bildet sich eine Melange aus verschiedensten Sichtweisen, die oft erstaunlich präzise Vorhersagen erlaubt. Es ist eine simple Übung, die sich durch faszinierende Erkenntnisse selbst belohnt. Unsere Entwicklung zeigte sich von Beginn an als Einbahnstraße, deren Weg fast immer in eine unvermeidbare Richtung gezeigt hat. Auf Grund all der zahllosen Umstände, die den Menschen als Resultat entwickelten, war die Evolution unserer Spezies logische Konsequenz. Sobald unsere Vorfahren mit dem Vermögen, abstrakt zu denken, beschenkt wurden, war auch unser zivilisatorischer Fortgang beinahe zwingend und wäre nur durch totale Auslöschung des Menschen vermeidbar geworden. Spinnt man den Werdegang unserer Art durch, ist das Resultat für Gegenwart und Zukunft ernüchternd und lässt ausschließlich katastrophale Endzeit-Szenarien übrig, denn nun blähen wir uns auf und erreichen den Punkt, an dem ein Kollaps droht.

Ich bin daher sicher, dass unsere Gesellschaft vor einer logischen, natürlichen Grenze steht, der sich früher oder später alle Zivilisationen stellen müssen. Es kommt stets der Zeitpunkt, an dem gewisse Spezies und Kulturen zu stark werden und damit unabdinglich an Grenzen stoßen, sodass es alternativlos wird, diese Grenzen zu überwinden, um die Implosion als Kollektiv zu vermeiden und als Folge dessen einem grausamen Schicksal zum Opfer zu fallen. Da nicht nur die Erde begrenzte Ressourcen bietet, gilt dasselbe Prinzip für alle Zivilisationen, die zur gleichen Zeit im Universum existieren. Irgendwann erreichen Kräfte einen Punkt, wo die Balance zu kippen droht. Ist dieser erreicht, stellt sich für jede Kultur die Frage der Lösung. ›Hopp oder Tropp‹ eben, ›alles oder nichts‹. Gerne würde ich wissen, ob es einer uns fremden Kultur draußen im All jemals gelang, diese existenziellen Herausforderungen, die der eigene Planet (oder Mond) erzwingt, zu meistern und damit Stagnation oder Auslöschung zu vermeiden. Wir könnten so viel lernen!

Der Mensch steht, man kann es drehen und wenden wie man will, vor seiner größten und vielleicht letzten Prüfung. Die Grenzen des Machbaren, die uns der Planet mit all seinen Schätzen zu geben bereit ist, haben wir überschritten. In den nächsten Jahrzehnten gilt nur eine Frage: Schaffen wir es? Oder besiegelt unsere Gier das Schicksal der eigenen Art? Wir werden sehen …

Die Entwicklung der menschlichen Zivilisation

Eine technisch ausgereifte Gesellschaft wie die unsere fällt nicht vom Himmel, sie fällt beziehungsweise fiel wortwörtlich von den Bäumen. Kreationisten fällt es noch immer sehr schwer, unsere Abstammung von Affen zu akzeptieren, da es in ihr antikes Weltbild, streng nach der Bibel ausgerichtet, nicht passt und damit ihren Glauben erschüttern könnte. Doch um so weit zu kommen, wie es dem Menschen im 21. Jahrhundert gelang, sind eine nicht zu überschaubare Menge an Parametern erforderlich, die allerdings in den meisten Fällen keine Alternative boten und sich daher früher oder später sowieso ergeben mussten. Diese grandiose Kette von Zufällen ergab sich Schritt für Schritt zwingend, um die Entwicklung zur Spezies, die wir jetzt sind, überhaupt erst zu ermöglichen. Der aktuelle Stand der Naturwissenschaften ermöglicht eine zwar immer mit Lücken versehene Ereigniskette, lässt aber unseren Werdegang mit jedem hinzugefügten Puzzleteil besser nachvollziehen. Zum Schluss bleibt ungläubiges Staunen über unsere bloße Existenz, war doch eine große Folge kosmischer Zufälle für unsere Entstehung nötig. Und doch ist das Universum so unfassbar groß, dass ähnliche Prozeduren sicher in hohem Maße geschahen und sich weiterhin in rauen Massen bilden. Die Durchsicht dieser Kausalkette ringt ungläubiges Staunen ab. Ohne die schier magische Ansammlung von Ereignissen, die unseren blauen Planeten inklusive uns selbst erst ermöglichten, würde ich nun nicht hier sitzen und meine Finger auf der Tastatur systematisch Wörter reinhämmern lassen. Und niemand besäße die Gelegenheit, über diese Zeilen aktiv nachzudenken.

Den Beginn von allem lasse ich außen vor, denn Urknall und Co. sind Ereignisse, die man nicht näher beschreiben muss. Hätte es keinen Urknall gegeben, hätte es gar nichts gegeben. Also kann man den Ursprung von allem vernachlässigen. Doch eines lässt sich aus den Erkenntnissen des Big Bangs entnehmen, nämlich eine gewisse Grundphilosophie, wieso überhaupt etwas werden konnte. Am Beginn der Zeit herrschte leichtes Ungleichgewicht von Materie und Anti-Materie. Hätte der Urknall symmetrische Konsequenzen nach sich gezogen … nichts wäre entstanden. Leichtes Ungleichgewicht zu Gunsten der Materie sorgte aber dafür, dass erste Wasserstoff-Atome entstehen konnten und die Chance zur Sternenbildung bekamen. Leicht asynchron, nicht perfekt. So entstand alles. Und genau diese leichte Abweichung ist es, die sich in allen Aspekten des Lebens nachvollziehen lässt. Perfektes Gleichgewicht ergibt Stillstand. Nur Nuancen des Ungleichgewichts sind zur Entstehung von Dingen nötig. Gehen wir nun ein wenig weiter und betrachten wir die wichtigsten Faktoren, die zur Entwicklung des Lebens auf diesem Planeten entscheidend einwirkten.

Zusammenfassung:

- Die ersten Schritte zu unserer Entwicklung wurden schon zu Beginn logisch fortgesetzt.
- Ungleichheit zwischen Materie und Antimaterie führte zur Entstehung erster Sterne und Galaxien.
- Wasserstoff-Ungetüme als erste Sterne explodierten schnell und führten zu Sternen zweiter Generation, schwerere Elemente fusionierend und ausbrütend.
- Die ersten Galaxien entstanden. In diesen gigantischen Sternen-Städten sorgten ständige Supernovae für schwere Elemente, die in riesigen Gaswolken für die Entstehung neuer Sterne sorgten.
- All die schweren Elemente, entstanden durch Supernova-Explosionen, verteilten sich im Raum.
- Gestein entstand, Gesteinsplaneten formten sich.
- Unser Sonnensystem entstand. Optimale Lage und Zusammensetzung sorgten für die Entstehung des blauen Planeten, der Erde.

Der Mond

Ohne unseren ständigen treuen Begleiter wäre dieser Planet höchstwahrscheinlich ein unbewohnbarer kleiner Planet geblieben. Durch die

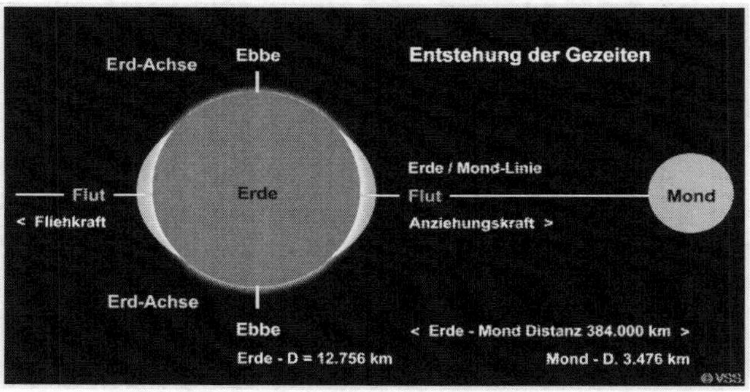

Entstehung unseres Trabanten, bedingt mittels des gigantischen Einschlags eines Kleinplaneten in die noch glutflüssige Erde, wurde unser blauer Planet erst mit den Voraussetzungen für seinen Lebensweg ausgestattet. Erst die Gravitation unseres treuen Begleiters verlängerte die Tageslänge des Planeten maßgeblich. Tage, die in sechs Stunden vergangen waren, wurden in Jahrmilliarden in die uns bekannte Länge von vierundzwanzig Stunden verändert … in die uns bekannte Norm, der alles Leben angepasst wurde. Hätte sich die Erdrotation nicht sukzessive verlangsamt, das Wetter würde ungemütlich wüten: Winde von 400-500 km/h würden über das Erdenrund fegen und permanentes Chaos garantieren. Ohne unseren verlässlichen Trabanten würde unseren Planeten das Schicksal der meisten Objekte im All ereilen. Diese unwirtlichen Bedingungen hätten die Entstehung des Lebens verhindert. Höhere Lebewesen – so sie überhaupt eine Chance bekämen – hätten den Bedingungen Tribut zollen müssen und wären auf Grund des ständigen Sturmwetters zur Flachheit gezwungen. Der Entwicklung intelligenten Lebens wäre der Nährboden entzogen worden. Doch nicht nur die Länge des Tages veränderte sich dank der gegenseitigen Gravitation zwischen Mutter Erde und dem Mond zu lebensgünstiger Länge. Die Gezeitenkräfte des Mondes sorgten für Ebbe und Flut, womit die Ursuppe einer günstigen Durchmischung unterzogen war. Höhere Aminosäuren und Kohlenstoff-Verbindungen schlossen sich zu größeren, immer komplexer werdenden Konstrukten, zusammen. Doch nicht nur Ebbe und Flut, auch der Erdmantel wird durch die Anziehungskraft des Mondes günstig in Bewegung gehalten. Die Energie, durch Gezeiten freigesetzt, wird der Drehbewegung der Erde abgezogen und der darin enthaltene Drehimpuls dem Bahndrehimpuls des Mondes zugeführt.

Der Effekt? Aktuell verlängert sich die Tageslänge um etwa 20 Mikrosekunden pro Jahr.

Das mag für uns Menschen lächerlich wirken, doch im Zeitraum von vielen Millionen von Jahren summiert sich dieser Wert und wird den Planeten maßgeblich bremsen. In ferner Zukunft wird die Erdrotation an den Mondumlauf gebunden sein, womit die Erde dem Mond immer dieselbe Seite zuwendet. Trifft dieser Effekt ein, sind Ebbe und Flut Geschichte. Die Auswirkung der Gravitation des Mondes wird nur noch die zugewandte Seite betreffen. Auch wird der Mond dadurch nur noch in bestimmten Teilen der Erde zu sehen sein. Doch bis dahin hat unser Planet schon längst andere Probleme, nämlich den Niedergang der Sonne und deren Mutation zu einem roten Riesen. Während er seine Bahnen zieht, entfernt sich der Mond von seinem Heimatplaneten um knapp vier Zentimeter pro Jahr. Damit lindert sich auch der Drehimpuls, wodurch in vielen Millionen von Jahren der Einfluss unseres Trabanten stark eingeschränkt sein wird. Der Mond allein hätte aber nichts bewirkt, er brauchte willige Mithelfer.

Zusammenfassung:

- Der Mond als Trabant ist ein seltener Glücksfall! Seine Größe erlaubt regelmäßige Gezeiten, die unsere Erdkruste durchwalken.
- Ebbe und Flut sorgten zusätzlich für ständige Vermischung der Elemente in den ersten Gewässern der Erde.
- Seine Anziehungskraft reduzierte die Drehgeschwindigkeit der Erde auf ein erträgliches Maß von vierundzwanzig Stunden.
- Er stabilisierte die Erdachse, die zuvor schlingerte, wodurch sich reguläre Tageszeiten wie auch Jahreszeiten bilden konnten.

Die Distanz zur Sonne

Dass unser Planet glücklicherweise in der habitablen Zone (also dem Bereich eines Sternensystems, wo Wasser in flüssiger Form vorhanden ist) unseres Sonnensystems seine unbeirrbaren Kreise zieht, war freilich essenziell für alle Formen von Leben. Die bewohnbare Zone eines Gestirns variiert mit seiner Masse und Temperatur. Sie kann sich bei Veränderungen des Sterns auch ändern, wie in unserer fernen Zukunft, wenn unsere Sonne ihren Todeskampf beginnen und durch ihr brutales Wachstum die Verhältnisse im Sonnensystem radikal verändern wird. Dieses Szenario ist nicht zu verhindern, sondern natürlicher Lebenszyklus eines Sterns. Irgendwann ist Wasserstoff als solarer Brennstoff aufgebraucht, schwerere Elemente (bis zum Eisen) werden fusioniert, der Druck steigt, ebenso das Volumen. Die Sonne wird ein Vielfaches ihrer Größe erreichen, vielleicht sogar die Erd-Umlaufbahn erreichen und unserem Planeten den Garaus machen. Erreicht sie diese Größe nicht, wird die Erde trotzdem nur noch als glühende Hölle dahinvegetieren und jegliche Art von Leben unmöglich machen.

Eigentlich befinden sich drei Planeten in diesem günstigen Bereich: Außer unserer Erde kreisen noch Venus und Mars in den Grenzbereichen dieser Zone. Unser ›Zwillingsplanet‹, die Venus, hätte vor Milliarden von Jahren ähnlich gute Voraussetzungen zur Entstehung des Lebens vorgewiesen, nur ereilte den Zwillings-Planeten ein fürchterliches Schicksal. Ein vor

Millionen von Jahren einsetzender Treibhauseffekt der – zuerst schwächer, dann unaufhaltsam – die Venus aufheizte und immer weniger die Fähigkeit besaß, die stärker werdende Sonnenenergie zu reflektieren, setzte ein. Diese Energie wurde in der Venus-Atmosphäre gespeichert und der Planet trudelte in einen Teufelskreis der selbsttätigen Erhitzung. Ein Effekt, der auch auf der Erde schlagend werden könnte.

Weil das Phänomen des galoppierenden Treibhauseffekts nicht abrupt, sondern schleichend (wie die Klimaerwärmung) seine Wirkung entfaltet, wodurch die Resultate für eine kurzfristig agierende Spezies wie den Menschen nicht sehr erschreckend wirken, lässt er sich auch kaum verhindern. Kosmische Veränderungen geschehen meist in äußerst langen Perioden, weshalb das menschliche Dasein viel zu kurz ist, um deren Auswirkungen zu spüren. Für uns sind daher die Effekte kaum wahrnehmbar, weshalb Menschen Gegenmaßnahmen gerne vor sich herschieben. Ähnlich dem Frosch im Wasserbad, der stirbt, wenn man die Temperatur langsam erhöht, gewöhnen wir uns an die langsamen Veränderungen und denken uns nichts dabei. Die Auswirkungen des Treibhauseffekts auf der Venus sollten aber warnendes Beispiel dafür sein, was passiert, wenn die Wippe auf die falsche Seite kippt: ~450 Grad Celsius, 90 Atmosphären Druck und Schwefelsäure-Regen sorgen für ein Szenario, das unserer Vorstellung einer ›Hölle‹ sehr nahe kommt. Nichts kann auf der Venus entstehen, nichts kann überleben. Die russische Sonde ›Venera 7‹ schaffte es im Jahr 1970 als erstes irdisches Objekt, die Oberfläche der Venus zu erreichen. Obwohl ›Venera 7‹, eine sowjetische Sonde, für 180 Bar Außendruck konzipiert war, schaffte sie es nicht länger als 23 Minuten, Daten zu übertragen, bevor das Signal für immer verstummte. Auf der Venus ist es derzeit unmöglich, ein Objekt, selbst elektronischer Natur, länger verbleiben zu lassen. Ein Höllenplanet, unumstritten. Ein Opfer des galoppierenden Treibhauseffekts …

Der Mars erscheint da schon wesentlich interessanter! Obwohl schon weiter von der Sonne entfernt und dadurch nur selten an den Polen den Gefrierpunkt überschreitend, bietet der Mars mehrere aufregende Aspekte: Radarmessungen der Sonde ›Mars Express‹ in der Südpolar-Region, dem ›Planum Australe‹, wiesen Ablagerungsschichten mit großen Mengen von eingelagertem Wasser-Eis auf, weit größer und tiefer reichende als die hauptsächlich aus Kohlendioxid-Eis bestehende Südpol-Kappe. Die Wasser-Eisschichten bedecken eine Fläche fast so groß wie Europa und reichen bis zu 3,7 Kilometer in die Tiefe. Ca. 1,6 Millionen km^3 beträgt das geschätzte Volumen – etwa zwei Drittel des grönländischen Eispanzers. Die ESA (European Space Agency) meint, dieses Vorkommen würde ausreichen, die Marsoberfläche mit einer etwa 11 Meter dicken Wasserschicht zu bedecken[3].

Dieser Umstand lässt uns auf eine mögliche Besiedelung des roten Planeten in ferner Zukunft hoffen. Obwohl der Mars durch seine geringe Masse es nicht geschafft hat, seine Atmosphäre gegen den Sonnenwind zu behaupten (weshalb er diese fast gänzlich verlor), erlauben seine Wasservorkommen zumindest theoretische Hoffnung für zukünftige Mars-Stationen oder gar futuristisches Terraforming.

Terraforming (entlehnt aus dem lateinischen terra und [lateinisch-]englischen forming für die ›[Um-]Bildung zur [Ersatz-]Erde‹ oder kurz ›Erdumbildung‹) ist die Umformung von anderen Planeten in bewohnbare erdähnliche Himmelskörper mittels zukünftiger Techniken.

Unerheblich, wie sehr sich die Menschheit in den nächsten Jahrzehnten anstrengt und es vielleicht sogar schafft, ein Team von Wissenschaftlern auf dem Mars zu stationieren: Die Besiedelung des Mars ist pure Utopie, zumindest in diesem Jahrhundert.

»The Earth is the only world known so far to harbor life. There is nowhere else, at least in the near future, to which our species could migrate.
Visit, yes.
Settle, not yet.
Like it or not, for the moment the Earth is where we make our stand«

»Die Erde ist die einzige bislang bekannte Welt, die Leben beherbergt.
Nirgends, zumindest in der nächsten Zukunft, kann die Menschheit hin emigrieren.
Besuchen – ja.
Besiedeln – noch nicht.
Ob ihr es akzeptiert oder nicht, momentan ist die Erde der Platz, wo wir bleiben müssen.«

Carl Sagan (1934-1996)[4]

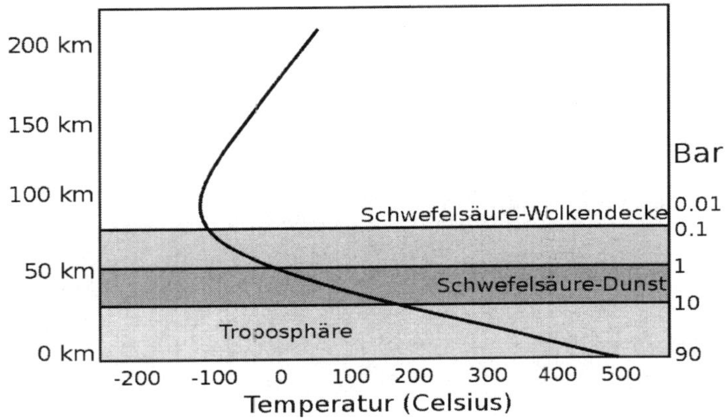

Die Atmosphäre der Venus

Carl Sagan beschrieb unser Problem damit schon vor Jahrzehnten präzise: ›Die Menschheit hat keinen ›Planeten B‹, zumindest nicht in naher Zukunft. Damit haben wir uns abzufinden. Alles, was uns zum Überleben bleibt, ist unsere Mutter Erde. Weshalb sie auch besonderen Schutz durch uns benötigt. Uns sollte schleunigst bewusstwerden, dass es nicht nur unmöglich ist, woanders zu siedeln und neue Reviere abzustecken, sondern dass die Erde, betreut man sie sanft und respektvoll, dem Paradies nahekommt und von selbst alles böte, was für unsere Zukunft von hohem Wert wäre. Sie wie einen Schatz zu behandeln, ist deshalb nicht nur logisch, sondern eine Frage des Überlebens.‹

Zusammenfassung:

- Die Nähe zur Sonne ist der elementare Faktor.
- Wäre die Erde zu nah am Gestirn, wäre es zu heiß.
- Zu großer Abstand zur Sonne würde für Vereisung sorgen.
- Die Position unseres Muttersternes in der Galaxie sorgt für kosmische Ruhe.
- Auch ihre Lebensdauer mit ca. 10 Milliarden Jahren, wovon ungefähr die Hälfte verbraucht ist, garantiert stabile Verhältnisse.

Die Beschaffenheit der Erde

Unser blauer Planet weist ideale Bedingungen auf. Seine Masse bietet optimale Voraussetzungen für eine stabile Atmosphäre, die sich bei kleineren solaren Ausbrüchen nicht ins All verflüchtigt. Wahrscheinlich wurde der Mars diesem Schicksal unterworfen, konnte er doch seine Lufthülle auf Grund seiner geringen Masse nicht halten. Planetare Inkontinenz zerstörte die Grundvoraussetzungen für Leben, wie wir es kennen. Die von unserem Heimatobjekt ausgeübte Gravitation zwang das Element Eisen im Zeitraum vieler Jahrmillionen langsam Richtung Mittelpunkt, wodurch sich ein magnetisch wichtiger Kern entwickelte. Ein Magnetfeld und damit ein Schutzschild gegen die horrenden Energien unseres Heimatsterns entstand. Was würde geschehen, wären wir ungeschützt gegen die kosmische Strahlung? Die Bildung einer Ozonschicht wäre unmöglich, da das labile Molekül Ozon (O^3) bei hoher Bestrahlung durch ultraviolettes Licht zerfällt. Krebs und Mutationen, bedingt durch massive Einwirkung solarer Winde, würden unseren Alltag entscheidend vermiesen. Die Auswirkung der Gravitation auf dieser an den Polen abgeflachten Kugel ist durch die irdische Masse günstig, denn anders als bei den stellaren Gasriesen wie Jupiter und Saturn ist sie nicht zu hoch, um höher entwickeltes Leben zu verhindern. Von Anfang an wäre die Evolution gezwungen gewesen, ihre Schöpfungen massearmer auszustatten. Organe wären daher zu schwer zum Tragen, Bewegung zu anstrengend, das Leben gehandicapt. Doch wir haben Glück, denn unsere Heimat weist optimale Masse und damit wundervolle Bedingungen für Wachstum auf. Ständige Entdeckungen neuer Exoplaneten (Exoplanet: ein Planet, der um einen fremden Stern kreist) zeigen uns, dass auch das ideale Verhältnis von Größe und Masse keineswegs Norm im Universum ist. Die Erdachse ist dank des Mondes ideal zur Sonne geneigt, die Erde damit abwechslungsreich, aber ruhig und verlässlich um unseren Stern kreisend. Wechselnde Tages- und Jahreszeiten bieten ideale Konditionen für die Entwicklung komplexer Organismen. Eine Veränderung dieses perfekten Winkels zur Sonne ergäbe, dass eine Hemisphäre ständig zufriert, während die andere überhitzt. Dem Leben wären fast unüberwindliche Hürden entgegengestanden, wären die Würfel nur ein wenig anders gefallen.

Zusammenfassung:

- Nicht zu schwer, nicht zu leicht, ist die Erde mit optimaler Masse ausgestattet, um durch ihre Anziehungskraft Bewegung in jeglicher Form zu erlauben.
- Eine leichte Neigung der Erdachse sorgt für regelmäßige Sonneneinstrahlung auf jeden Punkt des Planeten.
- Plattentektonik – bedingt durch den flüssigen Kern – erzeugt jährlich neues Land, angereichert mit Mineralien für weitere Kultivierung durch Fauna und Flora.
- Das Magnetfeld der Erde, durch den Eisenkern am Leben gehalten, schützt alle Organismen vor der tödlichen Strahlung der Sonne.
- Die Atmosphäre, angereichert mit ca. 18 Prozent Sauerstoff, fördert gutes Wachstum angepasster Organismen.
- Mit einem durch die Jahrmilliarden perfektionierten Klimasystem bietet der blaue Planet nicht nur vier Jahreszeiten, sondern auch fantastische Bedingungen auf fast jedem Ort.
- Die Ozonschicht schützt vor harten UVB-Strahlen, unser Luftmeer selbst schützt vor kleineren Asteroiden.

Jupiter

Anders, als es sich in den meisten uns aktuell bekannten Systemen (wir befinden uns ja gerade in der interstellaren Entdeckerphase und finden täglich neue Exoplaneten) darstellt, entwickelte sich die Stellung unserer Gasriesen im Sonnensystem perfekt. Laufend und mit staunendem Blick stellt die Astronomie fest, dass Gasriesen in Sternennähe (eine denkbar ungünstige Konstellation) die Norm zu sein scheinen. Zumeist bleibt die Erkenntnis, dass Gasriesen mit der Zeit von ihrem Gestirn dank der Gravitation in engere Umlaufbahnen gezwungen werden. Unser System wirkt, so zumindest der aktuelle Stand unserer Kenntnis, eher wie die Ausnahme denn die Regel. Jupiter in zentraler Position hätte katastrophale Folgen für den Rest der Planeten. Seine schiere Masse würde für zusätzliche Anziehungskraft sorgen, weshalb die Erde wahrscheinlich schon längst aus der Bahn geraten und Richtung Sonne, oder nicht minder schlimm, raus ins All gedriftet wäre. Längst hätte unserem Planeten ein Schicksal als toter Gesteinsplanet geblüht, gäben unsere bekannten Gasriesen der Gravitation unseres Sternes nach. Heutige Computer stellen die Effekte diverser Konstellationen mathematisch nach und malen düstere Modelle. Eines ist aber sicher: Die Umlaufbahn der Erde hätte komplett anderen Parametern folgen müssen, wodurch sich die Bedingungen zur Realität nicht vergleichen lassen. Wir wären Spielball von Unregelmäßigkeiten, die eine Entfaltung des Lebens zumindest radikal hemmen würden. Wesentlich wichtiger ist aber Jupiters Rolle im System, die er wunderbar erfüllt. 1994, als der Komet ›Shoemaker-Levy 9‹ spektakulär in den Jupiter krachte, beobachtete die Menschheit zum ersten Mal in Livebildern, welch wichtige Aufgabe der Riesenplanet in unserem System erfüllt. Unser gigantischer Freund verhindert durch seine pure Masse ein weiteres Dauerbombardement aus dem All, dem wir nicht nur nichts entgegenzusetzen hätten, sondern das auch jegliche Entwicklung höherer Lebewesen immer wieder zurückwürfe. So aber sank die Quote an Einschlägen großer Asteroiden und Kometen auf unsere Heimat. Der uns bekannte gefährliche Rest wird zum großen Teil vom mit Abstand schwersten Planeten in unserem Sonnensystem eingefangen. Die Evolution bekam ihre nötige Ruhe zur Entwicklung höherer Tierarten. Größere Einschläge wie der Einschlag des ›Yucatan-Asteroiden‹ vor 65 Millionen Jahren wurden seltener. Das Leben bekam immer wieder Zeit, sich zu erholen und neu zu positionieren.

Zusammenfassung:

- Der größte Planet des Sonnensystems markiert unsere ›Firewall‹. Er sorgt für Schutz vor großen Einschlägen, da die meisten großen Objekte aus dem interstellaren Raum durch Jupiters Masse angezogen und geschluckt werden.

Die Lage unseres Sonnensystems

Aktuelle Werte, die uns aus dem Zentrum unserer Galaxie geliefert werden, untermauern unser Glück. Hohe Dichte an Sternen in ›Downtown Milky Way‹ zeigt sich als Garant dafür, dass, je näher Sterne am galaktischen Zentrum ihre Kreise ziehen, die Chance zur Entstehung des Lebens gegen ›Null‹ sinkt. Die rasante Geschwindigkeit der Sterne, deren schier unzählbare Menge und deren massive Strahlungen, die Kohlenstoff-basierenden Lebewesen kaum Existenz erlauben sowie wechselnde Gravitation aus allen Richtungen sorgen für ein ziemlich lebloses Inneres unserer Sterneninsel.

Komplexere Lebensformen sind in den zentralen Regionen unserer Galaxie fast auszuschließen. Hingegen zieht unsere Sonne seelenruhig und ungestört ihre Bahn in der Peripherie der Milchstraße. In einer kosmisch ruhigen Region zieht unser System am Rande der Galaxie seine Bahnen, womit Strahlung und Turbulenzen zu unserem Glück eine vernachlässigbare Komponente sind. Es erfordert galaktische Ruhe, um Leben zu bilden. Dazu Wasser und stabile Atmosphären, aber vor allem Zeit, damit sich günstige Aminosäuren binden. Außer, dass in grauer Vorzeit höchstwahrscheinlich ein Stern, der in der Nähe unseres Systems die Gasriesen durch die kurz entstandene Gravitation nach außen verfrachtete, indem er vorbeizischte (bis jetzt kann nicht verifiziert werden, wer denn der nützliche ›Planeten-Ordner‹ war), passiert in dieser Region der Galaxie so gut wie nichts. Dem war natürlich nicht immer so! Auch die Milchstraße erlebte Verwüstung und Zerstörung! Zu Beginn unserer galaktischen Heimat existierten gigantische Sternentstehungs-Inseln, weshalb es viel zu turbulent für eine ruhige Entwicklung war. Erst als die zweite und dritte Generation von Sternen, mit schwereren Elementen gespickt, zum Leben erwachte, wuchs das Lebensalter der Element-Fabriken. Entstehendes Leben bedingte sich in unserem Fall durch eine glückliche Position – in Ruhe gelassen und mit Zeit ausgestattet.

Galaktische Peripherie, habitable Zone, ein eigentlich im Verhältnis zum Mutterplaneten zu großer Mond … Mutter Erde wurde mit optimalen Bedingungen beschenkt, die im All selten zu finden sein werden. Sensible Vorgänge wie die Entstehung von Leben sind im Universum keine Selbstverständlichkeit. Günstige Parameter dafür finden sich nicht in jeder Ecke des Alls, höchstens in privilegierten Zonen.

Doch was ist eigentlich Leben? Wie wird Leben definiert? Dafür wurden, wie uns Menschen eigen, Normen gesetzt. Will etwas als ›lebend‹ definiert sein, hat es eine Reihe von Vorgaben zu erfüllen:

- Energie- und Stoffwechsel, also Wechselwirkung mit ihrer Umwelt
- Organisiertheit und Selbstregulation (Homöostase)
- Reizbarkeit – womit Organismen auf chemische oder physikalische Änderungen in ihrer Umwelt reagieren
- Fortpflanzung – sie sind zur Reproduktion fähig

- Vererbung – lebende Organismen besitzen die Fähigkeit, Informationen (Erbgut) an ihre Nachkommen übermitteln
- Wachstum und damit die Fähigkeit zur Entwicklung

›Leben‹ lässt sich also auf wesentliche Merkmale klassifizieren. In der Natur gibt es daher auch Grenzfälle, die eine exakte Definition noch immer nicht erlauben. Viren zum Beispiel erfüllen nicht alle Kriterien, um als ›lebendig‹ bezeichnet zu werden. Zwar interagieren Viren mit ihrer Umwelt, beeinflussen diese auch wesentlich, doch fehlen ihnen entscheidende Punkte der Checkliste. Lebendige Materie ist die Weiterentwicklung chemischer Energie, autark mit den Instrumenten der Energie-Umwandlung ausgestattet. ›Leben‹ lässt sich also als weiterentwickelte Form von Energie definieren.

Die Existenz lebendiger Materie ist bislang nur auf unserem Planeten nachgewiesen. Es besteht kaum ein Zweifel, dass es unvorstellbar viele Welten gibt, auf denen es ebenfalls vor Leben wimmelt, doch sind Hinweise darauf noch Zukunftsmusik. Für genauere Blicke ins All fehlen uns aktuell die Möglichkeiten. Doch wer weiß, welch Geniestreiche der Zukunft uns präzisere Ansichten der interstellaren Außenwelt erlauben?

Weshalb folgende Reihenfolge gilt, um unser Glück der puren Existenz kausal erklärt zu wissen: Primär benötigten wir perfekte galaktische Positionierung. Zu weit im Inneren der Milchstraße gibt es zu viele Unbekannte, die dem Leben kaum Zeit zur Entstehung bieten. Als nächstes umkreisen wir den optimalen Stern. Ein blauer Hyperriese wie Beteigeuze lebt zu kurz, um Planeten die nötige Zeit zur Entwicklung zu schenken. Die Sonne als Stern der Klasse ›G‹ bietet die optimale Größe, Temperatur und Lebensdauer, um ihren Trabanten Chancen zu bieten, die anderen Systemen versagt sind. Rote Zwerge als Sterne der kleinsten Kategorie böten ebenso gute, doch nicht so perfekte Bedingungen. Um in der habitablen Zone eines roten Zwerges seine Bahnen ziehen zu dürfen, ist es erforderlich, dass seine Planeten möglichst nah um ihr Gestirn kreisen. Als Nachteil erweist sich erhöhte Strahlung ihres Gestirns, die eine stabile Atmosphäre als auch ein extrem starkes Magnetfeld erfordern, um diese abzufedern. All diese Faktoren summieren sich daher in einer kosmischen Ausnahme, genannt ›Erde‹, wobei hierfür noch einige Parameter gar nicht genannt wurden, wie eine ›ruhige‹ stellare Umgebung, die dafür sorgt, dass kosmische Geschosse größerer Dimensionen kaum die Bahn eines Planeten kreuzen, ein stabiler Schutz durch eine starke Magnetosphäre (wie sie unser Magnetfeld bietet), leichte Neigung der Achse, eine stabile Umlaufbahn etc.

Auch wenn wir kaum noch Planeten und Sterne kennen, nicht einmal in unserer unmittelbaren galaktischen Nachbarschaft, lässt sich unser Planet jetzt schon als Ausnahmeerscheinung in unserer Galaxie definieren. Vielleicht ist die Erde so etwas wie das ›Ideal‹, das es zur Evolution von Energie braucht. Möglicherweise ist dieser Fall so selten wie ein Gewinn der ›Euromillionen‹, doch selbst diese astronomisch kleine Chance ist groß genug, um eine große Zahl von Erden im All zu garantieren. Dem Begriff eines ›Paradieses‹ kommt unsere Heimat daher sehr nahe. Kaum ein Ort im All weist bessere Bedingungen zur Entfaltung vor. Wenn es überhaupt möglich ist, bessere Zustände als auf der Erde zu finden, dann ist es extrem unwahrscheinlich. Trotz dieser Erkenntnisse, die wir erst seit kurzem erlangten, schätzt unsere Spezies diese Umstände kaum … im Gegenteil! Anstatt der liebevollen Hege unserer Heimat verpflichtet zu sein, orientieren sich Milliarden von uns nach wie vor mit großem Eifer an antiken Bildern eines ›Garten Edens‹, den wir eigentlich immer schon unter unseren Füßen vorfanden. Es stellt sich die Frage, weshalb wir noch nicht bereit sind, dieses irdische Paradies als solches wahrzunehmen und standesgemäß zu behandeln. Ich wage zu behaupten, dass im All kaum bessere Plätze zum Leben existieren. Was will der Mensch also noch?

Zusammenfassung:

- Nicht in der Nähe des galaktischen Zentrums, nicht ganz draußen: Unser Sonnensystem zieht seelenruhig seine Bahnen in der galaktischen Peripherie.
- Keine bekannten schwarzen Löcher drohen in naher Zukunft unser Planetensystem durcheinanderzuwirbeln, ebenso zeigt sich kein Stern, der in astronomisch absehbarer Zeit vorbeizöge und mit seiner Masse für Aufruhr sorgen könnte.

Wasser!

Zu guter Letzt das Sahnehäubchen zur Umwandlung von Energie in komplexere Vorgänge. Die Spitze des Eisbergs, die Essenz schlechthin …

Gerne flüchten sich Menschen ins ›Göttliche‹ und suchen Gründe für die Existenz eines ›allmächtigen Wesens‹ (Ein anderes, unangenehmes und mühsames Thema. Die Religion ist eines der Hauptübel heutiger Zeiten). Wenn etwas mit beinahe göttlichen Eigenschaften existiert, dann ist es die uns schlichte, weil alltägliche, Existenz von Wasser. Dieses Molekül, bestehend aus zwei Wasserstoff-Atomen und einem Sauerstoff-Atom, besitzt Eigenschaften von unvergleichlicher Natur. Ein niedriger Siedepunkt, verglichen mit ähnlichen Flüssigkeiten, und die geringe Temperatur-Spanne zwischen den einzelnen Aggregat-Zuständen (die vier Aggregat-Zustände der Natur: fest, flüssig, gasförmig und der Zustand als Plasma) machen H^2O zu einem geradezu magischen Molekül, dessen eigentlich groteskes Verhalten bislang noch in keiner ähnlichen Kombination gefunden wurde. Schon geringe Abweichungen der Zustände, wie sie Wasser bietet, hätten der Entstehung von Leben größere Schwierigkeiten bereitet. Das größte Wunder des Wasser-Moleküls ist seine famose Bindungs-Energie.

Ein Zitat:

»Je mehr die Forscher im Lauf der Zeit über das Wasser herausfanden, desto deutlicher wurde, dass H2O sich in flüssiger Form grotesk atypisch verhält. ›Wasser zeigt eine ungeheure Vielfalt von Effekten, die es bei keiner anderen Flüssigkeit gibt‹, sagt Alfons Geiger, ein führender Wasserforscher von der Universität Dortmund. Seit 25 Jahren ist der Physiker und Chemiker eingetaucht in die nasse Materie und dabei ist für ihn ›immer klarer geworden, dass die Flüssigkeitswelt zweigeteilt ist. Auf der einen Seite steht das Wasser, auf der anderen stehen all die anderen Substanzen‹. Rund 40 Anomalien listen Wissenschaftler für Wasser auf.«

Felix Franks (*1926)
Einen interessanten Artikel dazu gibt es online im ›Geo‹-Magazin[5].

Wasser verhält sich völlig atypisch zu allen uns bekannten Molekular-Bindungen. Eigentlich verhält sich diese Zauber-Flüssigkeit abnorm. Ähnliche Gemische zeigen gänzlich differierende Effekte. Doch sorgt diese Abnormität dafür, dass dem Leben geradezu ideale Entstehungs- und Erhaltungs-Bedingungen geschenkt wurden. Der Umstand riesiger Vorkommen dieser Verbindung überall in den Weiten des Weltraums lässt Naturwissenschafter zu Recht auf Leben in allen Regionen unseres Universums hoffen, so oben genannte Umstände zumindest zum Teil gegeben sind. Ohne Wasserstoff als urtümliches Element ginge also gar nichts, zumindest nicht in diesem Universum. Der Stoff, aus dem das Leben ist, darf daher ruhig als ›göttlich‹ bezeichnet werden, völlig bar jeder klerikalen Denke.

Zusammenfassung:

- Wasser – kurz H^2O – als Baustein bekannten Lebens besitzt Eigenschaften, die kein wichtiges und bekanntes Molekül sonst vorweisen kann: niedrige Siedetemperatur, hohe Eisgrenze. Die chemischen Eigenschaften von Wasser unterscheiden sich maßgeblich vom Rest: Kein Molekül erlaubt es in ähnlichen Dimensionen, komplexe Molekular-Verbindungen zu fördern.

- Die Vorkommen von Wasser im Universum sind unüberschaubar. Da Wasser zu zwei Teilen aus Wasserstoff – dem mit Abstand häufigsten Element im Kosmos – besteht, ist es leicht möglich, dass es überall im All in großen Mengen existiert.
- Die leichte Verdunstung des Wassers bildet den Grundstein für unser Klima, da es leicht wieder in den klimatischen Kreislauf inkludiert wird.

Der evolutionäre Zufall ›Mensch‹

Unsere Vorfahren fielen wortwörtlich vom Baum. Die Entwicklung unserer Art zu dem, was wir heute sind, erfolgte aber natürlich nicht von heute auf morgen, sondern brauchte Zeit und perfekte Bedingungen. Es waren evolutionäre Regeln, die sich im Laufe tausender Generationen durchgesetzt haben, eine so wichtig wie die andere. Jede höhere Spezies entstand durch kausale Umstände, soviel ist Ihnen als Leserin/Leser inzwischen bewusst, denke ich. Wer die Entstehung von terrestrischem Leben nur beiläufig kennt, weiß um die Geduld, die der Evolution abverlangt wird, damit aus Bakterien Einzeller, aus Einzellern Vielzeller, aus primitiven Organismen komplexe Kreaturen entstehen und schließlich aus komplexen Kreaturen intelligentes Leben wird. Die unmittelbare Umwelt sorgt dafür, dass jedes Wesen ständiger Veränderung unterworfen ist. Hält eine Spezies den wechselnden Bedingungen nicht stand, wird sie zur Abwanderung gezwungen oder stirbt aus. Dieses simple Regelwerk zwingt immer noch jeden Teilnehmer der Natur zu Anpassung und Weiterentwicklung. Stirbt eine Spezies aus, weil sie den gegebenen Anforderungen nicht gewachsen ist, sorgen anpassungsfähigere Organismen dafür, dass die entstandene Lücke wieder gefüllt wird. ›Fressen und gefressen werden‹, ultima ratio der Natur, garantiert ein labiles Gleichgewicht der Kräfte. Nur jenen, die der Anpassung fähig sind, wird nachhaltig die Möglichkeit zur Vermehrung und Erhaltung der eigenen Art zur Verfügung gestellt. Unsere unmittelbaren Vorfahren waren davon nicht ausgenommen. Dank der wissenschaftlich grandiosen Zeit, in der wir leben dürfen, entdecken wir aktuell nicht nur das All, sondern auch die eigene Entstehungsgeschichte mit steigender Präzision. Anthropologie (altgriechisch ›ἄνθρωπος‹ – ›ánthrōpos‹, deutsch ›Mensch‹, und –

›Menschenkunde‹) ist einer der florierenden Zweige der modernen Wissenschaft. Heute benutzt die Anthropologie modernste technische Instrumente, deren Anwendung rasanten Wissensfortschritt ermöglicht. In immer kürzeren Intervallen entdecken Forscherinnen und Forscher neue, bahnbrechende Hinweise, die es uns erlauben, unsere Wissenslücken über die Entstehung des Menschen kontinuierlich zu verkleinern. Lückenlos wird unsere Entstehungsgeschichte wahrscheinlich nie nachvollziehbar sein, weil manche Überreste, sogenannte ›Missing links‹, vom Zahn der Zeit unrettbar zerstört wurden. Und doch lässt sich jetzt schon hervorragend replizieren, welche Umstände zum modernen Homo sapiens geführt haben.

Zu Beginn war das Aussterben der alles überragenden Dinosaurier für unsere Entstehung alternativlos, damit die ersten kleinen Säuger die freigewordene Oberfläche erobern durften. Die alles überragende Dominanz der Riesenechsen hinderte für einen langen Zeitraum die noch junge Klasse der Säugetiere daran, sich zu entfalten. Nur kleine, höchstens mausgroße Säuger vegetierten neben den auf dem Land herrschenden Reptilien, die jegliche evolutionäre Konkurrenz im Ansatz erstickten. So ging das für unvorstellbar lange Zeit, ungefähr 150 Millionen Jahre, in denen Saurier sowie deren evolutionäre Seitenstränge den Planeten global beherrschten. Erst ein kosmisches Ereignis mischte die Karten des Lebens von neuem: Sprichwörtlich vom Himmel geschickt, ereilte die großen Landlebewesen bekanntlich das grausame Schicksal in Form des Yucatan-Asteroiden. Mit einer Wucht von mindestens 200 Millionen Hiroshima-Bomben schlug der kosmische Gesteinsbrocken, ein gigantischer Asteroid mit ungefähr 10-15 Kilometern Durchmesser, bei der Halbinsel von Yucatan (heute Mexiko) ein. Die zerstörerische Kraft, die dieser Meteorit entfesselte, hinterließ kaum Gefangene. Geschätzte 70-75 Prozent der damaligen Tierarten starben in Folge des Einschlags aus, unmittelbar oder indirekt davon betroffen. Die ›nähere‹ Umgebung von ungefähr 1000 Kilometern wurde im Zeitraum von wenigen Sekunden von dieser tödlichen Energie ausgelöscht, bevor rund um den Globus Mega-Tsunamis und Feuerstürme ihr vernichtendes Werk vollbrachten. Dem aber nicht genug …

Um weltweit verbreitete und der Umgebung angepasste Arten auszumerzen, braucht es mehr. Da der Asteroid mit einer für uns zum Glück unvorstellbaren Wucht und in der jüngeren Erdgeschichte unerreicht in die Erdkruste eindrang, verdunkelte sich die Erde für Jahre. Abermillionen Tonnen an Ruß- und Staubpartikel setzten sich in der Atmosphäre fest. Unser Heimatgestirn, die Sonne, wurde für lange Zeit abgeschirmt. Pflanzen waren ihrer Existenzgrundlage, der Photosynthese, beraubt und gingen ein. Kurz danach verschwanden die großen Pflanzenfresser, die nicht unmittelbar vom Einschlag betroffen waren, durch den Hungertod. In Folge der Reduktion von Beute zog es auch die großen Carnivoren (Fleischfresser) in den Abgrund. Um sich ansatzweise vorzustellen, was sich damals ereignete, reicht ein Blick ins Jahr 1883. Der Ausbruch des Krakatau vor den indonesischen Inseln Java und Sumatra zeigte – obwohl gewaltig, aber in geradezu lächerlicher Form, vergleicht man ihn mit dem Yucatan-Asteroiden – wie sich damals die Welt radikal geändert haben muss. Auch diese Katastrophe, obwohl nur die unmittelbare Umgebung zerstörend, zog eine Kettenreaktion an Konsequenzen für den Rest der Welt nach sich. Ebenso wie beim Chicxulub-Impakt[6] (so der Name der Asteroiden-Katastrophe am Ende der Kreidezeit) wurden Millionen von Tonnen an Ruß und Staub in die Atmosphäre geschleudert und sorgten weltweit für Ernteausfälle, in manchen Gegenden sogar für große Hungersnöte. Natürlich war die Krakatau-Explosion im Vergleich zum Saurier-Killer ein kleiner Feuerwerkskörper. Und doch zeigte dieses Ereignis, wie fragil unsere Welt eigentlich ist. Wie schnell die lebensbejahenden Faktoren ausgelöscht oder zumindest nachhaltig gestört sein können, wird uns anhand dieser Naturkatastrophe grausam gezeigt. Geologisch vor kurzem, nämlich knapp vor 75.000 Jahren, erschütterte eine weitaus größere Explosion, verglichen mit der Explosion des Krakataus, den Erdball: die Toba-Katastrophe. Der Toba, ein Supervulkan im pazifischen Feuerring (der vor allem in und um Indonesien ständig seine Krallen zeigt), flog der Welt mittels eines Energieausbruchs von einer Gigatonne (1 Milliarde Tonnen) TNT um die Ohren. Funde legen die Vermutung nahe, dass infolge einer massiven Eruption die damalige Population des Menschen auf der Erde stark reduziert wurde. Als Folge sank in den folgenden Jahren die Durchschnittstemperatur auf der Erde um 3 bis 3,5 Grad Celsius, laut einer 2009 publizierten Modellrechnung möglicherweise sogar noch mehr. Das fern von Indonesien gelegene Indien dürfte nach heutigem Wissensstand von einer ca. 15 Zentimeter dicken Ascheschicht bedeckt gewesen sein. Es liegt also nahe, dass die Toba-Explosion[7] beinahe für das Ende der Menschheit sorgte, noch bevor sie sich etablieren konnte. Wahrscheinlich überlebten nur ein paar hundert frühe Menschen die Katastrophe. Aber nun herrschte Platz! Die Menschen fanden, nachdem das Desaster überlebt war, eine frei zu entdeckende Welt vor, wodurch sich die Entwicklung unserer Zivilisation möglicherweise dank dieser Naturkatastrophe begünstigte.

Zurück zum Aussterben der Dinosaurier: Nachdem der Yucatan-Asteroid den Großteil des Lebens von der Erdoberfläche gefegt hatte, war der

Weg für die Säugetiere, bislang nur ein Schattendasein fristend, unverhofft freigemacht. Dank ihrer geringen Größe konnten unsere Vorfahren die Krisenzeit relativ unbeschadet unter der Erde oder in sicheren Verstecken überstehen. Auf die Oberfläche lugend, bot sich unseren kleinen Ahnen ein veränderter Planet: Ihrer Hemmschuhe, den großen Sauriern, entledigt, fanden sie nun genug Platz auf der Oberfläche, den sie recht schnell einnahmen. Schnell änderte sich die tierische Hierarchie, denn die Eigenschaft der kleinen Säuger, sich mehrmals pro Jahr mit Nachkommen zu reproduzieren, die sich außerhalb der Enge einer Eierschale weitaus schneller entwickeln und fortpflanzen konnten, bot einen wesentlichen Vorteil im neu ausgeschriebenen Rennen um die globale Vorherrschaft. Plötzlich boten sich in jeder Himmelsrichtung weite Reviere, die nun zur Eroberung freistanden. Auch der genügsamere Futtergebrauch erwies sich als Vorteil. Ein mittelgroßer Pflanzenfresser unter den Sauriern, wie zum Beispiel das Iguanodon, benötigte mehrere hundert Kilo Grün als Tagesration. Auf Grund der kaum überlebenden Vegetations-Ressourcen war dem Überleben der Verzehr-Maschinen ein Ende gesetzt. Ein paar Gramm Eigenbedarf waren allerdings leichter zu ergattern. Der Weg zur Artenexplosion war geebnet, die Karten des Lebens lagen nun neu gemischt auf dem Spieltisch der Evolution.

So setzte sich die evolutionäre Spezialität des Lebendsäugens als neues Erfolgsmodell der Natur durch. In den nächsten Jahrmillionen entwickelten sich fast ohne ernstzunehmende Konkurrenz größere, komplexere, überlebensfähigere Säuger. Die ersten Primaten ließen relativ lange auf sich warten, sie entwickelten sich als eine der letzten Gattungen der heute bekannten Säuger. Beweglichere Gliedmaßen, um die Bäume als Lebensraum zu erobern, erwiesen sich langfristig als Vorteil, denn die Evolution drängte darauf, komplexere Spielarten der genetischen Vielfalt zu versuchen. In den Wipfeln der Bäume Ostafrikas erhöhten sich die Überlebens-Chancen unserer Vorfahren, fanden sie doch Schutz vor Killervögeln und den neuen Herrschern der Weiten, den Raubsäugern. Frühe Affen lernten schnell, dass das hohe Dickicht Zuflucht gewährte, wenn Gefahr im Verzug war. Gruppen- und Hordenbildung, um dem Kollektiv besseren Schutz als auch organisierte Rollenverteilung bei der Beschaffung von Futter zu gewährleisten, war der nächste Schritt zur evolutionären Dominanz. Dank des ständigen Wachstums des Denkapparates als direkte Folge abwechslungsreicher Ernährung, konnte sich die soziale Fähigkeit der frühen Primaten rasch fortentwickeln. Organisiertes Zusammenleben zeigt sich auch heute als evolutionärer Vorteil, wie wir vor allem bei Menschenaffen beobachten dürfen.

Als die Greifwerkzeuge der kletternden Gesellen im Laufe von tausenden Generationen beweglicher wurden und zur Entstehung des optisch unscheinbaren Daumens führten, war der Weg unserer Entwicklung praktisch geebnet. Eine Grenze war noch zu überwinden: Irgendwann erzwangen die Umstände das Verlassen der Bäume als Lebensraum und die damit einhergehende Eroberung der Weiten der Savanne.

Die Entwicklung des Daumens als ›Spezialfinger‹ mag uns banal erscheinen. Real ist dieses kleine Ding an unseren Händen ein Quantensprung. Evolutionstechnisch ergab sich dieses Gimmick fast logisch, um in den Lüften der Baumwipfel richtig greifen zu können. Langfristig zeigte sich diese kleine Veränderung der Extremitäten als fundamentaler Wandel der Evolution. Wieder zeigte sich die manchmal geniale Effektivität des ›Ursache-Wirkung‹-Prinzips, denn dieser körperlich kleine Fortschritt mündete in einer evolutionären Kettenreaktion. Viel später erlaubte uns diese Laune der Natur den Schritt zur Dominanz. Um Gegenstände greifen und damit auch festhalten zu können, ist der Daumen unabdinglich. So war es den ersten Menschen erlaubt, (anders als der Konkurrenz im harten Alltag der Wildnis), Gegenstände, die sich aus dem endlosen Fundus der Natur boten, gezielt zu benutzen. Ohne Daumen ist es kaum möglich, Gegenstände festzuhalten und damit Werkzeuge für den eigenen Zweck zu nutzen. Durchaus intelligenten Tierarten, auch zu primitiver abstrakter Denkweise fähig, fehlt dieser Vorteil, weshalb sie in ihrer Entwicklung gehemmt sind. Rabenvögel zum Beispiel zeigen erstaunliche Verhaltensmuster: Sie verwenden Gegenstände, um zum Objekt der Begierde zu gelangen. Da ihnen aber ein Greifwerkzeug zur Übertragung geistiger Fähigkeiten in praktische Anwendung fehlt, bleibt nur der Schnabel. So in ihren Möglichkeiten eingeschränkt, ist es ihnen kaum möglich, bemerkenswerte evolutionäre Sprünge zu machen.

Irgendwann entdeckte ein Vorfahre des Menschen, dass sich Steine, Stöcke, Früchte etc. nicht nur werfen, sondern auch formen ließen. Anders als bei Raubtieren ließ der Daumen, der aus Pfoten Hände machte, komplexe Anwendungen im Umgang mit zuvor nutzlosen Objekten im Revier zu. Dieses Geschenk der Evolution ermöglichte es den ersten Vormenschen, sich schnell unaufholbare Vorteile zu verschaffen. Der erste Schritt war getan, doch es gab noch viel zu entwickeln. Ausnahmslos jedoch erwies sich jede Sternstunde der Evolution des Menschen als nötiges Fundament für folgende Fortschritte. Eine neuerliche Veränderung der Umgebung sorgte für erzwungene Anpassung, wollten die afrikanischen Primaten nicht in existenzielle Not geraten. Diesmal war der Schritt nicht nur physiognomisch revolutionär.

Auch die Arten der Flora sind einer permanenten Entwicklung unterworfen, wie wir heute längst wissen und in mannigfaltigen Formen nutzen. Irgendwann vor wenigen Millionen Jahren änderte sich das Bild der natürlichen Umgebung, als der Siegeszug der Gräser begann. Ob in den Pampas in Südamerika, den weiten Steppen Nordamerikas oder Eurasiens, oder eben in den Savannen Afrikas … Gräser eroberten überall die Lande und verdrängten ihre natürlichen Rivalen in der Welt der Pflanzen. Infolgedessen reduzierte sich die Gesamtfläche der Urwälder, die Flächen weiter Grasländer wurden eminent. Insbesondere in trockeneren Gegenden des schwarzen Kontinents sorgte der Siegeszug der Gräser für radikal veränderte Umweltbedingungen. Wo unsere Vorfahren zuvor fröhlich und unbehelligt von Baum zu Baum hüpften, verminderte sich plötzlich die Größe der Reviere. So kam es, dass unsere Ahnen vor die Wahl gestellt wurden: Entweder auf den paar Bäumen, die das eigene Revier begrenzten, verhungern, weil die Anzahl der zu bewohnenden Objekte schwand…Oder den gefährlichen Schritt wagen und die weiten Steppen Afrikas betreten. Doch in den hohen Gräsern der afrikanischen Savanne lauerten viele Räuber. Geduckt, versteckt, gefräßig.

Hätten sich unsere Vorfahren einfach so, panisch und verzweifelt, in die weiten Graslandschaften gewagt, sie hätten als willkommene Abwechslung auf der Speisekarte der Jäger geendet. Es bedurfte einer Maßnahme der Evolution, denn es war dringend, gegenüber den stets gefährlichen Räubern einen Vorteil zu ergattern. Ohne Weiterentwicklung wären Primaten für Raubtiere willkommener Imbiss geblieben. Schließlich hatten sich deren Sinne evolutionär bedarfsorientiert geschärft und waren jenen der Affen weit überlegen.

Ewiges Wettrüsten erforderte eine wirksame Antwort gegenüber der permanent drohenden Gefahr.

Ein Organ jedoch begann sein unglaubliches Potential zu entfalten. Es stellte sich als größte Erfindung der Evolution heraus. Die plötzlich fast unnatürlich schnelle Entwicklung des Gehirnes von Primaten bereitete den Boden für die Welteroberung. Der Denkapparat der Primaten wurde viele tausende Generationen lang von Mutter Natur privilegiert behandelt, weshalb ein Quantensprung bevorstand. Da Affen meist Allesfresser sind, also auch Früchte oder gar Fleisch verzehren, wurde das Primatengehirn abwechslungsreich und wirkungsvoll mit Proteinen ›gedopt‹. Von abstraktem Denken zwar noch weit entfernt, konnte das Gehirn langsam, doch effektiv, sein Volumen erhöhen. So aufgebaut und durch soziales Verhalten trainiert, ließ sich von unseren Vorfahren wesentlich flexibler auf äußere Einflüsse reagieren. Der biologische Supercomputer, den wir zwischen den Schultern tragen, erschloss in ungewöhnlich kurzer Zeit neue Dimensionen. Und so kam es, wie es kommen musste, weil das Überleben keine Alternative erlaubte: Um in den mit Gras bewachsenen weiten Ebenen zu überleben, richtete sich irgendwann ein Affe auf.

Irgendwann blieb einer stehen …

Die Allmacht der Kausalität beherrschte unleugbar die Entwicklung zum ersten Urmenschen. Auf Effekte kleinerer oder katastrophal großer Ereignisse folgten logische nächste Schritte. Das unbestechliche Prinzip von Ursache und Wirkung entstand parallel mit Zeit und Raum. Ereignisse durch Vorgänge garantierten vom Anbeginn des Universums an den Fluss der Veränderungen. Aus ersten Gaswolken entstanden Sterne. Diese ersten Gas-Giganten lebten nur kurz, explodierten in gewaltigen Detonationen, wodurch höhere Elemente nicht nur erzeugt, sondern auch in die Weiten des Alls verteilt wurden. Die nächste Generation von Sternen entstand, schwerer, dichter, langlebiger und produktiver. Unser Kosmos vollführte nun ein Werk, das Milliarden von Jahren dauerte, um kleinere Objekte wie Planeten entstehen zu lassen. Planeten boten neue Varianz, kühlten ab und ließen Elemente wie den alles dominierenden Wasserstoff komplexere Verbindungen eingehen. Als die Erde ihre turbulente Geburtsphase verließ, regnete es für hunderttausende von Jahren ununterbrochen auf unseren Urplaneten, der schließlich abkühlte und alles bot, was das Leben zur Entstehung benötigte.

Ursache und Wirkung benötigen allerdings noch einen fundamentalen Motor, durch den Urknall, dem Beginn von allem, entstanden: Zeit! Die Zeit, unsere allgegenwärtige Konstante, entpuppte sich als nötiger Faktor, damit sich etwas tun konnte. Erste Bakterien und Algen eroberten die Weiten der Ur-Meere, doch nur, weil genügend Zeit vorherrschte. Zellen gingen Kollaborationen ein und übernahmen nach und nach speziellere Aufgaben. Mehrzellige Organismen entstanden, zeitgleich wurde von diesen Organismen aktiv mit der Interaktion zur Umwelt begonnen. Zeit gab es auf der Erde durch all die gegebene Ruhe genug, um unbehelligt Entwicklung zu fördern. Naturkatastrophen und Massensterben mischten die Karten des

Lebens immer aufs Neue durch. Die Umgebungs-Parameter veränderten sich laufend, die in immer höherer Varianz auftretende Natur lernte, sich Gegebenheiten anzupassen. Alternativen gab es stets nur in Form von Anpassung, Abwanderung oder Untergang. Mit dem abrupten Ende des Zeitalters der Dinosaurier füllte sich die Nische mit Säugetieren und Vögeln, den legitimen Nachfahren der donnernden Echsen. Schließlich begünstigte die unendliche Geduld der Natur die Entwicklung einer Unterart von Säugern, die rapide verlief.

Das Geheimnis dieser plötzlich rasant jegliche Konkurrenz überholenden Entwicklung lag zwischen den Schultern dieser tierischen Günstlinge: Es war das Gehirn. Soweit wurde das Wesentliche schon beschrieben. Das uns zu eigen gemachte Rechenorgan - allen vergleichbaren Entwicklungen der Natur voraus, wodurch sich auch immense Fortschritte boten - war triviales Ergebnis von einer nicht zu beschreibenden ›Trial and Error‹-Versuchen der Umwelt. Viele bizarre Launen der Natur durchliefen den Mechanismus ewigen Probierens neuer Lebensformen, doch die wenigsten waren mit nachhaltigem Überlebens-Potential ausgestattet. Unser Denkprozessor erwies sich als grandiose und schlussendlich entscheidende Spielart im Wettrüsten der Natur. Dinge, die zuvor unmöglich waren, gingen nun rasend schnell ihren vorgezeichneten Weg.

Evolutionäre Vorteile erschließen sich oft erst auf den zweiten Blick. Die Spezialisierung von Organen erweist sich als überlebenswichtig für den Fortbestand der Arten, garantiert sie doch den Umgang mit wechselnden Umweltbedingungen. Nicht mehr benötigte Relikte werden angepasst oder verkümmern. Perfektes Muster für optimale Anpassung ist die Familie der Wale. Deren Vorfahren entschlossen sich einst, wieder ins Element des Wassers zurückzukehren, wahrscheinlich aus Gründen herrschender Nahrungsmittel-Knappheit. So kam es, dass aus Armen wieder Flossen wurden. Dem nicht genug, bildeten sich die Hinterläufe der vormals vierbeinigen Landtiere zu Stummeln zurück, da sie für das Leben im Wasser keinen Nutzen mehr brachten. Das Skelett eines Waltieres bezeugt nach wie vor die Existenz von Hinterbeinen. Nur wurden sie inzwischen ihrer Funktionalität beraubt. Ein weitentwickeltes Gehirn und ihre schiere Größe, die sie an die Spitze der Nahrungskette spülten, bieten dieser Artenfamilie alle Vorteile, um dauerhaft unantastbar zu bleiben. Wäre Homo sapiens nicht … Der humane Raubbau an der Natur, speziell im maritimen Bereich, verhindert die Eroberung der Weltmeere durch Wale und ihre Verwandten. An Delfinen zeigt sich, wie sehr sich Wale intellektuell vom Rest der maritimen Fauna abheben. Es ist nicht auszuschließen, dass die großen Meeressäuger durch die unendliche Geduld der Evolution irgendwann intelligent würden. Gäbe es uns Menschen nicht …

Bei Primaten wurde das Gehirn generationenübergreifend gefördert. All die Vorzüge, die das isolierte Leben auf den Bäumen bot, wurden von ständiger Mutation im Laufe der Generationen konsequent optimiert, um den nächsten Schritt zu wagen: Aufrechtes Stehen und später das zweibeinige Gehen begründeten das Fundament einer einzigartigen Erfolgsgeschichte. Erste aufrecht gehende Horden waren plötzlich in der Lage, über weitere Distanzen Verständigung, der ständigen Gefahr geschuldet, koordiniert auszuüben. Raubtiere verloren den Vorteil, im Dickicht für potenzielle Opfer nahezu unsichtbar auf der Pirsch zu sein. Die ersten aufrecht gehenden Vorfahren unserer Art organisierten sich nun und erhöhten die Überlebenschancen einzelner Exemplare signifikant. Schlich eine Großkatze in gefährliche Nähe, wurde schnell reagiert. Die Flucht (auf die Bäume klettern war noch immer die geringste Anstrengung) wurde ergriffen, oder es wurde, sicherlich auch der Not bedingt, kollektiv verteidigt, damit die Familiengruppe gesichert war. Immerhin galt es, die Muttertiere und den Nachwuchs zu schützen, damit der Fortbestand der Sippe gesichert war. Durch den entwickelten Daumen konnten Steine und Stöcke ergriffen und zur Verteidigung eingesetzt werden. Die Vielzahl an natürlichen Gefahren schrumpfte mit jeder Generation, denn das rasant lernende Gehirn erlaubte es, zu lernen und sich anzupassen. Ein paar tausend Jahre später wurden schon primitive Waffen entwickelt, die Angst vor Raubtieren schrumpfte zum Nebeneffekt.

Aufrechtes Gehen bot noch einen weiteren, unbezahlbaren, Vorteil: Unsere ›CPU‹, das Gehirn, befand sich plötzlich nicht mehr in Bodennähe und genoss dadurch besonderen Schutz. Die Augen richteten sich nach vorne, der Fokus verbesserte sich. Dreidimensionales Sehen etablierte sich, während das Gehirn durch die abwechslungsreiche Nahrung ständigem Wachstum unterworfen war. Man war nicht mehr ausschließlich auf Früchte der Bäume als auch deren eingeschränkte Tierwelt reduziert, sondern erweiterte den Nahrungsplan exorbitant. ›Ursache und Wirkung‹ als das alles überragende Gesetz bevorzugte plötzlich eine Tierart in noch nie dagewesenem Ausmaß.

Unsere Urahnen waren also nun in der Lage, die Steppe zu überblicken, untereinander zu kommunizieren und primitive Werkzeuge zu ergreifen. In rasanter Geschwindigkeit befanden sie sich in der Lage, Gefahren abzuschätzen und bei Bedarf abzuwehren. Große Tiere der unmittelbaren Umgebung wurden langsam, doch unaufhaltsam, selbst Objekt der Jagdbegierde. Homo habilis und Co. stand mit einem Male sprichwörtlich die Welt offen. Immer wieder erfordert die Natur von ihren Geschöpfen Anpassung an ihre Launen. So wurden auch unsere Ahnen gezwungen, ihr Revier zu verlassen, wenn sich die Umstände verschlechterten. Wassermangel, Dürre, Naturkatastrophen und daraus folgende Nahrungsmittel-Nöte bedingten immer wieder Flexibilität, so die Möglichkeit dazu bestand. Die genetischen Vorzüge der frühen Menschen lieferten nun alle Mittel, die zur enthemmten Verbreitung nötig waren. Und welche Möglichkeiten sich den frühen Menschen plötzlich boten! Als perfekt spezialisierte Spezies in der Natur verstand es kaum eine Tierart zuvor, sich den Umwelt-Faktoren flexibel anzupassen, weshalb nun die Eroberung des Planeten in fulminanter Geschwindigkeit ihren Lauf nahm.

Im Normalfall braucht es Jahrtausende, um komplexere Mutationen zu entwickeln und zu etablieren. Bei unseren Vorfahren war dieses Naturgesetz aber, dank unseres ›Zauberfingers‹, dem Daumen, praktisch ausgehebelt. Laufend erwies sich dieser Finger immer mehr als Geschenk. Das Gehirn befand sich nicht mehr in Bodennähe, die Gliedmaßen waren flexibel. Soziales Verhalten im Verbund zeigte sich dazu als überlegene Strategie. Es war also ›angerichtet‹: Es galt eine Welt zu erobern. Homo habilis brachte einen Satz von Vorzügen mit, der in der Evolutionsgeschichte einzigartig war. All diese Neuerungen, von keiner anderen ›Tierart‹ entwickelt, ergaben den Grundstock für globale Dominanz. Zwar (blendet man dieses fantastische Modell des Gehirns als bloßes Organ aus) verfügen Primaten über kein einziges Sinnesorgan mit überdurchschnittlichen Fähigkeiten, doch unterstützte der biochemische Supercomputer in den Köpfen unserer Vorfahren einen wesentlichen Vorteil: Die Sinne wurden durch das Novum der Möglichkeit, abstraktes Denken zu entwickeln, ungemein geschärft. Keines unserer Sinnesorgane ist unterentwickelt, die meisten davon errangen guten Durchschnitt in unserer Umwelt. Die Steuerzentrale allerdings lernte, diese Durchschnittlichkeit meisterhaft zu nutzen.

Der eigentliche Vorteil des aufrechten Gangs sollte unbedingt noch erwähnt werden. Wahrscheinlich ist es das Kriterium für die sprunghaft schnelle Entwicklung des Menschen, denn plötzlich standen den frühen Menschen zwei Gliedmaßen frei zur Verfügung! Vierbeiner sind fast ausnahmslos nur in der Lage, ihre Extremitäten vorwiegend zur Fortbewegung zu nutzen. Unseren Vorfahren standen unverhofft ihre zwei Vorderläufe frei zur Verwendung zum Greifen, Basteln, Gestikulieren, Essen, Trinken und doch zur selben Zeit immer wachsam und zur Flucht bereit sein. Mit dem aufrechten Gang gewannen die frühen Menschen mit einem Schlag das Rennen um die Position an der Spitze der Nahrungskette. Der aufrechte Gang schaufelte persönliche Ressourcen in unvergleichlicher Weise frei. Anthropologische Funde weisen ab einem gewissen Zeitpunkt auf eine rasante Entwicklung bei der Präzision von Waffen und Werkzeugen hin. Steine wurden geschliffen, Hände für komplexe Arbeiten eingesetzt. Kurz danach banden Menschen schon Steine an Stöcke und ließen sie als erste Äxte fungieren. Lange Stöcke erhöhten ihre Gefährlichkeit, indem sie zugespitzt und als Speere eingesetzt wurden. Der frühe Mensch rüstete sich gegen die Gefahren der Natur und erklomm den Thron.

Es ging nun, verglichen mit allen Beispielen der Vergangenheit, unbeschreiblich schnell. Die nächste radikale Entdeckung von ungeheurer Konsequenz war deshalb nur eine Frage der Zeit. Irgendwann muss einer unserer Ahnen erkannt haben, dass Feuer, vielleicht durch einen Blitzschlag entstanden, gezielt benutzt werden kann. Die Erkenntnis, eigentlich ein Paukenschlag, dieses Element zum Schutz oder zur Jagd verwenden zu können, festigte die frühmenschliche Position an der Spitze der Nahrungskette endgültig. Ein und für allemal wurden omnipräsente Gefahren aus der Tierwelt unter Kontrolle gezwungen. Logisch erscheint ab nun der Umstand, mit der Fähigkeit, die Flammen zu bändigen, auch das Sippenleben zu verfeinern. Gewisse Steine erzeugen Funken, um Feuer entstehen zu lassen. Erkenntnisse wie diese werden, so kann man annehmen, schnell gefolgt sein. Die Entdeckung künstlich erzeugten Feuers war der letzte Schritt zur Herrschaft über den Planeten. Feuer, dieses übermächtige Plasma, Grundelement des Universums, verlor seinen Schrecken. Die ersten Menschen beherrschten die lodernden Flammen und waren somit in der Lage, Konkurrenten davon abzuhalten, den Ruheplatz zu überfallen. Nun entdeckten die Urmenschen auch das wohlige Gefühl von erzeugter Wärmeenergie als Heizung, Schutz und Kochinstrument.

Wie sich die menschliche Evolution blitzschnell auf geänderte Umstände einstellt, lässt sich an einem Nebeneffekt der Zähmung von Feuer feststellen: Als Reaktion auf gespendete Wärme durch äußere Umstände begann unsere Genetik nun langsam damit, obsolet gewordene Eigenschaften abzulegen. In diesem Fall ist vom Fell die Rede, das für Millionen von Jahren den urmenschlichen Körper vor dem Erfrierungstod bewahrte. Da der Mensch nun fähig war, abstrakt zu denken, bedeckte er die frierenden oder empfindlichen Körperteile mit tierischem Fell. Heute besitzt der moderne Mensch nur noch Relikte des früheren Fells. Unsere vergleichsweise spärliche Körperbehaarung mahnt uns, woher wir kommen.

Schlussendlich war es irgendein findiger Urmensch, der (zufällig oder gewollt … wir werden es nie erfahren) den köstlichen Geschmack gebratener Speisen (wozu die Bändigung des Feuers erst nötig war) entdeckte und anderen präsentierte. Was die Urmenschen nicht wussten: Durch die Erwärmung tierischer Mahlzeiten wurde dem verfügbaren Potential des Gehirns eine Initialzündung verpasst. Warme Mahlzeiten fleischlicher Natur triggern die Entwicklung des Denkapparats. Tierische Proteine, so sie zuvor gekocht, gebraten oder gegrillt werden, entlasteten die Verdauung und fütterten ohne Umwege das so wichtige Rechenzentrum zwischen den Schultern. Mit der Erfindung des Kochens zündete sich die nächste Stufe eines beispiellosen Überholmanövers der Evolution. Die Beherrschung der Natur inklusive all ihrer Widrigkeiten war vollzogen. Gegen Kälte packte man den Körper in warmes Fell, die Speisen wurden mit wachsendem Abwechslungsreichtum kredenzt, Verluste wurden gezielt mit Nachwuchs ersetzt und die Sippe durch fortschreitendes soziales Verhalten geschützt.

Und alles folgte strengen kausalen Regeln. Kein einziger der genannten Fortschritte hätte sich ohne vorherigen Effekt entwickelt. Kaum ein Quantensprung ohne Vorbereitung. Stetig wachsende Rasanz durch zuvor entwickelte Fähigkeiten hievte Primaten unvermeidlich an die Spitze der Natur und bot in rasender Geschwindigkeit eine Vielzahl von neuen Möglichkeiten. Nun ging alles sehr schnell, die Entwicklungskurve zeigte immer steiler nach oben.

<u>Zusammenfassung:</u>

- Zuerst noch im Überlebens-Wettkampf mit der gefährlichen Umwelt, wurden unsere Vorfahren mit Eigenschaften ausgestattet, die in dieser Kombination einzigartig sind.
- Aufrechter Gang schützte vor Überraschungen. Der Daumen erlaubte präzises Greifen von vorhandenen Objekten. Die Sinne der menschlichen Vorfahren pendelten sich perfekt auf die neuen Umstände ein und nutzten die Übersicht und das mechanische Talent zur geistigen Revolution im Tierreich. Genetische Vorteile eröffneten schon in den hunderten Millionen Jahren zuvor einzelnen Tierarten gigantische Möglichkeiten, niemals jedoch wuchs das Gehirn so schnell und effektiv.
- Wären die Grundvoraussetzungen nicht geschaffen worden, ich könnte nun nicht schreiben. Niemand könnte es.

- Da es sich beim Daumen allerdings um eine evolutionäre Neuigkeit gigantischer Möglichkeiten handelte, nahmen unsere affenähnlichen Ahnen nun einen Weg, der neu war und Richtung ›Gipfel‹ zeigte.

Die Evolution der Zivilisation

Überspringen wir ein paar hundert Generationen …

Unsere Urahnen, immer wieder gezwungen, ihr Revier zu wechseln, verbreiteten sich nun explosionsartig über den afrikanischen Kontinent. Nirgends vermochte auch nur eine Spezies dem neuen Herrscher über die Elemente Paroli zu bieten, weder in der afrikanischen Savanne noch in den kalten Gebieten des mit Wald überzogenen Europas. Die natürliche Barriere der Sahara (damals noch viel kleiner als heute) war relativ schnell überwunden, womit sich der menschliche Einfluss nun ungehemmt verbreitete. Navigation und Schifffahrt waren noch nicht etabliert, weshalb es wiederum natürlicher Ursachen geschuldet war, dass vor vielen tausend Jahren die ersten Menschen über die Halbinsel Sinai einen neuen Kontinent betraten. Platzmangel, Katastrophen, Witterungs-Verhältnisse oder Nahrungsmittel-Knappheit zwangen die einzelnen Horden, den afrikanischen Kontinent in alle Richtungen zu erobern. Da im Nordosten des schwarzen Kontinents eine Landbrücke zu Eurasien besteht, eröffnete sich der gesamte eurasische Kontinent inklusive der afrikanischen Landmasse nun als gewaltige Spielstätte für die neue Art, damit sie ihren Aufstieg zementieren konnte. Überlebenstechnisch überlegen, verbreitete sich die neue Tierart wie ein Virus über den ganzen Planeten. Nicht ahnend, dass nun unendlich viel Platz in allen Windrichtungen zur Verfügung stand, betraten frühe Menschen den Nahen Osten und entfesselten die Ära des Menschen.

Urzeitlichen Wanderern, immer auf der Suche nach neuen Jagdrevieren, bot sich eine schier endlose Fülle an Landschaft. Mit der Zeit änderten sich unmerklich für jede wandernde Horde Vegetation, Klima und Tierwelt. Die Fähigkeit zur Anpassung an verschiedenste Umstände erwies sich als genetischer Goldgriff für die neue Spezies, wobei sich die schon entwickelten Vorteile als unbezwingbare Hürden für natürliche Feinde erwiesen. Zuallererst eroberte ein Seitenstrang der menschlichen Entwicklung den europäischen Kontinent, der berühmte Neandertaler. Diese Menschen-Unterart erwies sich zuerst als stärker, robuster und kälteresistenter als der frühe Homo sapiens. Das rauere europäische Klima spielte dem Neandertaler –

noch gab es all die großen Säuger in Europa – zuerst in die Hände, wodurch sich nach heutigem Stand der Anthropologie diese Art von Menschen als Erstes in Europa ansiedelte. Homo sapiens, der frühe Cro-Magnon-Mensch, unser direkter Vorfahre, lernte in dieser Zeit, sein besser ausgestattetes Gehirn zu benutzen. Bis heute ist es unklar, ob der Neandertaler von unseren Vorfahren gezielt ausgerottet wurde oder einfach Nahrungsmittel-Mängeln zum Opfer fiel. Indizien deuten jedoch darauf hin, dass sich Homo sapiens und Homo neanderthalensis punktuell paarten. Zumindest dürften beide Gattungen eine Weile nebeneinander in friedlicher Co-Existenz gelebt haben. Als die Toba-Katastrophe vor 75.000 Jahren die Welt verdunkelte und empfindlich abkühlte, überlebten einige hundert Exemplare dieser neuen Spezies, bereit zur Eroberung des Erdballs. Zu diesem Zeitpunkt schwand zwar die Zahl der Individuen auf ein gefährliches Maß, als Vorteil bot sich den Überlebenden aber eine Welt, die durch die Toba-Eruption nun freie Bahn bot.

Regionale Akklimatisation stellte sich nun als neue Herausforderung dar. Hinter jedem Hügel, in jedem Wald, auf jedem unerforschten Stück Land empfing die nach neuen Futter-Revieren gierenden Urzeitmenschen unbekanntes Terrain. Alle schon genannten Vorteile, womit die Evolution den frühen Menschen ausgestattet hatte, erwiesen sich nun als einzigartiger Fall in der Entwicklung der Arten. Je nachdem, wo sich ein Stamm niederließ, veränderte sich deren Lokalkolorit nach wenigen Generationen, den Umweltbedingungen unterworfen. In einem Tempo, das seinesgleichen sucht in der Geschichte der Natur, passten sich die neuen Herrscher des Planeten an individuelle Umweltbedingungen an. So spezialisierten sich die frühen Vertreter unserer Art, indem sich ihre körperliche Resistenz den Herausforderungen perfekt anglich. Der Mensch bewies zum ersten Mal seine angeeignete ›Superkraft‹ der Anpassung – unerheblich, wie die Witterungs- und Umweltbedingungen aussahen. Somit garantierten all die verschiedenen, perfekt auf ihre Umwelt abgestimmten Stämme, die sich nun unabhängig voneinander auf fast allen Ecken unseres Planeten verbreiten konnten, dass ein Aussterben der gesamten Spezies kaum noch möglich war. Eine globale Katastrophe ähnlich der Toba-Eruption wäre ab diesem undefinierbaren Zeitpunkt höchstwahrscheinlich von einzelnen Individuen überlebt worden. Obwohl die Horden voneinander mangels Aufzeichnungen und Möglichkeiten der überregionalen Interaktion nicht wissen konnten, leisteten sie allesamt einen wichtigen Dienst zur Entstehung von Kulturen. Und trotz der großen Entfernungen untereinander entwickelten sie sich erstaunlich gleich …

In faszinierender Weise, obgleich in den verschiedensten Regionen der Welt beheimatet, entwickelten sich Grundaspekte der ersten Kulturen sehr ähnlich. Manche Errungenschaften ähnelten sich trotz großer regionaler Distanzen zueinander um die Zeitenwende frappant, doch konnten die betroffenen Völker voneinander nichts wissen. Es finden sich erstaunliche Parallelen zwischen Kulturen Ostasiens, Mesopotamiens und Amerikas. Vor allem die großen Zivilisationen Amerikas waren von ihren Zeitgenossen abgeschnitten. Die Wanderwege über die Beringstraße waren nur bedingt überbrückbar. Dadurch entfalteten sich die amerikanischen Urvölker weitgehend autonom von der restlichen Welt. Trotzdem beteten sie ähnliche Götter an, entwickelten ähnlich gestrickte erste Gesetze, Bräuche und soziale Fortschritte. Natürlich differierten all die ersten großen Kulturen der Welt, doch waren diese Unterschiede zumeist regional unterschiedlich. Gewisse Grundkonzepte der Zivilisation erlauben daher einen kausalen Blick auf scheinbar ungeschriebene Gesetze für kollektives Zusammenleben.

Während die relativ geringe Größe Europas schnell weitere Eroberungen durch natürliche Barrieren verhinderte und den erzwungenen Beginn der Ära menschlicher Sesshaftigkeit einläutete, fanden mutige Nomaden im hohen Norden eine Passage, die sich heute nur im Winter (während der letzten Eiszeit war diese Passage dauerhaft zugefroren) erschließt – die Beringstraße. Über diese schreitend, erschloss sich dem Menschen schnell ein riesiger Kontinent. Nichts über die eigene Zukunft ahnend, betraten die ersten Ureinwohner des amerikanischen Kontinents dieses fremde Land. Damit erschloss sich diesen mutigen Steinzeitmenschen eine völlig neue Welt. Auch Australien wurde nicht verfehlt, als windige Erstsiedler wahrscheinlich über die Seeroute segelten und die ozeanischen Ur-Kulturen begründeten. Selbst die fernsten Regionen im Pazifik blieben nicht verschont, denn ausgesprochen mutige Seefahrer, deren Schiffe mehr als wackelig durch den Stillen Ozean schlingerten, entdeckten und besiedelten auch fernste Inseln. Noch immer ringt uns die Entdeckung der Osterinsel durch erste Menschen, sage und schreibe 5000 Kilometer vom nächsten Festland entfernt, höchsten Respekt ab. Mit den Mitteln der Steinzeit solch riesige Entfernungen zu bewältigen ist eine Meisterleistung, die auch heute noch nur den Mutigsten unter uns vorbehalten wäre.

Allen Menschen gleich waren die besprochenen Ergebnisse evolutionärer Privilegien, die eine Erfolgsgeschichte wie die unsere erst ermöglichten. Die Nutzung von Werkzeugen, vor allem aber die Bändigung von Feuer öffnete der modernen Zivilisation, wie wir sie nun kennen, Tür und Tor.

Ausschlaggebend war aber der aufrechte Gang, der es erlaubte, dass sich Homo sapiens in wenigen Generationen selbst in den grimmigsten Gegenden niederlassen konnte und den Unterschied zwischen ›intelligent‹ und ›instinktiv‹ begründete: Abstraktes Denken und komplexe Sprache. Es ist wahrscheinlich, dass simple Handbewegungen, unterstützt von in verschiedenen Tonlagen ausgestoßenen Grunzlauten, den Beginn aller verbaler Kommunikation darstellten. Unsere Stimmbänder, noch primitiv und komplexe Laute verhindernd, entwickelten sich in außergewöhnlicher Geschwindigkeit weiter. Unser modernes Sprachtalent formte sich weit schneller als durchschnittliche Errungenschaften körperlicher Entwicklung. Evolutionär war die tierische Konkurrenz längst abgehängt. Während Tierarten tausende von Jahren für kleinste Mutationen benötigen, reichten einer primitiv kommunizierenden Horde wenige Generationen. Bis eine Tierart ein mutiertes Exemplar hervorbringt, das gleichzeitig einen neuen Vorteil beim Kampf ums Überleben vorweisen kann, herrscht das ›Trial & Error‹-Prinzip der Evolution. Wer weiß, welch fantastische Launen der genetischen Mutation dem Planeten schon entrissen wurden. Nur: Jede ähnlich schnelle Entwicklung anderer Tierstämme hätte die menschliche Geschichte höchstens gebremst, doch kann man davon ausgehen, dass sich der Mensch früher oder später sowieso durchgesetzt hätte.

Die schon ausgiebig beschriebenen Vorteile des Daumens, des aufrechten Gangs und sozialer Interaktion, beschleunigt durch ein nun entfesseltes Wachstum des Denkapparates, ließen keinen Zweifel daran, wer in Zukunft die Natur unterjochen würde. Im Zeitraum weniger Generationen passten sich Menschen an und nutzten ihre Vorteile. All die Gefahren der Natur verloren blitzschnell ihren Schrecken. Sie konnten nur noch vereinzelt für persönliche Tragödien sorgen. Sprache, dieses in solch komplexer Form einzigartige Konzept, etablierte sich (ebenfalls gleichzeitig in allen Regionen des Planeten) blitzschnell und erwies sich als endgültiges Fundament künftiger Kulturen. Auch hier fände sich keine Alternative zur absurd schnellen Entwicklung, der unsere Zivilisation nun unterlief.

Die ersten Kulturen lehren uns Erstaunliches. Sprache und Schrift belegen den Quantensprung, dem die damaligen Menschen beiwohnten. Sprache bedingt soziales Verhalten. Schrift, die Basis allen Zusammenlebens - von der Keilschrift der Sumerer bis zu heutigen Konstrukten - konnte nur mittels unseres Daumens bewerkstelligt werden. Wie hätten die frühen Menschen ihr Wissen für die Nachwelt aufgezeichnet, wären sie beim Greifen gehandicapt gewesen? Das Prinzip moderner Kommunikation erfordert daher wesentliche Merkmale, welche zuvor entwickelt werden mussten.

Doch dem nicht genug! Wie es für funktionierende Interaktionen biologischer Geschöpfe nun mal nötig ist, bietet die Natur alle nötigen Ingredienzien, um zur beschleunigten Entwicklung einer bevorzugten Spezies ihren Beitrag zu leisten. Speziell der Mensch ist extrem komplexen biochemischen Prozessen unterworfen. Ein abwechslungsreiches Nahrungsangebot von Früchten, Gräsern, Wurzeln, Rüben etc., dazu die effektive Nutzung gebratenen Fleisches als wichtiges Nahrungsmittel begünstigten unser Gehirn. Die Zähmung akuter Gefahren, zuvor noch allgegenwärtig, mutierte von einer Haupt- zur Nebenaufgabe, später zum Beruf. Freigewordene Kapazitäten schufen Platz für kulturelle Errungenschaften. Entdeckungen kultureller Art wiederum legten das Fundament für zahllose neue Möglichkeiten. Visualisiert man die menschliche Entwicklung als grafische Kurve, begann diese nun unbarmherzig exponentiell nach oben zu zeigen.

Die Schwelle zur modernen Zivilisation war überwunden. Eine einzelne Spezies schwang sich nun zur Weltherrschaft auf und war mit natürlichen Mitteln kaum noch aufzuhalten. Die ersten noch kleinen und fragilen Siedlungen entstanden. Erste Menschen begannen, sesshaft zu werden ...

<u>Zusammenfassung:</u>

- Die Grund-Voraussetzungen waren genetisch programmiert. Der Daumen erlaubte nun Dinge, die keinerlei Referenz im Tierreich vorwiesen: komplexe soziale Interaktion! Schrift, Sprache, Landwirtschaft, Handel, Gesetz und Religion als erste Standbeine der modernen Welt ergaben sich alle aus diesem Geschenk der Natur. Kein Daumen, keine Schrift. Kein Daumen, keine Verteidigungswaffen. Kein Daumen, keine Landwirtschaft. Kein Daumen, keine menschliche Kultur!

Enger Raum und Interaktion

Nicht jeder Stamm konnte es sich anfangs leisten, ständig in Bewegung zu bleiben, um neue Reviere zu erschließen. Raue Umweltbedingungen, karge Landschaften, extreme Witterungen sowie unberechenbare Launen der Natur erzwangen für manche Horden strategisches Umdenken, wollte man nicht riskieren, als Kollektiv von der Bildfläche der Welt ausradiert zu werden. So finden sich fast überall auf der Welt erste Anzeichen von Sesshaftigkeit aus ähnlichen Epochen. Nur geographische Grenzen standen der großen Verbreitung noch im Weg. Der frühe Mensch war auch schon dafür ausgestattet, die nötigen Erfindungen standen noch aus. Sie waren nur eine Frage der Zeit, denn eine Erfindung bedingt die andere.

Als älteste Hochkultur sind uns die Sumerer bekannt. Der Ort ›Eridu‹ ist die erste uns bekannte größere Siedlung. Auf der Stelle nutzte die erste Hochkultur der Welt die vorhandenen Mittel, um den alternativlosen Weg einer modernen Gesellschaft zu gehen. Kulturelle Quantensprünge – Sprache und Schrift – benötigten ein Korsett, also teilten sich die alten Sumerer durch erste komplexe Beschreibungen abstrakter Vorgänge mittels der Keilschrift mit, die von klugen Köpfen dieses Volkes entwickelt wurde.

Geschriebenes Wort beweist sich als unabdingbares Fundament zivilisatorischen Lebens. Nur die Weitergabe des Wissens ermöglicht es, dessen Inhalte weiter zu spinnen und damit dem Fortschritt wertvolle Dienste zu erweisen. Verlöre sich das Wissen einer Generation, finge die nächste wieder bei null an.

Hier offenbart sich einer der wichtigsten Unterschiede zwischen Tier und Mensch: Lernen Tierjunge ausschließlich von ihrer Mutter all die nötigen Verhaltensmuster, um den Herausforderungen des Lebens gewachsen zu sein, ist ihnen nur möglich, eben dieses angelernte Wissen an die nächste Generation weiterzugeben. Es beherrscht nur die Menge an Information, die durch Übung erlangt wurde. Stirbt ein Tier, stirbt dessen Erfahrung. Weiterentwicklung ist daher ausschließlich auf genetische Mutation beschränkt. Anders die Revolution der Schrift: Schrift erlaubt den Erhalt von Wissen. Sie erlaubt die Ergänzung dieses gespeicherten Wissens. Deren Inhalte überleben denjenigen, der sie verfasst hat. Dies ermöglicht jenen, die danach zur Tat schreiten, die Zufuhr dieser Informationen, die ihnen je nach Talent und Interesse die Verarbeitung und Fortführung derer erlaubt. Höhlenmalereien als erste Babyschritte der Schrift dokumentieren zaghafte Versuche der Bildersprache, um diverse Situationen der Nachwelt zu erhalten. Illustrationen besaßen aber nicht die vielfältigen Möglichkeiten, die wachsenden Guttural-Laute in ihrer Vielfalt wiederzugeben. Es konnten daher nur simple Abbildungen, aber keine Instruktionen oder Informationen weitergegeben werden. Die faszinierenden Frühwerke menschlicher Geschichte zeugen bis heute vom Alltagsleben früher Menschen. Mit komplexer sozialer Interaktion hatten diese Kunstwerke jedoch noch nichts gemein. Sie waren nur erste Versuche.

Die Erfindung komplexer Schrift allerdings, deren Anwendung in unzähligen Kombinationen jeglichen Wortlaut zu dokumentieren weiß, setzte den wichtigsten Meilenstein für unsere Zivilisation. Von nun an besaß jeder geschulte Mensch die Option, Mengenangaben für Geschäfte, Steuereinnahmen, Gesetze, Erfindungen, Bräuche, Tätigkeiten und Ereignisse in nachvollziehbarer Form der Nachwelt zu erhalten. Eine gemeinsame Lautsprache half, das Gelesene zur geistigen Aufnahme als auch für dessen Umsetzung und Weiterentwicklung zu nutzen. Und weil sich auch Schrift ständig weiterentwickelt, war es bald möglich, komplexere Vorgänge wie Gefühle, Zustände, Tätigkeiten und Geschichten für jedes Individuum des persönlichen Kulturkreises zugänglich zu machen (vorausgesetzt, man war des Lesens der Zeichen mächtig).

Die Vielfalt an Neuerungen moderner Zivilisationen begann, ineinander zu greifen. Händlern wurde die Gabe zuteil, präzise Angaben über ihre Geschäfte zu machen. Lehrer nutzten das Geschenk der Informations-Speicherung, um ihren Zöglingen alles, was zum Leben benötigt wurde, beizubringen. Gesetze konnten rezitiert und den Ansprüchen ihrer Zeit gemäß angepasst werden. Die Sumerer legten durch die Logik der Schrift den Grundboden für unsere moderne Art der Kommunikation. Wie es so ist in einem Universum der Kausalität, eröffnen die Ergebnisse eines sprunghaft komplexer gewordenen Variantenreichtums der Interaktion völlig neue Bedürfnisse …

Immer mehr Mäuler waren zu stopfen, um Unruhen zu vermeiden. Es galt, die eigenen Leute vor räuberischen Eindringlingen zu verteidigen. Wettbewerb entstand, da Sprache und Schrift auch fremden Kulturen die Kunst der Information beibrachten. Auch anderswo lebten gescheite Köpfe und ersannen persönliche Schlüsse zur Entwicklung weiterer Formen des schon Vorhandenen. Die Folge: Konkurrenz erwuchs! Fortschritt formte sich zum zwingenden Aspekt, wollte man von den unermüdlich nach persönlichen Vorteilen suchenden Nachbarn nicht überrollt werden. Nicht nur der Kampf ums Überleben zeigte sich schnell als natürliche Motivation gesellschaftlicher Strukturen. Produktiver Fortschritt legte weitere Basen für die nun wachsenden Volks-Ökonomien, damit erste Vernetzungen wirtschaftlicher Interessen einzelner als auch ganzer Völker keimten. Komplexe Wirtschaft als treibende Kraft veränderte die Welt bis heute.

Eine kleine und nur grob erklärte Beschreibung, wodurch sich Wirtschaft bedingt, soll helfen, die Unvermeidbarkeit des Alleinherrschers unserer Zeit, des Geldes, zu erläutern. Zwei Menschen kommunizieren. Beide schaffen Güter durch das Produkt ihrer Arbeit. Unerheblich, welcher Art von Arbeit die Menschen nachgehen, es eröffnet sich ihnen die Möglichkeit zum Feilbieten eigener Produkte. Bei zwei Individuen ist die Auswahl an Einkäufen auf das Mindeste eingeschränkt.

›A‹ braucht von ›B‹ Produkt ›Z‹, weil ›B‹ es herstellt. ›B‹ wiederum tauscht ›Z‹ mit ›A‹. Das war's. Mehr ist einer minimal besetzten Wirtschaft nicht möglich, schließlich sind deren Teilnehmer durch die Grenzen von Kraft, Talent und Zeit limitiert. Wächst die Anzahl an Individuen in der sozialen Gruppe, erhöht sich automatisch der Pool der verschiedensten Talente und Produkte. Dadurch wächst die Zahl der Möglichkeiten für jedes Mitglied dieser Gruppe, Neues zu schaffen oder auch Altes zu verbessern. So kann ›A‹ nun nicht nur von ›B‹ Waren beziehen, sondern nun auch von Teilnehmer ›C‹, der aber wiederum manchmal nicht unmittelbar mit ›A‹ tauschen will, sondern sein geschaffenes Produkt gerne durch den Erwerb des Produktes von ›B‹ abgegolten wünscht. Der direkte Tausch erschwert diese Transaktion nicht nur, er wird durch eventuelle soziale Divergenzen vielleicht sogar unmöglich. Jetzt bieten sich zwei Optionen: Erstere inkludiert Resultate, die bis zum gewalttätigen Konflikt führen können. Sie setzt voraus, dass ›A‹ mit ›B‹ so gut vernetzt ist, dass ›C‹ durch den indirekten Weg über ›A‹ zum Erwerb des Produktes von ›B‹ berechtigt wird. Das ist nicht nur kompliziert, sondern problematisch. Diese Variante erfordert den guten Willen aller, weshalb die Alternative, die sich eröffnet, schnell gefunden wurde. Das neutrale Tauschmittel, das – sowohl von ›A‹, ›B‹ und auch ›C‹ sowie allen anderen Menschen im Umfeld uneingeschränkte wirtschaftliche Interaktion ermöglicht: Geld!

Mit jedem Wachstum an Teilnehmern eines aktiven wirtschaftlichen Kreislaufs erhöht sich automatisch die Varianz der zu erstehenden Produkte. Der Wohlstand wächst. Auch der Erfindungsreichtum der Individuen steigt, denn mit steigender Palette von Zutaten und Produkten erschließt sich wiederum ein weiterer Kreis an daraus resultierenden Erzeugnissen. Mitbewerb am Markt zwingt zusätzlich zur Innovation. Wie hätte der Erfinder der Bronze (leider ist uns dieser bemerkenswerte Zeitgenosse geschichtlich nicht überliefert) ohne die Zutaten der Legierung dieses Material erfunden, außer ihm wäre der Zugang zu Zink und Kupfer durch eine Eingebung geöffnet worden? Beide Elemente zugleich an derselben Stelle zu fördern, vor allem durch einen einzelnen Menschen, mit damaligen Abbau-Utensilien unzureichend ausgestattet, hätte sich als beinahe unmöglich erwiesen. Also war dieser unbekannte Teufelskerl auf die Zuverlässigkeit des Handels der einzelnen Zutaten angewiesen. Zur Durchführung dessen war er gezwungen, wollte er selbst durch Arbeit oder persönliche Produkte am wirtschaftlichen Kreislauf teilnehmen. Regionale Märkte waren schnell erschlossen. Im Umkreis einer Gemeinschaft bietet die Umwelt nur bedingte Produkt-Varianz. Die Chancen zur Expansion wären trotz unserer angeborenen Neugier relativ bald erschöpft gewesen. Um diese Einschränkungen zu überwinden, entstand die Zunft des fahrenden Handels. Ein- und Ausfuhr von Waren, also internationaler Handel (damals natürlich noch nicht durch Zölle eingeschränkt) erweiterte den Horizont des Handel treibenden Menschen. Womit sich wiederum die heimische Bevölkerung an größerer Vielfalt erfreuen konnte. Mit der Vielfalt an Produkten entstanden simultan verschiedene soziale Schichten, die sofort durch materielle Unterschiede gekennzeichnet waren.

Deshalb das unvermeidliche Tauschmittel, Hemmschuh und Motor einer Zivilisation zugleich. Geld wurde zum unausweichlichen Faktor wirtschaftlicher Beziehungen von mehr als zwei Menschen, um den wirtschaftlichen Horizont nachhaltig zu erweitern. Wie man es dreht und wendet: Ohne Geld, in welcher Form auch immer, hätte Homo sapiens niemals die Steinzeit überwunden. All die ungeschriebenen Gesetze, die eine Kultur zum Wachsen benötigt, beschränken sich nicht auf unsere Zivilisation allein. Geld ist eine von vielen kulturellen Stufen, die überhaupt erst höhere Kulturen ermöglichen. Es ist logische Konsequenz, will eine Gemeinschaft, deren Mitglieder auf höherer Ebene miteinander kommunizieren, weitere Stufen erklimmen. Gibt es andere Zivilisationen im All (wovon man auf Grund dessen unbegreiflicher Größe getrost ausgehen kann), entstehen diese auch nicht von einem Tag auf den anderen. Das wäre Zauberei. Gewisse Grundelemente sind daher unausweichlich. Erst Geld eröffnet Märkte. Erst Märkte erweitern die Vielfalt. Erst höhere Vielfalt erweist sich als Turbo für technischen Fortschritt. Erst technischer Fortschritt – der fundamentale Unterschied zur Welt der Tiere – hilft, eine Gesellschaft dauerhaft zu etablieren.

Um diesen Kreislauf nachhaltig zu festigen, spezialisierten sich die Menschen nun und entwickelten Facharbeit. Die Zahl der Spezialisten wuchs, sie lernten ihr Handwerk und erreichten immer wieder, parallel zum wachsenden Füllhorn an technischen Entwicklungen, neue Höchstleistungen, deren Plafond heute immer noch nicht erreicht ist. Das heutige System, in dem wir leben, findet seinen Ursprung ausschließlich in uralten Kulturen.

Zivilisationen sind ein Sammelsurium von Lebewesen. Um das Prinzip des gemeinsamen Lebens zu erhalten, sind alternativlose Faktoren vonnöten: Gesetz, System, Wirtschaft, soziales Leben, Arbeit. An erster Stelle aber steht, unabhängig von der Zahl der teilnehmenden Individuen, die Herausforderung der kollektiven Ernährung, weshalb es einer Grundvoraussetzung bedurfte, um eine größere Menschenansammlung mit Nahrung zu bedienen und die Sesshaftigkeit zu erhalten: Ackerbau! Irgendwo im

Zweistrom-Land zwischen Euphrat und Tigris, wo das damalige Sumer die erste Hochkultur etablierte, verbreitete sich daher die Idee, gewisse Pflanzen für systematischen Anbau zu züchten. Systematischer Ackerbau bot eine gänzlich neue Qualität an Feldfrüchten, die nun, mehr oder weniger reichlich, dem Ackerboden entlockt wurden. Somit konnten mehr Bäuche als je zuvor gefüllt werden, doch war es die Lagerung von Getreide, die den Erhalt des Stammes durch schlechte Zeiten hindurch garantierte. Tausende von Jahren, in denen das Jagen und Sammeln als Hauptbeschäftigung erwachsener Individuen gedient hatte, wurden mit der Erfindung der Agrarwirtschaft Vergangenheit. Für einen kleinen Familienverband genügte es, täglich auszuschwärmen, um Nahrung zu finden. Für größere Ansammlungen von Menschen war diese Methode der Familien-Erhaltung unbrauchbar. Der Ackerbau bot erstmals die Möglichkeit, über längere Zeiträume dasselbe Gebiet zu bewirtschaften, ohne es dauerhaft seiner Nährstoffe zu berauben und damit zur Emigration gezwungen zu sein. Mit der Erfindung des Ackerbaus errichtete sich die letzte Säule einer funktionierenden Kultur. Der Rest ergab sich beinahe von selbst. Die Kultur von Sumer ist die älteste uns bekannte Hochkultur, deren Spuren entdeckt wurden. Zwar funktionierte sie, vergleicht man sie mit unserer Zeit, sehr primitiv, doch finden sich schon in den einfachen Geboten dieser Gemeinschaft alle Zutaten, die für moderne Städte ebenso Gültigkeit besitzen: Nahrung, Wirtschaft, Ordnung und Wohnung. Die Methoden zur Sicherung dieser Grundbedürfnisse verändern sich laufend, das Prinzip dahinter besitzt noch immer denselben Wert wie damals. Die Basics waren geschaffen, doch wie kausale Effekte unweigerlich funktionieren, entpuppten sich all die Errungenschaften auch als negativ: Konflikte und Kriege begannen, dem Weltbild ihre negative Seite aufzuzwingen. Kleinste Unregelmäßigkeiten des Klimas stellten eine ständige Gefahr für unsere Vorfahren im Zweistromland dar. Hungersnöte in Folge von Dürren, Überschwemmungen und auch Erdbeben stellten schon die ersten Kulturen vor harte Proben. Da Lebensmittel aber nun sicher gelagert werden konnten, wurde der tägliche Hungerstress früherer Sippen minimiert.

Diverse neue Gefahren, wie die Kontaminierung des Weizens durch den Mutterkorn-Pilz, waren an der Tagesordnung, doch konnte der Aufstieg der Agrarwirtschaft nicht mehr verhindert werden.

Jeder Schritt nach vorne, vom Urknall bis zu den ersten Zivilisationen, materialisierte sich aus mehr oder weniger großen Zufällen, war aber doch nur eine Frage der Zeit. Gewisse Dinge des Lebens variieren zwar in ihrer Konsequenz, doch unser Weg als dominante Art des Planeten stand durch unwiderlegbare Entwicklungsvorteile fest. Sicher, auch Saurier, Vögel, Reptilien hätten durch kaum vorstellbare Spielereien des Lebens Intelligenz entwickeln können. Es lässt sich an den aufgezählten Fundamenten jedoch kaum rütteln. Ab dem Zeitpunkt, wo eine Spezies Kultur entwickelt, sind die genannten Mechanismen kaum zu verhindern. Es sind logische Stufen, die gestiegen werden. Den Chauvinismus, zu behaupten, dass dies im ganzen Universum mit Implementierung lokaler Unterschiede gleich funktioniert, lasse ich mir daher nicht nehmen. Wobei es natürlich einfach ist, so etwas zu behaupten, wird der Antritt eines Beweises für uns Menschen noch lange nicht möglich sein, wenn überhaupt.

Heute weiß man von erstaunlichen Parallelen unter den frühen Kulturen. Schon um die Zeitenwende des Jahres 0 existierten viele große Völker, die unabhängig voneinander ähnliche Grundprinzipien des Zusammenlebens entwickelten. Einstige Hochkulturen konnten kaum voneinander wissen, und doch erfanden sie Schriften, die Religion, den Kalender, Gesetze, den Ackerbau, Mobilität, Berufe etc.

Selbst dem Laien werden daher die Kräfte der Kausalität verständlich vorkommen, die jede Entwicklung bestimmen. Doch beschreibe ich den Fortschritt mit all seinen Effekten weiter. Die zentralen Themen des Buches sollen daher leicht nachvollziehbar sein.

<u>Zusammenfassung:</u>

- Nachdem unsere Art sich aus der Tierwelt durch besondere Eigenschaften erhoben hatte, zeichnete sich der weitere Weg ab: Mit der Sprache kam die Schrift. Mit der Schrift wuchs das allgemeine Wissen. Wachsendes Wissen eröffnete neue Möglichkeiten. Ackerbau als erster Schritt, unserer Erde strategisch ihre Schätze zu entlocken, stellte sich als Initialzündung zur Sesshaftigkeit heraus. Wäre der Erdboden nicht in dieser Weise zu bewirtschaften, wäre es fraglich gewesen, ob höher entwickelte Völker überhaupt entstanden wären. Zusammenleben braucht Regeln, weshalb schnell Gesetze und deren Exekutoren existierten. Interaktion erfordert Handel. Handel ist die Grundessenz wirtschaftlicher Strukturen. Entfernt man nur einen dieser Punkte, strauchelt das gesamte Modell. Da diese Paradigmen unabhängig voneinander ihren Ursprung in verschiedensten Regionen der Welt fanden, kann man ruhigen Gewissens behaupten, dass sie zwingende Resultate größerer Zusammenkunft von Individuen sind.

Konflikte – die Trigger einer Gesellschaft

Unser Universum ist ungerecht. Es ist grausam und gnadenlos. Es sieht keine Unterschiede zwischen Arm und Reich, Alt und Jung, Dick oder Dünn, denn es sieht nicht. Es ist nur existent und befolgt seine eigenen Gesetze. Der Kosmos spendet Leben, nimmt es aber auch. Gerechtigkeit ist daher ein Mythos. Politiker gaukeln maximale Gerechtigkeit vor, da sie selbst an solche Unmöglichkeiten glauben. Ist es gerecht, im Österreich des Jahres 2019 zu leben, wenn noch vor 80 Jahren entsetzliche Verhältnisse in diesem Land herrschten? Nein. Ist es gerecht, im Österreich des Jahres 2019 leben zu dürfen, während ein Kind in einem Land der dritten Welt unschuldig gegen den Hungertod kämpft? Natürlich nicht! Gerechtigkeit ist zwar ein Mythos, sie sollte jedoch stets Triebfeder für politische Entscheidungen sein. Natürlich meine ich damit nicht, dass Dienste an die parteieigene Klientel geleistet werden, sondern auch den Blick über den politischen Tellerrand hinaus, der einem Politiker oder einer Politikerin ethisch vorschreibt, das Möglichste zu tun. Schon hier beginnt es, ungerecht zu werden. Schon während des ersten politischen Gedankens in uns stellt sich der Wunsch nach Gerechtigkeit ein. Gerechtigkeit für alle, oder auch nur für einzelne. Das Bedürfnis nach Ausgewogenheit in uns ist groß! Nur: Um diese zarte Pflanze von Freiheit und Gerechtigkeit auch wirksam zu düngen, erfordert es Besonnenheit. Besonnenes Verhalten zum Wohle einer maximalen Menge von Menschen war in frühen Zeiten bloßer Wunschtraum, denn noch lange herrschten archaische Muster in den Köpfen, die sich weitgehend von jenen der modernen Welt unterschieden.

Einem Verbund von Menschen kann es daher zu jeder Zeit fürchterlich ergehen, weckt deren Wohlstand doch Begehrlichkeiten Fremder, denen das Glück nicht so hold war. Wie es so ist, wenn es anderen gut geht, schielt bald jemand hungrig nach dem eigenen Wohl. Worauf dieser Hunger basiert, war in unserer Geschichte meistens einerlei. Ging es ums pure Überleben oder um schnöde Machtgier: Wachsende Population sorgte früh für Konflikte tödlicher Natur. Kriege begannen schnell zur unrühmlichen Tagesordnung zu werden. Bittere Not und Elend förderten Gewaltausbrüche, resultierten aber – wie es nun mal bei Kriegen so ist – in meist noch bitterer Not und größerem Elend. Schnell hätte die Menschheit durch die Regelmäßigkeit bewaffneter Konflikte als Spezies das Zeitliche gesegnet, hätte sie nicht auch dagegen ein wirksames Rezept der Natur von der Pike auf in sich getragen: bedarfsorientierte Produktion von Nachwuchs. Mittlerweile wissen wir, dass Leben nach unserer Definition zur Fortpflanzung und

Vermehrung in der Lage ist. Der Mensch stellt hierfür keine Ausnahme dar, sind wir doch auch nur Organismen biologischer Machart. Da unsere Lebenserwartung seinerzeit kaum über dreißig Jahre betrug, bekamen Menschen ab der Geschlechtsreife laufend Kinder. Moralische Standards, wie wir sie heute vorfinden, wie zum Beispiel die exakte Bestimmung eines erlaubten Alters für sexuelle Interaktion, kannte man damals noch nicht. Derartige Normen konnte man sich damals auch gar nicht leisten, schließlich galt es, vor dem zu erwartenden frühen Tod für reichlich Nachkommen zu sorgen, damit die Familie nicht ausstarb. Hohe Kindersterblichkeit war alltägliches Bild, das Kindbett zu überleben keine Selbstverständlichkeit. Eine hohe Zahl an Kindern sicherte den Fortbestand der Familie. In Friedenszeiten explodierte die Einwohnerzahl erfolgreicher Regionen daher buchstäblich. Menschenrechte gab es noch nicht, darum wurde im Kriegsfall keinerlei Rücksicht auf Kinder, Alte und Schwache genommen. Schwache Mitglieder des unterlegenen Kriegsgegners galten als ›unnötige Esser‹, die der eigenen Beute durch die Erfüllung ihrer Grundbedürfnisse schadeten. Allerorts galt noch immer die Maxime vom Recht des Stärkeren. Wer zu schwach war, wurde im Kriegsfall getötet. Ohne fleißige Reproduktion der Menschen in allen sozialen Ebenen hätte die geringste Erschütterung des Alltags den Untergang einer Kultur bedeutet.

Auch Gesetze waren kaum dazu da, das Individuum zu schützen. Das Kollektiv stand an erster Stelle. Strenge Hierarchien wurden nicht in Frage gestellt, Philosophie war noch nicht geboren. Wer in sozial benachteiligte Schichten hineingeboren wurde, musste mit erheblichen Einschränkungen seiner Lebensqualität rechnen. Der Aufstieg aus dieser angeborenen Misere war nur sehr bedingt möglich. Es sollte noch tausende von Jahren dauern, bis die strengen gesellschaftlichen Strukturen aufgebrochen wurden. Der Mensch war einfach noch nicht soweit. Es galt als Ehrensache, für seine Gemeinschaft in den Krieg und damit in den fast sicheren Tod zu gehen! Der Verlust des Sohnes, Vaters, Bruders war trauriger Alltag, wurde aber durch fleißiges Kinderkriegen mehr oder minder ausgeglichen. Auch die Todesstrafe für heute geradezu lächerliche Vergehen wurde als gerecht angesehen und nicht hinterfragt. Es brauchte noch lange, um essenzielle Fragen des kulturellen Zusammenlebens zu verbessern. Wir sind zwar in der Lage, damalige Kulturen zu erforschen und deren Weltbild zu rezitieren, doch ist unsere Welt mit der Welt der Vorantike, gar der Renaissance, kaum zu vergleichen. Wir wissen sehr wohl, wie die Menschen damals lebten. Dass sie allerdings zufrieden waren mit ihrem kargen Dasein, ist für uns, da wir maximale Bequemlichkeit leben, kaum nachvollziehbar. Zu jeder Zeit galt: Menschen sind Kinder ihrer Zeit. Wir verstehen den Antisemitismus der Gesellschaft vor 80 Jahren nicht, kapieren nicht, wie die Menschen anno dazumal den Rattenfängern der Nazis auf den Leim gehen konnten. Doch ehrlich: Hätten wir uns – kaum informiert und gebeugt vom harten Leben der Weltwirtschaftskrise – wirklich anders verhalten? Die wenigsten unter uns besäßen den unbeugsamen Willen, sich dem kollektiven Rausch zu entziehen – davon ist auszugehen! Ebenso verstehen wir die archaischen Strukturen mit ihren brutalen Methoden nicht, unter deren Knute die Menschen der frühen Kulturen lebten. Doch sie wussten es damals nicht besser, akzeptierten ihr Schicksal und flüchteten sich in die tröstende Religion. Viele Errungenschaften sozialen Lebens mussten erst erfunden werden. Erst danach besaßen die Menschen die Chance, über soziale Missstände überhaupt nachzudenken …

Geistige Wissenschaften steckten zu jener Zeit natürlich noch in den Kinderschuhen. Die Vorgänge, die unsere Welt lenken, waren unbekannt. Logisch, dass sich Kulte und Religionen in den Köpfen damaliger Menschen festsetzten. Prozesse, die heute in ihrer Funktionalität jedem Kind bewusst sind, konnten seinerzeit noch nicht erklärt werden. Und da der Mensch die Eigenschaft der Neugierde tief in sich drin birgt, wollten unerklärliche Dinge erforscht werden. Eine der ersten Fundamental-Fragen, der sich ein Wesen stellt, das der abstrakten Denkweise fähig ist, ist die Frage über ein Leben nach dem Tod. Die Reflexion über das Ableben dürfte mit dem ersten denkenden Menschen entstanden sein. Schon die ältesten datierten Funde zeigen uns, dass frühe Menschen ihre Verstorbenen mit allerlei Gütern begruben. Der Tod als kaum greifbare Tatsache lieferte damit die Basis für alle Religionen der Welt, deren Hauptprinzip nach wie vor dem Leben nach dem Tod gewidmet ist. Erst viel später, im antiken Griechenland, eroberte die Philosophie als Alternative zu religiösen Dogmen die Geister kluger Menschen. Auch hier bin ich sicher, dass die Reihenfolge kaum andere Prozessketten zulässt. Zuerst bot die Religion Erklärungen für das Unerklärliche. Die Mutter der Naturwissenschaften, die Mathematik, erleichterte wahrscheinlich erst viel später den Alltag. So sehr Religion vielen Menschen heute ein Rätsel ist – oder zumindest die stabile Dominanz in Milliarden von Köpfen – war sie damals Trost und Hilfe zugleich. Das Leben war grausam und beschwerlich. Große Freude im drögen Alltag war nicht zu erwarten. Da ist es nachvollziehbar, wenn unsere Vorfahren den Trost in mythischen Geschichten suchten. So wurde ihnen nicht nur die Angst vor dem Ableben gemindert, es gab den Menschen auch das Gefühl, einen gewissen Wert in sich zu tragen. Wenn nicht jetzt, dann im nächsten Leben.

Erst die Normen der Mathematik bereiteten den Nährboden für viele geisteswissenschaftliche Segmente. Ob Architektur, Stadtplanung, Handel oder Physik, erst das Begreifen gewisser Grundgesetze der Natur ermöglichte den ersten Kulturen die Bewältigung ihrer Herausforderungen. Vor allem die Kunst der Architektur markierte einen wichtigen Puzzle-Stein für weiteren Fortschritt. Irgendwann reichten primitive Lehmhütten nicht mehr. Der spätestens in der Hochblüte der Antike schwelende Platzmangel in großen Städten zwang die Zunft der Architekten, platzsparend und möglichst ökonomisch zu planen. Symbolträchtig für Anforderungen gigantischer Menschenansammlungen auf engem Raum wurden die römischen Aquädukte, deren Erfindung hygienische Grundnormen in großen Städten gewährleistete. Die Kunst der Stadtplanung ist ein verschwiegener Meilenstein zur Verhinderung sozialer Stagnation. Ohne die ständig verbesserte Kunst des Baus, würde unsere Art noch immer in der grauen Steinzeit stagnieren. Wobei gerade Architektur, beschäftigt man sich eingehend mit historischen Entwicklungen, Sinnbild für Aufstieg und Fall menschlicher Zivilisationen wurde. Als die Westgoten den Rest des alten Roms hinwegfegten, stand Europa schon längst am Ende der Antike und dem Beginn einer neuen Epoche. Leider blieb von der grandiosen Kultur der Römer wenig übrig. Die Zerstörungen all der römischen Errungenschaften warf Europa für Jahrhunderte zurück, weshalb es den Umweg ins finstere Mittelalter zu gehen gezwungen war. Tod und Verderben beherrschte für lange Zeit den Alltag der vornehmlich aus Bauern bestehenden Demografie dieser Zeit. Große Städte schrumpften massiv. Infrastrukturelle Meisterleistungen dieses größten Imperiums aller Zeiten gingen verloren. Auch deren Baupläne gingen für lange Zeit verloren. Die Eroberung der Hauptstadt Rom war nur noch Symbol einer fallenden Ära.

Die Völkerwanderung ließ die Weiterentwicklung Europas stocken, Chaos übernahm das Ruder. Erst der Aufstieg der italienischen Handelsstädte nach dem Jahr 1200 erlaubte wieder den Zugang zu technischen Meilensteinen. Warum ich das erwähne? Weil sich hier beinahe am besten zeigt, wie alternativlos die Entwicklungs-Stufen einer intelligenten Art vordefiniert sind: Die Völkerwanderung zerstörte zwar das erste ›moderne‹ Imperium der Welt und ließ auch deren Erfindungen fast zur Gänze den Weg alles Irdischen zu gehen, doch stoppte sie die Logik gemeinschaftlichen Lebens nicht mehr. Wie beim ›Monopoly‹ wurde die Menschheit auf unserem Kontinent zwar zurück auf ›Start‹ gezwungen, doch war die Saat des Fortschritts lange davor gelegt worden. Immerhin stockten nicht alle Entwicklungen. Navigation, Schiffsverkehr, Verbesserungen der Agrarwirtschaft und viele andere vermeintliche Kleinigkeiten ließen langfristig an einer Weiterentwicklung der westlichen Gesellschaft keinen Zweifel aufkommen. Lange summierten sich importierte Erfindungen und Erkenntnisse am alten Kontinent, bis sie dafür sorgten, dass einzelne, damals sehr mutige Menschen, mit neuen Denkweisen hervorstachen. Das Mittelalter präparierte die nächsten Stufen auf der Leiter unserer Entwicklung.

Im Mittelalter ereignete sich eine Katastrophe, die das Phänomen der Dualität -für weitere Schritte unbedingt beachtenswert – wunderbar beschreibt: Der Ausbruch des schwarzen Todes im Jahre 1347, der sich mit vier Jahren des unbeschreiblichen Leids wie eine tödliche Decke über den gesamten europäischen Kontinent ausbreitete, kostete einem Drittel der damaligen Bevölkerung Europas das Leben. Auf das 21. Jahrhundert umgerechnet, würde das heutige System in seiner Komplexität höchstwahrscheinlich leichter kollabieren als das damalige Pendant. Damals gab es noch kaum große Städte, Vernetzung erfolgte regional und in überschaubarem Rahmen. Die meisten Menschen verdingten ihr Tagwerk auf dem Land, abseits der pulsierenden Zentren der Macht, die sich in Städten manifestierten. Der Großteil der Menschen war aus dem Bauernstand, deren Lehnsherren dafür sorgten, dass zwar zu viel zum Sterben, oft aber zu wenig zum eigenen Leben erwirtschaftet wurde. Es herrschte eklatanter Platzmangel, wodurch die Bauernschaft fast ausnahmslos dazu verdammt war, arm zu bleiben. Die Pest sorgte allerdings in Windeseile für ein in den Grundfesten verändertes System. Rasend schnell starben ganze Familien aus und niemand, egal wie hoch sein gesellschaftlicher Status auch war, wiegte sich in Sicherheit. So ergab es sich, dass der schwarze Tod für im Nachhinein dringend nötige Vakanz sorgte. Plötzlich lagen Unmengen von Land brach, in kurzer Zeit entstanden Vakua, die gefüllt werden mussten. Alle Schichten, ob Herrscher, Klerus, Handwerker oder Bauern, wiesen nach dem kurzen, aber fatalen Wüten der Pest große Lücken in ihren Strukturen auf. Der Hygienestandard wuchs, obwohl die Ursache des schwarzen Todes mit damaligen Mitteln noch immer nicht erklärt werden konnte. Zumindest merkten Zeitzeugen, dass der ekelhafte Unrat der städtischen Gassen förderlich für die Verbreitung der Krankheit zu sein schien. Alle sozialen Lücken mussten gestopft werden. Die Überlebenden nutzten diese Lücken, schlossen sie und profitierten schneller als erwartet davon. Es mag zynisch und herzlos klingen, doch ohne die größte Katastrophe des Mittelalters hätte unsere technologisierte Gesellschaft vielleicht noch ein paar Jahrhunderte mehr benötigt, und wir befänden uns womöglich erst im

Zeitalter der Aufklärung. Der Tod von Millionen war Gold für die Hinterbliebenen, so zynisch es klingen mag.

Wie sehr einfachste Einflüsse unsere Evolution beeinflussen, zeigt sich seit dem Beginn der uns nun bekannten Moderne am Anfang des 20. Jahrhunderts: Im Laufe weniger Generationen wuchs der durchschnittliche Mensch in geradezu aberwitziger Geschwindigkeit. Gute Ernährung, effizienter Alltag und unvergleichlich bessere medizinische Angebote sorgten für einen Wachstumsschub, der sich in kürzester Zeit empirisch nachweisen lässt. Jede Generation ist im Mittel um ein paar Zentimeter größer als die vorherige. Wie schnell der Mensch körperlichen Fortschritt erfährt, ist in der Geschichte der Welt einzigartig. Somit ist Homo sapiens sapiens die erste Spezies auf diesem Planeten, die nicht nur auf die Umwelt großen Einfluss ausübt, sondern aktiv auch die hauseigene Genetik mitbestimmt. 2013 veröffentlichten die ›Oxford Economic Papers‹ eine Studie, welche das Wachstum in den letzten hundert Jahren ausführlich beschreibt. Der moderne Mann ist demzufolge zwischen 1870 und 1980 um geradezu radikale elf Zentimeter im Schnitt gewachsen. Das Gesamtplus von elf Zentimetern lässt sich auf Faktoren wie höhere Pro-Kopf-Einkommen, bessere Sanitäreinrichtungen und Lebensbedingungen, vermehrtes Wissen über Gesundheit und Ernährung sowie ausgebaute Gesundheitssysteme zurückführen[8].

Einwandfrei lässt sich damit behaupten, dass höherer Lebensstandard gleichbedeutend mit höherer körperlicher Leistungsfähigkeit ist. Schon wenige Generationen weisen einen enormen Unterschied in ihrer körperlichen Fitness auf. Ähnliches lässt sich bei der durchschnittlichen Lebenserwartung beobachten. Hierzu die österreichischen Zahlen:

Wurden österreichische Bürgerinnen und Bürger im Jahre 1960, also vor nicht einmal sechzig Jahren, noch 68,59 Jahre alt, so betrug die Lebenserwartung im Jahr 2015 schon fantastische 81,84 Jahre. Kaum sechzig Jahre sind vergangen, um die Menschen in diesem Land um über zwölf Jahre älter werden zu lassen. Wie es aber bei allem im Universum ist, gibt es einen Plafond, ab dem es abwärts geht. Dazu aber später.

Zurück zu den unwiderstehlichen Entwicklungs-Effekten einer Zivilisation: Bis zum Fall des römischen Imperiums förderte die menschliche Kultur auf dem gesamten Planeten beinahe linear ihre Weiterentwicklung. Erst die Völkerwanderung, das finstere Mittelalter einläutend und für den Niedergang der damaligen Ordnung verantwortlich, verursachte einen Knick in der steiler werdenden Aufwärtskurve menschlicher Entwicklung. Der

Trend dieser Kurve ließ sich aber auch nicht durch grimmige Zeiten umkehren. Mit dem Ende des schwarzen Todes, der Heimsuchung Europas durch die Pest, wurde das Glück auf dem alten Kontinent wieder neu verteilt. Die Not sank und vermeintlich nebensächliche Dinge des Lebens, wie Forschung und Philosophie, erhielten wieder ihren langen verwaisten Platz. Das Zeitalter der Renaissance und in Folge dessen die allgemeine Aufklärung ließen danach nicht mehr lange auf sich warten. Kluge Köpfe, deren Ambition die Hinterfragung althergebrachter Dogmen war, konnten sich langsam, aber sicher, ihren Ideen widmen.

Meilensteine wurden in dieser Zeit außerhalb unseres Erdteils gesetzt. Im arabischen Raum, in China, auf dem amerikanischen Kontinent ... überall setzten sich die Prozesse der logischen Verbesserungen von Alltag und Zusammenleben fort. Während Europa seine Wunden leckte und dem Bann eines reaktionären Christentums ausgesetzt war, das den Fortschritt fast ausnahmslos bremste, erblickten revolutionäre Erfindungen das Licht der Welt und kurbelten unseren Werdegang weiter an. Erfindungen ermöglichten andere Erfindungen und Ideen. Mechanische Apparate wurden immer komplexer, wodurch sich auch deren Anwendungen verfeinerten. Daraus erwuchsen wiederum neue Ideen, und wieder und wieder und wieder ...

Schon bei der ersten großen und über Jahrtausende andauernden Hochkultur, der des alten Ägyptens, zeigten sich de facto alle Aspekte, die bis heute gelten. Agrar-Politik wurde optimiert. Spezialisten übernahmen das Ruder, um ihre Handwerke zu perfektionieren. Der Handel blühte, Mythologie übernahm die Themen, die nicht erklärbar waren. Das ägyptische Riesenreich gilt als erste Hochkultur, deren Grundfeste den heutigen mehr als ähnelt. Natürlich funktionierte das alte Ägypten nur mittels archaischer Prinzipien wie der Sklaverei und strikten Hierarchien. Humane Sozialpolitik kam erst mit der industriellen Revolution auf, die Menschen wussten es nicht besser.

Das römische Imperium ist bis heute der Maßstab eines aufgeblähten Molochs. Zugleich präsentiert sich dessen Geschichte als Warnung an uns alle. Ich beschreibe erst später, warum nichts in der Welt endlos wachsen kann. Das antike Rom zeigte in fataler Weise vor, was geschieht, wenn etwas zu groß wird und kaum noch regulierbar ist. Konstrukte, die zu groß sind, kollabieren meistens. So verhält es sich mit Bäumen. So verhält es sich mit Häusern. Und so verhält es sich auch mit Kulturen!

Eine Unmenge an Erfindungen blieb trotzdem erhalten. Innovationen, deren Wirkung den Anforderungen damaliger Standards gerecht wurde, hatten längst den Alltag der Menschen erobert und wurden an die nächsten

Generationen weitergegeben. Und doch wurden großartige Kenntnisse zerstört oder verschüttet. So fiel Europa mit dem Zusammenbruch des römischen Imperiums fast zwingend wieder in archaische Strukturen zurück, in denen das Faustrecht der geregelten Justiz das Wasser abgrub. Viele Maßnahmen des antiken Weltreiches wurden erst lange danach wiederentdeckt und angewandt. Als Alarich und seine westgotischen Horden die Reste der einstigen Hauptstadt der Welt einnahm, war Rom nicht einmal mehr ein Schatten seiner selbst, denn es kollabierte zuerst im Inneren so lange, bis es sturmreif war. Damit lehrt der Untergang des römischen Reiches die Richtung, den unsere Welt heute wieder zu gehen scheint, mit all ihren fatalen Folgen: Wird man zu groß, kollabiert man früher oder später unweigerlich. Aktuelle Herausforderungen gefährden nicht nur Staaten, sondern die gesamte Spezies. Und wieder nimmt kaum jemand die vorhandenen Zeichen ernst…

Während Europa unter Seuchen, Krieg und Zerrüttung litt, entwickelten sich jedoch die amerikanischen und asiatischen Kulturen weiter. Heute belegen jede Menge Indizien eine Parallel-Entwicklung der einzelnen Kulturen. Eines bedingt das Andere und dieses Eine ergibt wiederum weitere fix vorgegebene Wege, die zu gehen sind. Schrift-Normen außerhalb der Reichweite der ersten Welt wurden unabhängig davon ersonnen und verfeinert. Warum? Weil sie sich als die einzig mögliche Methode zur Überlieferung alten Wissens etablierten. Daraus lässt sich schließen, dass Zivilisationen derartige Schritte im Laufe ihrer Entwicklung automatisch tätigen (müssen). Fehlen bestimmte Kriterien einer Gemeinschaft, stagniert sie. Sprache und Schrift sind erste Indikatoren für Fortschritt. Wenn sie einmal etabliert sind, geht alles von selbst.

Menschen funktionieren überall gleich. Da unser Ursprung ein gemeinsamer ist, womit sich unsere Genetik beinahe gleicht, treiben bestimmte Instinkte nach wie vor lebende Individuen an. Gier, Neugier, Überlebenswille, Liebe, Fortpflanzung, Wertschätzung … unsere Grundinstinkte werden von der Biochemie unseres Körpers genauso gesteuert wie zur Steinzeit. Nur unser Wissen um diese Faktoren hat sich geändert. Seit dem Urknall folgte die Entstehung der menschlichen Zivilisation einem Werdegang, der alternativlos war.

Als vielleicht wichtigstes Indiz dafür, dass unsere Art mit abstraktem Denken begann, zeigte sich als Reflexion über das eigene Dasein. Schon frühe Menschen betrachteten ihre Existenz und fragten sich, ob dies denn alles sei. Deshalb finden sich in hübscher Regelmäßigkeit großzügige Beigaben bei gut erhaltenen Gräbern. Die Frage nach einem Leben nach dem

Tod beherrscht bis heute die Mehrzahl der Menschen. Zum Unterschied zwischen Mensch und Tier bewies sich die Selbstreflexion als maßgeblicher Faktor. Intelligentere Tiere erkennen ihr Spiegelbild als solches. Das eigene ›Ich‹ wird wahrgenommen und praktiziert. Herkunft, Werdegang und weiterer Weg dieses ›Ich's‹ wird allerdings nur von einer Tierart thematisiert: dem Menschen.

Auch die Religion folgt evolutionären Maßstäben. Von Grabbeigaben und mit heutigen Augen belächelten Ritualen war der Weg zum Polytheismus, der jedem wichtigen Aspekt des Lebens einen Gott gab, nur kurz. Ein-Gott-Religionen als Endprodukt theologischer Entwicklungen entwickelten sich aus diesen archaischen Kulten. Doch auch der Glaube ans Übernatürliche ist endlich. Das 21. Jahrhundert entpuppt sich bislang als naturwissenschaftliche Überholspur. Weltreligionen verlieren fast täglich Zuspruch, da deren Dogmen dem Zeitgeist des Wissens nicht mehr standhalten. Brachiale Unterdrückungsmethoden mancher Regierungen und Religionen mit ihren längst nicht mehr aktuellen Gesetzen nahmen in den letzten 100 Jahren ständig ab. Heute existieren, verglichen mit der Welt vor dem ersten Weltkrieg, weit weniger Flecken auf der Landkarte, auf denen theologische Meinungsmacher die Politik mitbestimmen. Langfristig herrschende Strukturen verlieren ihren Status, die Vernetzung des Globus unterminiert uralte Prinzipien. Mythologie wird aber in den Köpfen der Menschen niemals aussterben, steckt doch die Faszination des Übernatürlichen nach wie vor in fast jedem von uns. Anders als in der Vergangenheit werden Götter und deren Geschichten vermehrt in den Massenmedien in die Menschen gepflanzt. Der moderne Mensch weiß um das fantastische Element von Göttern, weshalb nun Superhelden als moderne Version mythologischer Figuren erfolgreiches Vergnügen liefern. Eine permanent verändernde Welt greift nun auch in die ältesten Bräuche unserer Vergangenheit ein, in die Religionen.

Das Christentum begann oft durch brutalen Zwang, die Menschen zu knechten. Niemand konnte damals ahnen, dass Religion als dominierende Triebfeder des Miteinanders den Fortschritt des Kontinents um mehr als tausend Jahre zum Stillstand bringen würde. Der Glaube ans Übernatürliche ist zwar tief in uns verankert, doch evolutionärer Rückschritt durch kirchliche Konfessionen bremst immer noch die kollektive Weiterentwicklung. All die Gräuel des Mittelalters, zumeist durch christliche Würdenträger initiiert, stellen eine von wenigen Ausnahmen kausalen Fortschritts dar. Kirche agierte gegen Fortschritt. Obgleich die katholische Kirche für Trost und Organisation in dunklen Zeiten sorgte, war sie gleichzeitig der größte

Hemmschuh für die menschliche Rasse. Gänzlich zurückdrängen lässt sich Fortschritt aber nicht, wofür das Zeitalter der Aufklärung den Beweis lieferte. So jubelte der Vatikan über die Erfindung des Buchdrucks durch Johannes Gutenberg. Dass diese revolutionäre Entdeckung aber auch für höhere Bildung innerhalb des Pöbels sorgte, stellte die Würdenträger der Kirche schnell vor Probleme, die am Ende die etablierten Hierarchien in Europa aus den Fugen brachte. Spätestens mit dem Ausbruch des ersten Weltkriegs war der Niedergang der Kirche besiegelt. Lange Zeit wurden Ortschaften von klerikalen Kräften beherrscht, bis ihre Märchen von der Zeit überholt wurden … leider aber nur in einem Teil der Welt, denn anderswo drängten ähnlich drastische Ideologien in den Vordergrund. Weshalb ein paar Jahrhunderte nach der Verbreitung des Christentums der Islam, im Grunde eine dreiste Kopie der im alten Judentum erfundenen Ein-Gott-Philosophie, denselben autoritären Siegeszug im arabischen Raum vollzog und diesen bis dato massiv in seiner Entfaltung behindert.

Während die Geisteswissenschaften langsam, aber stetig, unter dem Druck der Religion erstickten, wurden sie im Namen des Christentums zumindest klammheimlich hinter Klostermauern gepflegt. Mönche waren des Schreibens mächtig und kopierten Bücher, die uns dadurch bis heute erhalten geblieben sind. Deren Werk richtete sich vor allem aber zur Linderung von Armut aus, ein durch die Wirren der Völkerwanderung und deren lange Nachbeben verbreitetes Übel. Der Buchdruck alternierte eine festgezurrte Welt, die Veränderungen wie einen Dolchstoß wahrnahm. Die ideologische Hilflosigkeit, vor allem des Klerus, überließ nun Freigeistern das Parkett. Genies wie Leonardo da Vinci, Michelangelo, Galileo Galilei, Johannes Kepler oder Johannes Gutenberg erschienen vielleicht um tausend Jahre zu spät. Vermeidbar waren sie nie.

Die Genies des Spätmittelalters setzten dadurch eine längst überfällige Tendenz in Gang: die Aufklärung, die der Renaissance auf dem Fuß folgte. Sobald die Neugier plötzlich unbekannte Gefilde entdeckte, sorgten kausale Vorgänge dafür, dass eine Kettenreaktion an Entdeckungen in Gang gesetzt wurde. Lange genug war der schlummernde Fortschritt erfolgreich unterdrückt worden, doch nun brach er wie neues Blut aus der Masse heraus. Unser Planet wurde entdeckt und erobert! Zum ersten Mal war es möglich, dass sich die Menschheit über die Grenzen der Ozeane hinaus verband. In den Köpfen ging die Horizonterweiterung schleichend voran. Das Wissen um fremde Kulturen und Schätze breitete sich aber trotz alldem unaufhaltsam bis in die fernsten Winkel der damaligen Reiche aus. Wiederum stellte sich ein logischer Effekt ein, der - ebenso wie all die Schritte zuvor - nur

Frage der Zeit war. Mithilfe der immer schneller werdenden Verbreitung von Neuigkeiten erhoben sich immer mehr Köpfe, um die streng einzuhaltenden Dogmen der Religionen aufzubrechen. Dass ab der Verbreitung der deutschen Bibelübersetzung durch Martin Luther auch sozial schlechter gestellte Menschen über gleiche intellektuelle Mittel wie gebildete Mitbürger verfügten, stellte sich als ›tödlich‹ für das alte System dar.

Die Entdeckung der restlichen Welt kann ohne Umschweife als erster Schritt der Globalisierung betrachtet werden. Ohne die Entdecker der Welt – von Kolumbus bis Cook und Amundsen – wäre die Welt noch lange nicht so weit wie jetzt. Schon der Umgang mit fremden und nicht ausreichend wehrhaften Menschen, der Millionen von ihnen in Sklaverei und Tod riss, erwies sich als essenziell. Ohne all die unmenschlichen Gräuel, die diesen armen ErdenbürgerInnen widerfuhren, hätten wir noch immer keine global gültigen Menschenrechte. Manchmal muss eine Gesellschaft durch Leid lernen. Unser Gesetzbuch spricht Bände von anlassbezogenen Konsequenzen, die erst zustande kamen, als Präzedenzfälle dazu führten, sich mit Themen zu beschäftigen, deren Existenz zuvor noch unbekannt war. Es ist leider so: Hätte es nie Sklaverei und Massenmorde gegeben, würde der Mensch noch immer unter der Knute der Mächtigen leiden.

Um all die Erfindungen aufzuzählen, die unauflöslich einer generellen Kausalkette zuzuordnen sind, bräuchte es mehrere Bücher. Kaum eine Innovation wurde seit Beginn der Zivilisation gefunden, ohne vorher bereitgestellte Mittel zu verwenden. Technik ist messbares Ergebnis der Gesetze von Ursache und Wirkung. Viele der aktuellen Techniken fanden ihren Ursprung ebenso - wie in antiken Zeiten - im Zufall. Benjamin Franklin, der die Nutzbarkeit der Elektrizität entdeckte, wurde durch zufällige Beobachtungen auf die Eigenschaften eines Blitzes aufmerksam. Auch im 20. Jahrhundert war glückliche Fügung oft Ursache wissenschaftlicher Meilensteine. Edwin Hubble beobachtete ebenso zufällig die Existenz von Galaxien außerhalb der Milchstraße, wodurch unser Bild des Universums völlig auf den Kopf gestellt wurde. Wenn aber der Zufall dafür zuständig ist, dass wesentliche Erfindungen erst möglich sind, impliziert dies, dass sie früher oder später zwingend gefunden worden wären. So resultiert das Eine im Anderen. Meine Worte würden nicht mittels Tastatur in einen Computer gehämmert werden, wäre nicht vor der Entwicklung des ersten Rechners durch Konrad Zuse die nötige Physik für ein dual rechnendes Gerät in Büchern festgehalten worden. Seit der Erfindung des Computers ist technischer Fortschritt fast schon visuell beobachtbar, denn an unseren elektronischen Dominatoren zeigt sich, wie flott Leistung steigerbar ist. Als Kind der 70er und 80er-Jahre des 20. Jahrhunderts bin ich selbst Zeitzeuge der immer schneller steigenden Kurve technischer Evolution. So war die digitale Revolution logische Folge all dessen, was wir als Menschheit bisher kreierten. Jetzt aber stehen wir vor der größten Prüfung, dem unser System je gegenüberstand. Alles, was bisher langsam durch Aneinanderkettung verschiedenster Ereignisse in unserer Gesellschaft Einzug hielt, muss nun hinterfragt werden.

Denn uns gehen die Ressourcen aus ...

Zusammenfassung:

- Obwohl geistige Bremsen wie die Weltreligionen nach dem Fall des römischen Reichs eifrig die meisten Entdeckungen und Erfindungen verhinderten, war der Fortschritt nicht aufzuhalten.
- Die Erde mit ihren genial platzierten Erdteilen rückte durch Kolumbus zusammen. Massenmedien, die Entdeckung anderer Welten durch das Teleskop, bis zu sanften sozialen Änderungen ... weitere Stufen der Evolutions-Leiter wurden schüchtern bestiegen, aber niemals konnte diese Entwicklung aufgehalten werden.
- Stück für Stück wurde die Welt der Physik entdeckt. Als James Watt die Dampfmaschine erfand, löste sich der Knoten.

Es ist überall gleich

Das Weltall ist groß. Es ist sogar verdammt groß. Die Größe des Universums ist derartig unbegreiflich für unsere limitierte Vorstellungskraft, dass selbst die genialsten Astronomen die Dimensionen dessen zwar beschreiben, aber nicht begreifen können.

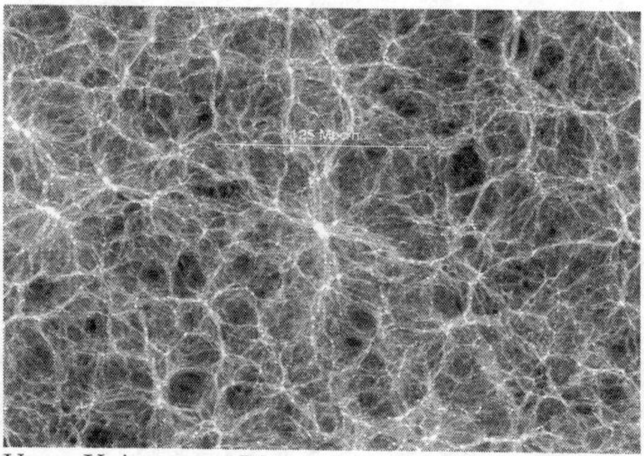

Unser Universum. (Mpc = Megaparsec = 1 Mia. Parcecs – 1 Parsec~3,26LJ)

Deshalb zu Beginn ein Exkurs über die Größe des Weltraums durch ein paar Zahlen:

Der Umfang unseres Planeten beträgt knapp über 40.000 Kilometer. Dies ist eine Strecke, für die ein Mensch zu Fuß ein paar Jahre benötigt. Für einen einzelnen Menschen eine fast unüberwindliche Distanz, in kosmischen Dimensionen bedeutet diese Strecke jedoch nichts. Im Gegenteil: Verglichen mit den Distanzen, die im Weltraum dominieren, ist der Erdumfang nicht einmal ein einzelnes Atom, verglichen zur Erde selbst. Unser Mond, nächstes Objekt im All, zieht in knapp weniger als 400.000 Kilometer von der Erde entfernt seine Kreise. Zur Bewältigung dieser Distanz benötigten die Apollo-Missionen drei Tage. Das Licht benötigt vom Mond mehr als eine Sekunde, um zur Erde zu gelangen. Wir sehen also stets den Mond, wie er eine Sekunde vorher aussah. Lichtgeschwindigkeit ist nach heutigem Stand der Wissenschaft die höchste Geschwindigkeit im Universum, weshalb sie als Norm für Geschwindigkeiten im Kosmos gilt. Mit der absoluten Geschwindigkeits-Obergrenze wird uns eine Norm geboten. Mit dieser lässt sich die Größe des Universums aber trotzdem nur unzureichend beschreiben. Der Kosmos ist ein unbeschreiblich großer Raum, in dessen Dimensionen sogar das Licht kaum nennenswerte Geschwindigkeit besitzt.

Doch wie schnell bewegt sich das Licht wirklich?

Lichtgeschwindigkeit ›c‹ = ca. 300.000 km/s (Kilometer pro Sekunde)

Weil der Kosmos so gigantisch ist, wird deshalb schon in kleineren Regionen mit Lichtjahren, also der Entfernung, die von Photonen (Lichtteilchen) in einem gewissen Zeitrahmen zurückgelegt wird. gemessen. Ein Lichtjahr ist daher eine Lichtsekunde mal 60x24x365 (Minuten, Stunden, Tage).

Schon diese Konstante ist kaum zu begreifen. 9,5 Billionen Kilometer (1 Lichtjahr), also 9,5^12 oder 9,5x1000x1000x1000 Kilometer, beschreiben eine Distanz, die ungefähr 236 Millionen Mal unserem Erdumfang entspricht. Unvorstellbar? Dabei bewegen wir uns noch in den kleinsten Dimensionen, die unser Universum zu bieten hat.

1 Lichtjahr =
9.460.730.472.580,8 km

Gerundet:
1 Lichtjahr = 9,5 Billionen km

Wie jeder Planet, der in einer stabilen Bahn um seinen Heimatstern seine Kreise zieht, bewegt sich auch die Erde um ein Muttergestirn. Um angenehme Temperaturen auf unserer Heimat genießen zu dürfen, ist ein gewisser ›Sicherheitsabstand‹ zum Heimatgestirn nötig. Relational zur Größe der Sonne ist unsere Position ideal. Durchschnittlich kreist die Erde in einem Abstand von 150.000.000 km (hundertfünfzig Millionen Kilometer) um ihren Stern. Das Licht benötigt für diese Strecke ungefähr acht Minuten, bis es bei uns aufprallt. Wir sehen also (könnten wir gefahrlos hineinblicken) unseren Mutterstern so, wie er vor acht Minuten war. Würde die Sonne urplötzlich verglühen, merkten wir es erst acht Minuten später. Obwohl wir uns erst im ›Wohnzimmer‹ des eigenen Sternenhauses befinden, beginnen einzelne Menschen sicher schon, das geistige Handtuch ob dieser Größenordnungen zu werfen. Dabei ist das noch gar nichts. Damit die Wissenschaft nicht bei jeder Gleichung mit unzähligen Nullen jonglieren muss, erfand sie Kürzel. So gilt als Norm für die Entfernung Erde-Sonne der Begriff

AE (Astronomische Einheit). Wir befinden uns also eine AE (Astronomische Einheit) von der Sonne entfernt.
Klammern wir den Mars aus und springen zum Jupiter:

Dieser bewegt sich schon zwischen 4,85AE (Periphel – sonnennächster Punkt) und 5,46AE (Aphel – sonnenfernster Punkt) um unseren Stern. Noch einmal in Kilometern: Durchschnittlich wandert der größte Planet unseres Sonnensystems im Abstand von 778,5 Millionen Kilometern von der Sonne in seiner Umlaufbahn.

Um es begreifbar zu machen, ziehen aktuelle Dokumentationen gerne abstrakte Vergleiche zum Verstehen hervor. Einer davon gefällt mir besonders.

Wenn die Erde so groß wie ein Fußball wäre:

- dann wäre der Mond etwa so groß wie ein Tennisball (minimal kleiner) und würde den Fußball (Erde) in einem Abstand von 6,63 Metern umkreisen.
- Die Erde in Fußballgröße würde 30,7 Kilogramm wiegen. (errechnet aus der mittleren Dichte des Planeten und dem Volumen eines Fußballs.)
- Der Mond in der Größe eines Tennisballs wäre 380 Gramm schwer.
- Die Sonne hätte im Vergleich zur Fußballgroßen Erde und dem Tennisballgroßen Mond, einen Durchmesser von 25 Metern und wäre 2,5 Kilometer (!) weit von dem Fußball (Erde) entfernt. Sie hätte ein Gewicht von 10223 Tonnen.

Quelle:
http://www.stahlnerv.de/wissenswert_nachgerechnet?PHPSESSID=1bbb2a859ff7185b9024d58526682510

Und doch hört sich die Unfassbarkeit des Kosmos hier nicht auf, im Gegenteil! Der uns alles umfassende Raum wird mit gänzlich anderen Normen behandelt. Ab nun bewegen wir uns im Bereich von Lichtjahren (LJ), da die uns auf der Erde gewohnten Maßeinheiten bei der schieren Größe des Alls nicht mehr helfen können. Ein Lichtjahr, zur Erinnerung, ist die Entfernung, die das Licht (immerhin mit 299,350 km/sek. durch den Raum sausend) im Laufe eines Jahres hinter sich legt. Ganz schön weit, nicht? Unbegreiflich weit. Und doch befindet sich der nächste Stern zur Sonne, Proxima Centauri, über vier Lichtjahre von seinem Nachbarn entfernt.

Wie wir wissen, sind wir Teil einer Galaxie, der Milchstraße. Den Namen hat unsere Galaxie übrigens aus einer altgriechischen Sage, woher auch der Name ›Galaxis‹ entstand. Diese Sage erzählt von Herakles als einen der vielen unehelichen Söhne des Zeus, der von diesem heimlich an die Brust der Göttermutter Hera gesetzt wurde, um während ihres Schlafes genährt zu werden. Als sie aufwachte, erschrak sie und verschüttete ihre Milch am Firmament. Daraus wurde der Name ›Milchstraße‹ abgeleitet. Eine wunderschöne Geschichte, die im alten Griechenland verbreitet wurde. Freilich ohne jeglichen Wahrheitsgehalt, doch wussten die Griechen noch nichts über die Vorgänge, die sich über unseren Köpfen vollziehen.

Die Milchstraße ist eine größere Galaxie. Unser nächster Stern, Proxima Centauri, der sich wie viele andere, darunter auch unsere Sonne, eher in der Peripherie dieser Sterneninsel befindet (wie schon erwähnt ist dies einer der essentiellen Faktoren für die Entstehung von höherem Leben), bewegt sich in einem Abstand von durchschnittlich 4,2 Lichtjahren zur Sonne. Die Technik der Apollo-Missionen würde es erlauben, in ungefähr 75.000 Jahren den unmittelbaren Nachbarn zu erreichen. Dabei ist dies nur die erste Adresse im All, im Grunde wurde damit noch gar nichts gesehen außer Leere. Absurder gestalten sich die Zahlen, denken wir galaktisch. Insgesamt existieren geschätzte 100-300 Milliarden(!) Sterne in unserer Galaxie, die einen mittleren Durchmesser von 170.000-200.000 Lichtjahre aufweist. Ab hier klinkt sich auch der fantasievollste Geist aus, denn ab nun werden Dimensionen beschrieben, die nicht zu Unrecht als ›astronomisch‹ bezeichnet werden und ausschließlich in diesem naturwissenschaftlichen Fachzweig zur Verwendung kommen. Zahlen wie diese werden abseits der Distanzen im All höchstens bei theoretischen Gleichungen der komplexen Mathematik gebraucht.

Aber selbst unsere Galaxie ist nur eine von vielen Milliarden Sterneninseln. Seit Edwin Hubble mittels eines selbstentwickelten Teleskops die

Existenz anderer Galaxien bewiesen hat, verschärfte sich das Tempo der Astronomie markant.

Momentaner Stand der Dinge: Im Weltraum gibt es geschätzt ebenso viele Galaxien wie Sterne in der Milchstraße. Auf jeden Menschen kämen mehrere hundert Galaxien, die nach seinem Namen benannt werden könnten.

Kurz an die Leserin oder den Leser gefragt: Ist das noch halbwegs begreiflich? Denn es wird noch gigantischer!

Edwin Hubble

Subsummieren wir nun in absoluten Zahlen, wovon gesprochen wird, wenn wir vom Universum reden:

Nehmen wir an, in jeder Galaxie gäbe es ganz genau 100 Milliarden Sterne.

Dazu gäbe es exakt 100 Milliarden Galaxien. Es existieren lt. dieser Milchmädchenrechnung (in einer ganzen Zahl) 10.000.000.000.000.000.000.000 Sterne, von braunen Zwergen bis blauen Hyperriesen. Also zehn Trilliarden(!) Sterne. Schon klar … eine derartige Zahl ist hübsch und imposant anzusehen, aber greifbar ist sie längst nicht mehr. Solche Dimensionen übersteigen nun auch die Fantasie des begabtesten Menschen unter uns. Damit diese Nummer ein wenig begreiflicher für den menschlichen Geist wird, dividieren wir sie durch die Anzahl an Menschen auf der Erde. Aufgerechnet auf jeden Menschen existieren nach dieser simplen Division noch immer unfassbare 1,3 Billionen Sterne, also 1,3x1000x1000x1000 Sterne!

Dass unser menschliches Gehirn dabei die Segel streicht, ist nachvollziehbar.

Heute, im Jahre 2018, arbeiten Astronomen auf der ganzen Welt fieberhaft daran, eine ›zweite Erde‹ zu entdecken. 1995 wurde der erste Exoplanet entdeckt. Mit einem Exoplaneten wird ein Planet bezeichnet, der um einen extrastellaren Stern kreist. Diese wissenschaftliche Sensation löste einen Boom zur Suche nach erdähnlichen Objekten aus. Mit Stand vom 06. Juli 2018 sind 3801 Exoplaneten in 2842 Systemen bekannt, wobei allerdings einige Objekte Massen im Bereich von braunen Zwergen aufweisen und dadurch umstritten als ›Planeten‹ klassifiziert wurden. Zu diesem Zeitpunkt waren 633 multiplanetare Systeme mit zwei bis sieben nachgewiesenen Planeten katalogisiert. Planetensysteme gelten heute in der unmittelbaren Umgebung der Sonne als sicher nachgewiesenes und allgemein verbreitetes Phänomen. Zuvor wurde angenommen, dass nur wenige Sterne planetare Begleiter um sich scharen, doch inzwischen ist diese Annahme längst revidiert. Messungen des ›Institut astrophysique de Paris‹ ergaben, dass ein Stern der Milchstraße durchschnittlich ein bis zwei Planeten in seine Umlaufbahn zwingt[9].

Illustration eines Exoplaneten

Drake-Gleichung

Wir konkretisieren nun die grotesk verzerrte Wahrnehmung im Kopf. Um in den eigentlichen Kapiteln nachvollziehbar argumentieren zu können, erlaube ich es mir, weiter auszuholen. Evolution ist nicht alles. Ebenso reicht es nicht, die schiere Größe des Kosmos allein in die Schlacht zu werfen, stünde dahinter kein Motiv. Dieses konkretisiert sich mit einer fiktiven, doch berühmten Gleichung. Fiktiv bleibt die Drake-Gleichung für immer, doch wird uns der gesamte Inhalt des Universums verschlossen bleiben. Die unfassbare Größe des Raums lässt es nicht zu, ihn zu kartographieren. Dem Leben sind ebenso Grenzen gesetzt wie der Wissenschaft. Manche Fragen werden immer unbeantwortet bleiben. Deshalb ziehen wir nun die Gleichung von Frank Drake (*1930) zu Rate.

Frank Drake, US-amerikanischer Astronom, versuchte, die Wahrscheinlichkeit von zivilisiertem Leben in unserer Galaxie durch eine Formel, die sich auf das Ausschluss-Verfahren lehnt, verständlich zu machen. Das Ergebnis lässt staunen, egal, wie man es interpretiert. Der Astronom stellte die Gleichung 1960 auf, die folgendes besagt:

$$N = R_* \cdot f_p \cdot n_e \cdot f_l \cdot f_i \cdot f_c \cdot L$$

Die einzelnen Terme in der Beschreibung:

- N ist die Anzahl der außerirdischen Zivilisationen in unserer Milchstraße.
- R ist die mittlere Anzahl an neu entstehenden Sternen pro Jahr (in unserer Galaxie).
- fp ist der Anteil der Sterne, die auch Planeten haben.
- ne ist der Anteil der Planeten, die sich in der sogenannten ›habitablen Zone‹ befinden. Der Bereich um einen Stern, in dem die Temperaturen gerade so sind, dass Wasser in flüssiger Form existiert und damit Leben entwickeln kann.
- fl ist der Anteil der Planeten, auf denen sich Leben entwickelt hat.
- fc ist der Anteil der Planeten mit Zivilisationen, die Interesse an interstellarer Kommunikation haben.
- L ist die Lebensdauer einer technischen Zivilisation. Als ›technische Zivilisationen‹ gelten jene, die in der Lage sind, Radiosignale ins Weltall zu senden.

Nach dieser Gleichung, deren exakte Werte mangels Daten unmöglich zu erfassen sind, existieren zeitgleich ca. 38.000 Zivilisationen in unserer Milchstraße. Bei den meisten Termen ist es allerdings unmöglich, sie mit einem genauen Wert zu besetzen, weshalb es eine Fantasiezahl bleibt, die aber schlussendlich doch ein wenig Aufschluss über unsere höchstwahrscheinlich nicht vorhandene Exklusivität gibt. In der Drake-Gleichung wird nur die Menge von Möglichkeiten der Milchstraße implementiert. Diese Zahl kann man also mit der Zahl der möglichen Galaxien (aktueller Stand: 100-200 Milliarden) multiplizieren, um eine ungefähre Zahl an möglichen Zivilisationen zu errechnen. Diese Verwegenheit wird sofort wieder mit Überforderung unseres Gehirns bestraft, denn 38.000x100.000.000.000 ergibt mit 3.800.000.000.000.000 (3,8 Billiarden) zwar eine hübsche Zahl (konservativ gerechnet), aber vorstellbar ist sie nicht mehr. Seit der Aufklärung und dem gleichzeitigen Ende des Ptolemäischen Weltbilds[10] hat sich unser Horizont um ein Vielfaches erweitert. Das Dogma vom ›Ebenbild Gottes‹ in den Religionen ist seit Hubble nicht mehr haltbar und verkommt zu einer antiken Metapher.

Bleiben wir bei den 38.000 gleichzeitig existierenden Zivilisationen in unserer Milchstraße. Bezugnehmend auf die Evolution unserer Gesellschaft, die alternativlosen Schritten folgte, nun eine hypothetische Annahme: In unserer Milchstraße herrschen überall, soviel ist sicher, die gleichen vier physikalischen Grundkräfte, also:

- Elektromagnetismus
- starke Wechselwirkung
- schwache Wechselwirkung
- und die Mutter aller Kräfte, aber zugleich die schwächste (jedoch überall wirkend), die Gravitation

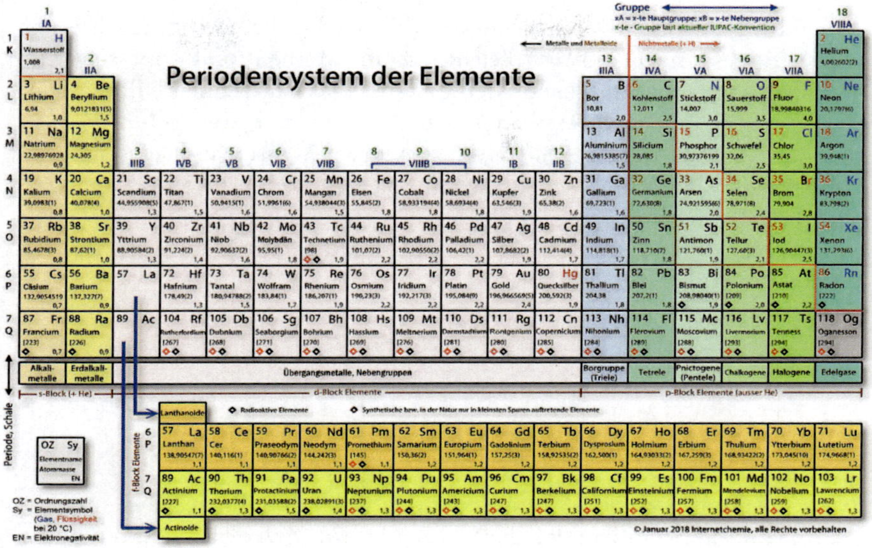

Würden die vier Grundkräfte der Physik nur auf der Erde ihre Wirkung entfalten, könnte das Universum nicht existieren. Chaos wäre die Folge. Ein Chaos, das sich nach anderen Gesetzen bewegen müsste und daher die Entstehung von Galaxien, Sternen und Planeten nicht nur hindern, sondern verunmöglichen würde. Diese unbeugsamen Vorgänge müssen zwingend überall gleich wirken, damit diese Balance intakt bleibt. Ebenso gilt die Blaupause des Universums, das Periodensystem, bewiesenermaßen überall im Universum. Ohne die chemischen Elemente, die allesamt (außer Wasserstoff. Das urtümlichste Element entstand kurz nach dem Urknall und bildet die Basis aller Sterne) in den Sternen entstehen und unabänderbare Eigenschaften besitzen, gälte dasselbe Chaos.

Es spielt also keine Rolle, wo ein Planet existiert, auf dem sich komplexes Leben bildet. Die Gesetze, worauf alles Existierende basiert, unterscheiden sich auch in den fernsten Winkeln des Universums nicht im Geringsten von jenen auf der Erde. Als ›fix‹ geltende Voraussetzungen helfen bei der theoretischen Erfindung einer Zivilisation, die sich auf einem uns fremden Planeten bilden könnte. Widmen wir uns also einer intelligenten Spezies, die, sagen wir mal, am anderen Ende der Milchstraße in ähnlicher Position entstand. Spielen wir ein theoretisches Konstrukt durch.

Eine andere Gesellschaft

Irgendwo, auf der anderen Seite der Milchstraße, 130.000 Lichtjahre von der Erde entfernt, werden vielleicht jetzt im Moment philosophische Gespräche über außerirdisches Leben geführt. Der Einfachheit halber nenne ich diese Spezies zum besseren Verständnis schlicht ›Aliens‹, um Verwirrung zu vermeiden. Diese Aliens, genau wie wir Menschen, fielen nicht einfach so vom Himmel. Auch auf deren Planeten war es zuerst wichtig, dass die Rahmenbedingungen passten, um überhaupt Leben entstehen zu lassen.

Diese können punktuell variieren, doch inkludieren sie auf jeden Fall folgende Kriterien:

- Habitable Zone
- Flüssiges Wasser
- Kaum kosmische Einschläge
- Stabiles Klima

Durch optimale Bedingungen entwickelte auch der Alien-Planet im Zeitraum von Millionen von (lokalen) Jahren Leben. Zwar wäre es auf molekularer Ebene ebenso möglich, aus Silizium komplexe Moleküle, die sich in weiterer Folge zu Leben entwickeln können, zu bilden, doch limitiert dieses Element Geschwindigkeit und Stoffwechsel etwaiger Kreaturen entscheidend. Leben auf Silizium-Basis wäre sehr, sehr, sehr, SEHR langsam. Weshalb eine Alternative zu Kohlenstoff unseres Wissens nach nicht existieren kann. Der ›Kohlenstoff-Chauvinismus‹ (© Carl Sagan) ist in der modernen Chemie kaum widerlegbar. Es ist also anzunehmen, dass Kohlenstoff als Basis für die Entwicklung komplexer Moleküle des Lebens unverzichtbar ist.

Nehmen wir also an, auf dem Alien-Planeten bildete sich auf Kohlenstoff basierendes Leben in den Ur-Ozeanen dieses Gesteinsobjekts. Während die Jahrmillionen vergehen, prosperiert das Leben und bildet lokale Klassen, Gruppen, Familien und Arten. Immer wieder, weil wahrscheinlich unabdingbar, kollabiert das Ökosystem aus verschiedensten Gründen und liefert der örtlichen Evolution damit einen Schub. Weil dieser Planet, ebenso wie unsere Erde, nicht plötzlich hinter einer Schutzmauer Deckung findet, wird dieser in der Entstehungsphase des lokalen Sonnensystems ebenso unter Beschuss gestanden haben. Grund dafür ist – mittlerweile wurden solch junge Systeme entdeckt, was die Theorie untermauert – die Menge an Rest-

Gestein nach der Bildung eines Sterns. Zündet sich ein Stern, bleiben Fragmente der bildenden Gaswolke übrig, die, zuerst aus Staub bestehend, mit der Zeit durch Kollisionen größer und größer werden, bis sich Planeten, Asteroiden…also all das Material, das sich auch in unserem Sonnensystem befindet, zusammengefügt haben. Größere Brocken kollidieren so lange mit noch größeren Felsen, bis kaum noch etwas in den Umlaufbahnen kreist, das nicht so groß wie ein Planet ist. Am Ende setzen sich folgende Faktoren durch, die für intelligentes, abstrakt denkendes Leben zwingend nötig sind:

- Sensoren, die Licht wahrnehmen. Also Augen.
- Extremitäten, die nicht nur der Fortbewegung, sondern auch der Erfindung und Verwendung von Werkzeugen dienen.
- Schutz vor interstellarer Strahlung, da diese den Zerfall von komplexen Molekülen zur Folge hat
- Ein komplexes Gehirn, wahrscheinlich ebenso wie beim Menschen, das sich durch Weiterentwicklung möglichst vom gefährlichen Boden entfernt hat.

Auf derartige Basics kann keine in unserer Vorstellungskraft existierende Lebensform verzichten, will sie langfristig im Kreislauf der hiesigen Natur reüssieren. Unsere eigene Evolutionsgeschichte lehrt uns, dass gewisse Merkmale für die Entwicklung zu komplexen Formen der Natur unbedingt erforderlich waren. Wer weiß, mit welchen Experimenten die Natur seit der Entstehung des Lebens herumgespielt hat? Manche Punkte waren in unserer persönlichen Entwicklung, bei der nicht zu zählenden Varianz des Lebens, jene, die sich letztendlich durchgesetzt haben. Ähnlich muss es auf dem Alien-Planeten ablaufen. Doch kann sich diese Zivilisation anders bilden als die unsere? Kaum.

Ähnliche Kausal-Strukturen, die sukzessive Erfindungen generieren, verbessern und spezialisieren, werden auch dort zu verzeichnen sein, will die hypothetische Zivilisation das All erobern. Höchstens die Details der Fortentwicklung dieser Art würden minimal differieren, doch den wichtigsten Stufen der Leiter können auch dubioseste Wesen nicht entrinnen. Vielleicht bilden sich Sprachen und Schriften anders und erleben einen divergenten Reifeprozess. Das hängt sehr von der Fähigkeit der Aliens ab, Sprache in Laute umzuwandeln.

Auch Kulte und Religionen wird es (höchstwahrscheinlich) geben, da abstraktes Denken unweigerlich mit dem Sinnieren über das eigene Selbst korreliert. Es wird Ordnungssysteme geben müssen, ebenso passende Herrscherkasten. Ohne Struktur im Kollektiv kein langfristiger Erfolg. Um Forschung und Gesellschaft voranzutreiben, ist es höchstwahrscheinlich unmöglich, ein anderes System für Tauschmittel, wie unser Geld es darstellt, zu vermeiden. Schließlich braucht es ab dem Zeitpunkt der beruflichen Spezialisierung ein neutrales Tauschmittel, das für alle Bereiche Gültigkeit besitzt. Alternative wäre Dienst-Austausch, der aber spätestens bei einer Population von ein paar hundert Individuen unübersichtlich wird und damit wiederum den Fortbestand einzelner Stämme gefährden würde.

Die Fundamente geregelter Evolution finden kaum Alternativen. Gewisse Vorgänge erzwingen Folgen, weshalb sie als unverzichtbar gelten. Der sozial-evolutionäre Prozess wird ebenso ähnlich wie in der menschlichen Geschichte abzulaufen haben. Um solche Gedankenspiele zu vollziehen, ist es daher unweigerlich nötig, die physischen Gesetze unseres Universums als allgegenwärtig zu betrachten. Daraufhin bleiben kaum Extravaganzen übrig, deren Resultate ähnlich von Erfolg gekrönt wären.

Kriege oder Gewalt sind jedoch nicht zwingend, denn es ist nicht vorgegeben, ob eine Spezies gewalttätige Ambitionen hegt. Es bleibt nur übrig, zu spekulieren, denn auch die Genetik selbst, in Form unserer DNA, ist nicht in Stein gemeißelt und könnte auf einem Planeten in eine gänzlich andere Richtung tendieren. Konfliktlosigkeit ist aber zumindest im Frühstadium der Zivilisation kaum vorstellbar, schließlich ist Gewalttätigkeit kein Monopol des Menschen, sondern ist im gesamten Tierreich empirisch feststellbar. Der Kampf ums eigene Revier, aber vor allem der Überlebensinstinkt aller Kreaturen der Erde lässt auf ein zwingendes Muster zur Verteidigung eigener Gesundheit schließen. Platz herrscht überall im Raum nur bedingt, weshalb das Recht des Stärkeren allerorts seine Gültigkeit besitzen wird.

Für Aliens, die unsere Vorstellungskraft nicht übersteigen, gelten dieselben physikalischen Gesetze, ausnahmslos. Nächstes ›Muss‹: Um gewisse Kriterien einer modernen Zivilisation zu erfüllen, braucht es die Beherrschung einer der vier physikalischen Grundgesetze. Dafür bietet sich zuerst, wie es auch dem Menschen widerfuhr, die Bändigung der Elektrizität an. Diese inkludiert die Möglichkeit schnellerer Mobilität, komplexerer Kommunikation und weiterer Quantensprünge wie den Computer. Die meisten Erfindungen bedingen sich untereinander, weshalb man von einer wahrscheinlich sehr ähnlichen Entwicklung, mit der unsrigen leicht vergleichbar, ausgehen darf. Die einzelnen Stufen technischer Innovationen sind daher kaum anders auszudenken.

Das Hauptproblem jeder Zivilisation inklusive der unsrigen befindet sich in den natürlichen Grenzen physischer Gesetze. Auch Aliens, unerheblich der Entwicklungs-Stufe, werden bedingt durch die schier unendlichen Distanzen im All höchstwahrscheinlich keine Chance zum dauerhaften Verlassen ihrer Heimat besitzen. Ebenso wie für uns Menschen wird auch für eine außerirdische Zivilisation kaum die Möglichkeit bestehen, kosmische Distanzen schadlos zu überwinden.

Komplexe Moleküle mit Entwicklungspotential existieren beinahe ausschließlich auf Kohlenstoff-Basis. So wird auch für die Aliens spätestens bei weiteren stellaren Reisen Schluss sein, da ihre Körper utopische Geschwindigkeiten nahe der Lichtgeschwindigkeit kaum überstehen könnten. Die enormen Distanzen, die kosmische Strahlung, Einsamkeit…das sind die Hürden, die uns als Lebewesen bei der Expansion ins All überfordern. Für aberwitzige Belastungen sind wir nicht geschaffen, obwohl wir der tierischen Welt evolutionär weit überlegen sind. Sternenreisende Aliens müssen Superkräfte besitzen. Wenn nicht, gibt es sie nicht.

An einem gewissen Punkt trennt sich aber die Spreu vom Weizen: Völker und Kulturen – ob tierisch oder höher entwickelt - unabhängig vom Stand der Technik und der lokalen Wirtschaft, stoßen früher oder später unweigerlich auf ihre Grenzen. Diese wird vom Heimatplaneten vorgegeben, der nur eine endliche Zahl an Ressourcen bietet.

Irgendwann, wenn die Ressourcen des Alien-Planeten zur Neige gehen, und die Bevölkerung (jede Zivilisation funktioniert nur mit einer ausreichenden Zahl von Individuen) aufgrund der Machtposition innerhalb des eigenen Ökosystems immer unkontrollierter wächst, wird jede Gesellschaft vor die gleiche Prüfung gestellt: Kollaps oder Überleben!

Ich stelle mir schon lange die (nicht zu beantwortende) Frage, ob eine Zivilisation in diesem Universum diese alles entscheidende Prüfung jemals bestanden hat. Um ehrlich zu sein, zweifle ich sehr daran, da Alternativ-Planeten kaum eine machbare Option sind (Vielleicht gibt es Ausnahmefälle, wo ein benachbarter Planet sehr nahe seine Bahn durchläuft oder ein Mond bewohnbare Voraussetzungen bietet. Aber auch hier sind irgendwann alle Möglichkeiten erschöpft, und es heißt a la longue für alle Kulturen ›Alles oder nichts‹. Aktuell ist die Menschheit gefordert, diese ultimative Herausforderung zu bestehen. Daten füttern diese Wahrnehmung…

Zusammenfassung:

- Aliens sind auch nur Menschen. Egal, wo sich eine andere Gattung über die Umwelt stellt, sie hat sich denselben Grenzen wie wir zu stellen. Raumfahrt im größeren Sinne scheint unmöglich. Ressourcen sind nirgends endlos. Daher lässt sich nur ein Schluss ziehen: Die Prüfung, vor der wir stehen, war Frage der Zeit. Ob sie bewältigt wird, kann man nur erahnen …

2018 – eine Bilanz (Umwelt)

Klimawandel

Dieses Kapitel bezieht sich auf das bislang (Stand Mai 2019) wärmste Jahr der menschlichen Geschichte, nämlich das Vorjahr 2018. Dieses Jahr prägte den europäischen Kontinent durch eine durchgehend trockene Phase von April bis Mitte November, die mit viel zu hohen Temperaturen, im Sommer kaum unter 25 Grad Celsius, für Trockenheit bis zu Dürre sorgte. Viele Ernten fielen mangels Niederschlags völlig aus, manche konnten nur noch mit größter Mühe gerettet werden. In unserer gemäßigten Klimazone zeigte das Thermometer während der Periode Ende Juli-Mitte August die höchsten Temperaturen, vor allem in den letzten zwei Jahrzehnten aber purzelten die Rekorde reihenweise. Lokal, regional, global … kein Temperatur-Rekord hält mittlerweile lange, bis er von einem neuen Höchstwert nahezu pulverisiert wird.

Am 4. August 2018 waren folgende Nachrichten aus Europa zu vernehmen:

- Britische Inseln: Im Juni begann eine schwere Dürre auf den Britischen Inseln, insbesondere in Irland und Schottland.
- Großbritannien: Großbritannien und die britischen Inseln erlebten den wärmsten Sommer seit 1976[11]. In Irland und Schottland wurden die höchsten Temperaturen seit Beginn der Wetteraufzeichnungen gemessen. Die anhaltende Trockenheit führt dort zu einem besorgniserregenden Abfall der Trinkwasserreserven. Das Rasensprengen wurde landesweit auf unbestimmte Zeit verboten[12].

- Die berühmten königlichen Gärten in London waren weitgehend braun-grau statt grün[13].
- Österreich: Im Alpenland lagen die Temperaturen Ende Juli 2018 um etwa fünf bis zehn Grad über den für Ende Juli/Anfang August typischen Werten (Mittel der vergangenen 30 Jahre)[14].
- Niederlande: Das gesamte Land leidet unter der stärksten Trockenheit seit 1976[15].
- Lettland und Litauen: In Lettland wurde der nationale Notstand ausgerufen[16].
- In der Hauptstadt Riga fiel vom 26. April bis Ende Juli 2018 kein Regen mehr[17].
- In Litauen wurde der nationale Notstand ausgerufen. Es werden Ernteverluste von über 30 Prozent befürchtet[18].
- Ungewöhnlich hohe Temperaturen wurden sogar aus dem hohen Norden gemeldet.
- In Finnmark, einer Rentier-Region am Polarkreis, wurden erstmals über 30 Grad Celsius gemeldet, exakt 31,2 Grad Celsius. Rentiere versuchten sich vor der Hitze zu schützen und blockierten wichtige Transitrouten[19]. Auf der iberischen Halbinsel hingegen fiel der europäische Allzeit-Hitzerekord von 48 Grad Celsius. Portugal und Spanien beklagten Hitzetote. Speziell Portugal litt 2018 unter der Hitze, denn verheerende Waldbrände sorgten zusätzlich für einige Todesopfer, teils im fliehend im Auto von den Flammen eingeholt und getötet.

Dieser Sommer belastete leider nicht nur Europa. Zahlreiche andere Regionen der nördlichen Hemisphäre meldeten Rekordtemperaturen und anhaltende Trockenheit. Ein Novum? Ausnahme? Nein. Weltweit mehren sich die Alarmsignale, von der Wissenschaft fieberhaft studiert. Verstärkt häufen sich neueste Erkenntnisse in den Medien. Der Zeitdruck wächst, das Medien-Interesse ebenso. Regelmäßige warnende Artikel sollen die Menschen wachrütteln.

Allein die Jahre 2011-2018 inkludieren die vier wärmsten Jahre seit es Wetteraufzeichnungen gibt. Führt man sich den Trend näher zu Gemüte, reichen ein paar Minuten Internet-Recherche. Hier ein paar Daten, wie sich das globale Mittel in den letzten Jahren rasant nach oben schob:

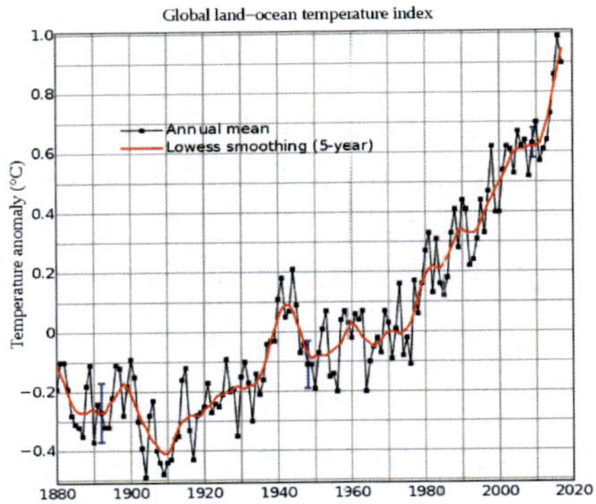

Abweichung vom langjährigen Temperatur-Durchschnitt seit 1880

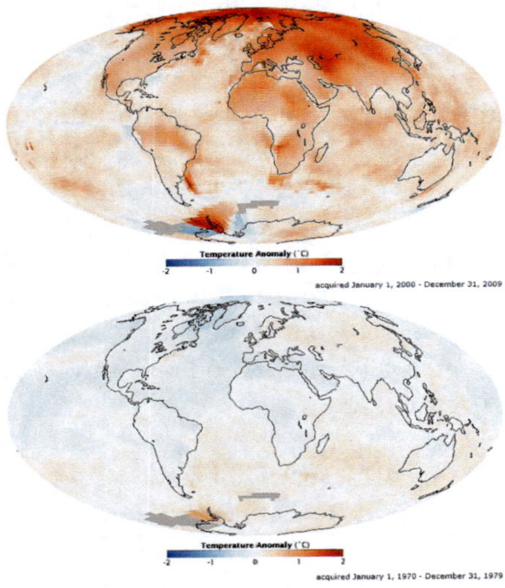

Veränderung der Oberflächentemperaturen 2000–2009 (oben) und 1970–1979 (unten), bezogen auf die Durchschnittstemperaturen von 1951 bis 1980

Dank der emsigen Mitarbeiter der Wikipedia lässt sich chronologisch nachvollziehen, wie sehr sich der Planet schon windet ob der menschlichen Gier. Die Daten geben zu denken …

2016 war das wärmste Jahr seit Beginn der systematischen Messungen im Jahr 1880. Es war ca. 1,1 Grad Celsius wärmer als in vorindustrieller Zeit. So warm war es nach aktuellen Forschungsergebnissen zuletzt am Ende der Eem-Warmzeit vor 115.000 Jahren. 16 der 17 wärmsten jemals gemessenen Jahre traten im 21. Jahrhundert auf, die vier wärmsten Jahre waren in absteigender Reihenfolge 2016, 2017, 2015 und 2014[20, 21, 22]*. Der Temperaturanstieg zwischen 1880 und 2012 betrug nach Angaben des Weltklimarates (IPCC) 0,85 K*[23]*.*

2015 stieg die von der Messstation Mauna Loa gemessene mittlere Kohlenstoffdioxidkonzentration in der Erdatmosphäre, die der wichtigste Faktor für die Erwärmung ist, erstmals auf über 400 ppm[24]*.*

Die von uns Menschen erzeugte Klimaerwärmung ist nicht mehr zu leugnen, so sehr sich gesponserte Politiker und ignorante Wähler auch weigern, diese Tatsache zu akzeptieren. Als Hauptursache gilt die ständig steigende Menge an CO^2-Emissionen, deren Trendumkehr nicht im Sinne der Weltwirtschaft ist. Der Ökonomie geht es um schnellen Profit. Nachhaltige Planung lässt sich bei börsennotierten Unternehmen aus den verantwortlichen Branchen, insbesondere an der Wall Street, vermissen. Im Gegenteil, die Branchenriesen fordern und fördern politische Vorteile, die das Weltklima noch mehr befeuern. Aussagen des US-Präsidenten Donald Trump geben keinen Grund zum Optimismus, förderte er doch, wie in seinem Wahlkampf versprochen, die Kohleindustrie des Landes und forciert bewusst die Erhaltung der aktuell erlaubten Abgaswerte in den USA. Eine Senkung der erlaubten Werte würde demnach am Ende des Jahrhunderts $^{8}/_{100}$ eines Prozents zur Konzentration von CO2 in der Atmosphäre und $^{3}/_{1000}$ eines Grads Celsius zum Temperaturanstieg beitragen. Die gesamtgesellschaftlichen Kosten sollen bis ins Modelljahr 2029 dagegen um mehr als 500 Milliarden US-Dollar geringer ausfallen. Pro Jahr würde die Anzahl der Toten durch Autounfälle um rund 1000 sinken. Die durchschnittlichen Kosten eines neuen Fahrzeuges lägen um 2340 US-Dollar tiefer, als wenn die derzeit gültigen Regeln in Kraft blieben[25]. Offensichtlich geht die amerikanische Regierung also vor den Wünschen der Lobbys, deren mit Geld gefüllte Kuverts weiterhin ungeniert über die Schreibtische wandern, in die Knie. Es ist anzunehmen, dass deren Protagonisten mittelfristig persönlich davon profitieren. Doch die restliche Welt, inklusive Fauna und Flora, wird verstärkt belastet. Schon zu Beginn von Trumps Amtszeit ließ seine Administration wissen, was sie von der Reduktion der CO^2-Emissionen hält, indem die Kohle- (wie auch die Atomkraftwerke) stärker subventioniert werden sollten[26]. In seinem Wahlkampf befeuerte Trump seine WählerInnen mit offensichtlich falschen Studien, um seine absurde Unterstützung der die Umwelt stark verschmutzenden Industrie zu untermauern. Da viele wahlberechtigte Menschen in den Demokratien dieser Welt nach wie vor nicht den nötigen Bildungsstand besitzen, der zum Überdenken fragwürdiger

Informationen animiert, lassen sich nach wie vor Wahlen mit Lügen gewinnen. Betreffen diese Lügen die Umwelt, ist dies am Ende der 10er-Jahre des 21. Jahrhunderts doppelt verwerflich. Schon längst gilt die USA als größte Wirtschaftsmacht der Welt und gleichzeitig als zweitgrößter Mitverursacher des Treibhauseffekts (hinter China). Anders als das Reich der Mitte fördert die Trump-Administration auf einmalig ignorante Weise die Emissionen, stur nach seinem Prinzip ›America first‹. ›America first‹ bezieht sich, denkt man die Folgen durch, jedoch nur auf persönliche Günstlinge der Administration. Dass der Klimawandel keine Grenzen kennt, wird in arrogantester Weise ignoriert.

China hingegen hat den Ernst der Lage schon erkannt. Die gesundheitsgefährdende Lage in den großen Ballungszentren wie Shanghai und Peking, die im Smog sprichwörtlich ersticken, erzwang im riesigen chinesischen Reich die Trendumkehr. Nach all den Jahren, in denen China in beispielloser Weise die Wirtschaft ohne Rücksicht auf jegliche Verluste antrieb, erkannte man nun, dass es so nicht weitergeht, und begann, umweltschonende Maßnahmen staatlich zu fördern.

Bevor all die Folgen des Klimawandels beschrieben werden, ein Auszug aus den aktuellen Werten bzgl. Abgas-Emissionen, die in die Atmosphäre emittieren.

Wie so oft hilft die mittlerweile punkto ›Naturwissenschaften‹ unverzichtbare Wissens-Krake ›Wikipedia‹ und listet detaillierte Zahlen aus dem Jahre 2015 auf. Es ist bei den meisten Ländern anzunehmen, dass die letzten drei Jahre nicht zur Reduktion der Emissionen genutzt wurden, vor allem in den großen Emissions-Ländern. Allen voran die USA und China, die schon 2015 ungeheure Mengen an Kohlendioxid in die Atmosphäre bliesen und ihre Emissionen weiterhin jedes Jahr steigern. Im Jahr 2011 betrugen die CO^2-Abgase dieser beiden Staaten 44,1Prozent der gesamten Weltproduktion. Damit jetzt nicht ›aber die zwei Länder sind ja auch riesengroß, das ist logisch‹ als Argument missbräuchlich verwendet wird, reicht ein Blick auf die Einwohnerzahl ausgesuchter Länder.

Während die USA 327 Millionen Einwohner (Stand Mai 2018) zählt, sind es in Deutschland 82,5 Millionen, also ein knappes Viertel davon. Sieht man sich die Emissionen an, so verpuffen aus den Vereinigten Staaten jedoch ungefähr achtmal so viel Mengen an CO^2 in der Atmosphäre. Damit kommen auf jeden Bewohner der USA doppelt so viele Abgase wie auf jeden Deutschen. ›America first‹ … das Land des billigen Erdöls, ermöglicht durch permanentes Intervenieren in weltpolitische Schieflagen (meist wird durch die selbsternannte ›Weltpolizei‹ jeder Konflikt noch massiv verstärkt) und Raub der fossilen Ressourcen aus ausgesuchten Ländern der jüngeren Vergangenheit wie dem Irak, denkt nicht daran, seinen Verbrauch zu reduzieren. Im Gegenteil! Symbolisch dazu ein Artikel des ›Handelsblattes‹ vom Juli 2018, in dem berichtet wird, dass der Absatz von Kfz durch die SUV in den USA wieder steigt.

https://www.handelsblatt.com/impressum/nutzungshinweise/blocker/?callback=Prozent2FunternehmenProzent2FindustrieProzent2Fvolkswagen-vw-verkauft-im-juni-dank-gefragter-suvs-mehr-autos-in-den-usaProzent2F22764324.html

Noch eindeutiger zeigt sich diese Abgas-Schieflage, vergleicht man die zwei bevölkerungsreichsten Länder der Welt, China und Indien. China mit beinahe 1,4 Milliarden Menschen produzierte 10,453 Milliarden Tonnen CO^2. Indien, das ›nur‹ 40 Millionen Menschen weniger beherbergt, befeuerte die Atmosphäre im gleichen Zeitraum (2015) mit 2,274 Milliarden Tonnen, also einem Viertel. Sicher lässt sich auch der durchschnittliche BSP kaum vergleichen, doch lebt der überwiegende Teil der chinesischen Landbevölkerung ebenso wie ihre indischen Pendants alles andere als in Saus und Braus. Wie in den meisten asiatischen Staaten herrscht ein gewaltiger finanzieller Unterschied zwischen dem Landbereich und urbanen Gebieten.

Die USA (5,414 Milliarden Tonnen (2015)) sind eindeutige Nummer zwei, erzeugt nach absoluten Zahlen mehr CO^2 als die Hälfte der Chinesen, bei einer Einwohnerzahl, die kaum ein Viertel beträgt. Anders hingegen Russland. Das Riesenreich erzeugt kaum ein Drittel der amerikanischen Abgasmengen. Selbst kreativste Missinterpretation der Zahlen lässt eine Leugnung des großen Beitrages von China und USA am menschgemachten Klimawandel nicht zu.

Quelle:
https://de.wikipedia.org/wiki/Liste_der_grProzentC3ProzentB6ProzentC3Prozent9Ften_Kohlenstoffdioxidemittenten

Insgesamt produziert die menschliche Zivilisation derzeit um die 50.000.000 Tonnen CO^2 pro Jahr, Tendenz steigend statt fallend. Leider lässt sich der Grund dafür auf ein paar Punkte reduzieren, die in den Planungen der aktuellen Weltpolitik unabänderbar zu sein scheinen.

Gier – Obwohl vor allem die reichen Regionen der Welt (Europa, Nordamerika, Ostasien, Ozeanien) die meisten Produkte des täglichen Lebens, vor allem lebensnotwendiger Natur, schon längst im Überschuss produzieren respektive abbauen, muss ›der Markt‹ bedient werden.

Das ›Angebot-Nachfrage‹-Modell als Basismotor jeden Marktes bereitet große Überschüsse im ökonomischen Mitbewerb. Damit werden demnach billigen Waren schielenden Konsumenten niedrigere Preise garantiert. Leider ist dies auch nötig, denn viele Menschen sind nicht mehr im Stande, teure Waren zu bezahlen. Pervers wird es spätestens, bricht man die verfügbare Produktpalette auf die nötigen Produkte des typischen Alltags, nämlich Nahrung, Kleidung, Wohnung und Information, herunter. Schnell bemerkt man, wie viele der erworbenen Konsumartikel des eigenen Haushalts niemals wirklich gebraucht werden. An diesem Punkt geht es thematisch wieder zurück nach Österreich, wieder mittels einer Rechnung, damit die Zahlen für jeden Menschen verständlich sind.

In unserem fast obszön mit Reichtum ausgestattetem Land wurde in den letzten Jahrzehnten dank des Wirtschaftsbooms nach dem zweiten Weltkrieg ein fast geisteskranker Ist-Zustand an Verschwendung geschaffen. Schon 2016 veröffentlichte der ›Kurier‹ erschreckende Zahlen. Jährlich wandern in Österreich ungefähr 760.000 Tonnen Lebensmittel direkt in den Müll. Eine beunruhigende Zahl, bedenkt man die Mittel, die für deren Produktion eingesetzt werden. 760.000 Tonnen ergeben bei aktuellem Einwohnerstand von 8,822 Millionen EinwohnerInnen unfassbare 236 Gramm pro Tag und Mensch. Ein lockeres Drittel des Tagesbedarfs einer erwachsenen Person wird in diesem Land also völlig sinnlos produziert. Damit die Preise niedrig gehalten werden, wurden speziell perverse Gesetze auf Wunsch der Konzerne ratifiziert. So wurde das ›Dumpstern‹, also das Wühlen in Müllcontainern, in denen nachweislich die Lebensmittelüberschüsse der Handelsketten deponiert werden, als Diebstahl deklariert. Die Tonnen sind mittlerweile fast zur Gänze unter Verschluss, Zugang gibt es nur noch für Mitarbeiter der Unternehmen. Aber auch jene könnten frische, aber nicht mehr benötigte Lebensmittel aus den Containern nehmen und damit den hauseigenen Umsatz reduzieren. Deshalb scheuen die großen Ketten kaum Kosten und Mühen, die riesigen Behälter von Kameras überwachen zu lassen. Der dazu nötige Aufwand amortisiert sich in Windeseile.

Damit Konsumenten immer ihre frischen Produkte – schließlich darf man nie den Anschluss im ständigen Kampf um Marktanteile und Profit verlieren – um billigste Preise erwerben können, wird unverkauftes Brot und Gebäck, obwohl in Ordnung, jeden Tag in großen Mengen weggeworfen, damit am nächsten Tag wieder frisch gebackene Lebensmittel erhältlich sind. Meist sind diese Lebensmittel nicht nur in Ordnung, sondern auch noch weich und frisch. Da aber ein gewisses Kontingent an Backwaren täglich produziert werden muss, wird deshalb in entsetzlichen Mengen überproduziert. Somit wird einer mittlerweile dekadent werdenden Gesellschaft ein Motor gegeben, mehr und billiger zu produzieren.

Dieses System besitzt aber einen Pferdefuß: ›Billiger kaufen‹ impliziert auch niedrigere Gewinne pro verkauftem Stück. Niedrigere Gewinne werden auf die Gehälter der Mitarbeiterinnen und Mitarbeiter abgewälzt. Niedrigere Gehälter senken die Kaufkraft. Womit wiederum nur billige Waren erstanden werden können, da sonst die Abnehmer der Waren fehlen. Der Teufelskreis schließt sich, es profitieren nur noch einige wenige, die für qualitative Schwächen ihrer Produkte ihre Arbeitskräfte ausquetschen und einfaches Geld verdienen. Das Resultat ist Überproduktion, Druck auf Lieferanten, Verschwendung, aus dem Ruder gelaufene Monokulturen, Krankheiten (BSE …) und aussterbende Tierarten – ein todkrankes Wirtschaftssystem.

Karitative Institutionen wie die ›Tafel‹, deren Existenz auf Versorgung unserer Ärmsten basiert, können sich diese Lebensmittel, frisch und für den Verzehr bedenkenlos geeignet, oft in die Haare schmieren. Nicht einmal Mitarbeitern der großen Unternehmen ist es erlaubt, sich nur eine kleine Semmel, die weggeworfen und verbrannt wird, mit nach Hause zu nehmen, ohne als Dieb eine fristlose Entlassung zu riskieren. Dem nicht genug: Schon längst ist ausgiebig dokumentiert, dass beinahe alle Lebensmittel, deren Haltbarkeitsdatum überschritten ist, meist noch längere Zeit genießbar sind. Solcherlei Nahrung wird ausnahmslos dem Mist übergeben, damit oben genannte Billig-Effekte erhalten bleiben. Anstatt, die Einkaufszahlen in vernünftige Dimensionen zu drücken, werden Tonne um Tonne dieser Lebensmittel verbrannt oder weggeschmissen, bevor sie verzehrt werden.

Würden solche Dinge nur lokal geschehen, wäre der Schaden kaum messbar. Das Problem sitzt woanders: Zuvor werden die verderblichen Waren mit Millionen LKW durch Europa kutschiert. Damit werden unnötige Emissionen in die Atmosphäre geblasen. Der Preis kullert trotzdem, denn internationaler Transit ist immer noch billiger als heimische Produktion. So werden Millionen Tonnen von Lebensmitteln pflanzlicher oder fleischlicher Natur nicht nur umsonst hergestellt, sie befeuern zusätzlich indirekt, aber in rauen Mengen, unsere Atmosphäre und schädigen damit alle.

Ein globales Phänomen. Aktuell wird ungefähr ein Drittel der produzierten Lebensmittel weltweit dem Müll übergeben, womit Erzeugung, Transport und Verkauf übertrieben gepusht werden. Eine Welt, deren Klima kollabiert, kann sich solche Extravaganzen längst nicht mehr leisten. Das Problem betrifft aber nicht nur Industrieländer, sondern auch Schwellen- oder

Entwicklungsländer. Natürlich werden in Afrika weniger Lebensmittel pro Kopf vernichtet, schon allein aus Gründen wesentlich niedriger Produktionszahlen. Und doch wandern viele Tonnen an Nahrung auch im schwarzen Kontinent als Müll und damit sinnlos produziert am Ende auf monströsen Deponien.

Die perversen Gesetze des Marktes …

Dass jedes, auch das »sinnloseste« Lebensmittel, erst produziert werden muss und dadurch ein gewisses Maß an Energie verbraucht, ergibt einen Rückstoß-Effekt, der in unserer Atmosphäre landet. Vor allem ist es der Transport, der täglich quer durch Europa braust und unser Klima zusätzlich und unnütz verpestet. Ein Drittel wird überproduziert. Die Ärmsten bekommen nichts. Die Produktion eines Drittels kostet nur Geld und Ressourcen, bringt aber den Menschen nichts. Die Menschheit verbraucht also in der Lebensmittel-Industrie weit mehr Energie als nötig, um die Emissionen nach Erzeugung in unser Luftmeer abzulassen. Völlig enthemmt dabei die Fleischindustrie: Hier entpuppt sich all die Perversität unseres heutigen Systems, am Ende nur profitabel für ein paar wenige, auf Kosten vieler. Es ist auszuschließen, dass ein erwachsener Mensch in Europa, der Zugang zu medialer Information besitzt, nicht schon längst über die Mittel der Fleischproduktion Bescheid weiß. Und doch ist Fleisch in allen Variationen billig wie nie zuvor, ungeheure Mengen werden weggeworfen allerorts herrscht Dekadenz, auch in kleinsten Haushalten. Vor ein paar Jahrzehnten galt frisches Fleisch als Luxusgut. Heute ist es zur Wegwerfware reduziert. Kam Fleisch vor wenigen Dekaden höchstens am Sonntag auf den Tisch, so wird es heute nebenbei konsumiert.

Nun wieder ein paar Zahlen, um das Dilemma ein wenig greifbarer zu gestalten: Der Fleischatlas 2014[27] der Heinrich-Böll-Stiftung nannte folgende absolute Zahlen über den weltweiten Fleischverbrauch. Die Zahl der geschlachteten Tiere kommt, bei aller Liebe zu fleischlicher Nahrung, einem Genozid gleich, der niemandem außer den großen Magnaten zu Gute kommt.

Weltweit geschlachtete Tiere (2011)

Tierart	Anzahl (Millionen Köpfe)
Hühner	58.110
Enten	2.817
Schweine	1.383
Truthähne	654
Gänse und Perlhühner	649
Schafe	517
Ziegen	430
Rinder	296
Büffel	24

Dass die meisten dieser armen Kreaturen von Geburt an in engen Boxen und unwürdigen bis sadistisch anmutenden Zuständen ihr trauriges Dasein fristen müssen, ist bekannt.

Die Methoden variieren regional, wobei gewisse Vorgänge skandalös sind:

So die Schlachtung von Milliarden männlicher Küken, denen überhaupt keine Lebensberechtigung zuteilwird, weil sie nicht gewinnbringend ›verwertbar‹ sind.

Diese Küken wandern, jeder lebenden Kreatur unwürdig, kurz nach der Geburt in den Shredder, um zu Pulver zermahlen zu werden. Doch dem nicht genug. Das Kükenpulver wird nicht selten als Futter für gehaltene Tiere verwendet. Auch Hühnerfutter ist davon nicht ausgenommen. Somit werden viele Hühner, die bei uns auf dem Tisch landen, in ihrem furchtbaren Leben zuvor kannibalistisch gefüttert. Fleischverzehr, so natürlich er in unseren Genen einprogrammiert ist, wird zum ethischen Dilemma. Unsere Verantwortung als die Welt beherrschende Spezies sollte eigentlich Verantwortung für jedes Leben inkludieren.

Die Gnade der Geburt ist auf diesem Planeten eine selektive. Es ist ein verschwindend kleiner Teil an größeren Säugetieren, die privilegiert zur Welt kommen. Darunter wir Menschen in Europa.

Die weltweite Fleischproduktion, in Millionen Tonnen angegeben, erzeugt erschreckende Effekte in den Köpfen verantwortungsvoller Menschen.

Weltweite Fleischproduktion 2013 (Prognose)

Tierart	Gewicht in Mil Tonnen
Schweine	114,2
Geflügel	106,4
Rinder	68,1
Hausschaf/Hausziege	13,8
Gesamt	**308,2**

Die Grafik listet nur die weltweit vier beliebtesten Tiergattungen auf den globalen Esstischen auf. Wild oder ›Exoten‹, wie Hunde in China, werden hier nicht aufgeführt.

Rechnen wir also wieder:

308 Millionen Tonnen Fleisch bei einer Bevölkerungszahl der Erde von ca. 7,1 Milliarden Menschen im Jahr 2013 ergeben 43,38 Kilogramm jährlich pro Individuum und Jahr. Alle acht bis neun Tage ginge sich ein Kilogramm Fleisch pro Person (inkl. Säuglinge und Greisen) aus. Da der Lebensmittelverbrauch jedes Menschen vielseitig ist, Fleisch daher nur ein Teil unserer Ernährung darstellt, könnte also locker jeder Mensch auf diesem Planeten die Menge Fleisch zu sich nehmen, die er braucht. Doch sind dies Mengen, die einer extremen regionalen Schieflage unterworfen sind.

Während in den Industrieländern der Wohlstand schon so weit fortgeschritten ist, dass Menschen mittlerweile täglich von billigem Fleisch leben können (Wobei der Fleischinhalt bei schon vorgefertigten Fleisch- und Wurstprodukten selten hoch ist. Die meisten Wurstsorten Mitteleuropas beinhalten zum großen Teil Wasser.), ist es für Menschen der Dritten Welt purer Luxus, fleischliche Nahrung zu sich zu nehmen. Sie sind vom Verzehr tierischer Proteine beinahe ausgeschlossen. Wie sich anthropologisch längst nachweisen lässt, entwickeln sich Menschen in den verschiedensten Regionen der Welt unterschiedlich schnell. Die durchschnittliche Lebenserwartung ist nur ein Aspekt, der weit zwischen ›Reich‹ und ›Arm‹ auseinanderklafft. Auch die tägliche Gesundheit leidet unter ungleicher Nahrungs-Verteilung. Ebenso vermindern sich Entwicklungs-Chancen für Kinder der Dritten Welt.

In Österreich werden ungefähr 100 Kilogramm, exakt 96,6 Kilogramm, pro Jahr und Person konsumiert (2016)[28].

Vom wirklich nötigen Bedarf an tierischer Nahrung sind wir damit längst in perverse Dimensionen abgerutscht. Dieser wird mit höchstens 300 - 600 Gramm Fleisch und Wurst pro Woche von der deutschen Gesellschaft für Ernährung empfohlen. Das Ergebnis dessen ist in den Industrieländern leicht zu beobachten: Übergewicht und Diabetes nehmen exponentiell zu, die Gesellschaften degenerieren. Mitteleuropäer verzehren mindestens das Dreifache der empfohlenen Fleischnahrung, während tierische Proteine in den ärmeren Regionen Luxusgut darstellen. Ich gebe allerdings zu bedenken, dass die absoluten Zahlen wirklich auf simpelste Weise behandelt wurden, um sie ungefähr begreiflich zu machen. Wir alle wissen um die Komplexität intakter sozialer Systeme auf der Welt, allesamt unterschiedlichen Parametern unterworfen. Der Vergleich zwischen den Regionen hinkt daher, ich reduziere die Zahlen auf das Wesentliche. Ebenso meine Aufrechnung, die nur in einfachster Weise zeigen soll, wie sehr sich unser Standard mittlerweile schon vom gesunden Maß entfernt hat.

Da der Anteil an Tierfutter für Haustiere ebenso erklecklich ist, sich jedoch meist auf die für Menschen unverwertbaren Teile beschränkt, dessen Fleischanteil zusätzlich sehr niedrig ist und von Marke zu Marke variiert, ist dieser kaum seriös zu behandeln. Wesentlich bleiben die absoluten Zahlen der Produktion. Es lässt sich damit aber, egal, wie man es dreht und wendet, selbstsicher behaupten, dass sie zu hoch sind. Viel zu hoch!

Zurück zur Fettleibigkeit: In unserer Alpenrepublik stieg der Anteil adipös erkrankter Menschen von 8,5 Prozent (1991) auf schon 11 Prozent nur neun Jahre später, im Jahr 2000 mit steigender Tendenz. Europaweit wird die Zahl adipöser Menschen mit 10-20 Prozent bei Männern und 15-25 Prozent bei Frauen geschätzt, eine generelle Trendumkehr ist nicht absehbar. Während dieser Trend in Nord- und Mitteleuropa rückläufig wirkt, ist ein besorgniserregender Anstieg in den südlichen Ländern zu verzeichnen. Doch die USA, ähnlich wie bei den CO^2-Emissionen, sticht markant heraus. In den Vereinigten Staaten von Amerika leben circa 30 Prozent der Menschen mit einem Body-Mass-Index jenseits von Gut und Böse, der $>30 kg/m^2$ beträgt und damit weit überhöht ist. Fast jeder dritte amerikanische Bewohner, unabhängig des Geschlechts, ist krankhaft übergewichtig.
(Quelle: Centers for Disease Control and Prevention)

Ein wahres Alarmsignal sollte der auffällige Anstieg übergewichtiger Menschen bei sozial schwächer gestellten Gruppen in den USA sein. Billiges, qualitativ minderwertiges Fleisch, kaum nahrhaft, wird verstärkt finanziell schwachen Menschen angeboten. Niedriger Preis impliziert niedrige

Qualität. Hohe Qualität ist, egal wo auf unserer Welt, meist nur einer Minorität finanziell zugänglich. Geschmacksverstärker und/oder Zucker sorgen für Suchtverhalten, das zugleich zwar höhere Gewinne für die Unternehmen lukriert, auf der anderen Seite aber für jede Menge Leid sorgt. Dieses Leid wird in Form von Folgekrankheiten auf die Allgemeinheit abgewälzt. Drehen und wenden wir es, wie wir wollen. Am Ende bleibt nur eine Erkenntnis: Unser Fleischkonsum ist übertrieben und gefährlich!

Dem aber nicht genug, geht mit dem globalen Fleischverzehr zusätzlich logistischer Wahnsinn einher, der die Grenzen zur Perversität längst überschritten hat. Eine beinahe exponentiell wachsende Zahl an lebenden Nutztieren erzeugt weit größere Probleme als schon längst obszön überbordete Logistik. Ein Schwein aus Deutschland lernt bis zur Schlachtung nicht selten Europa kennen, indem es quer durch den Kontinent gekarrt wird. Dafür werden Löhne bezahlt, Abgase produziert, Straßen erweitert und Böden versiegelt, damit Nahrungsmittel möglichst billig und ›marktkonform‹ verkauft werden können… Die europäische Union geht aktuell von 170 Millionen Nutztiertransporten pro Jahr im EU-Raum aus. Ein Papier des deutschen Bundestags dokumentiert die Misere ganz gut:

https://www.bundestag.de/blob/436194/31b57873854ca9a2e4b025e999c8a2ed/wd-5-059-16-pdf-data.pdf

Es handelt sich um lebende Nutztiere, die meist in Billiglohnländern geschlachtet werden, bevor das Fleisch wieder durch die Lande transportiert wird. Eine unfassbare Verschwendung von fossilen Ressourcen, nur damit der verwöhnte Konsument nicht auf sein tägliches Billigfleisch verzichten muss. ›Das Angebot regelt die Nachfrage‹ als Credo für ein Gleichgewicht des Marktes ist zu einem verzichtbaren Gut von beklemmender Dimension geworden. Inzwischen regelt die Nachfrage, ein unstillbarer Hunger nach billigen Produkten durch Suggestion ständiger Werbung und medialer Botschaft von ›DU verdienst IMMER das Beste‹ in unsere Psyche eingebrannt, das Angebot. Der Markt ist längst obszön zu einer Bedürfnis-Maschinerie mutiert, weit mehr als unsere realen Bedürfnisse befriedigend. 170 Millionen Nutztiere, die jährlich quer über den Kontinent verschoben werden! LKW liefern das Fleisch, eilig transportiert und damit schneller als nötig, womit noch mehr Emissionen produziert werden.

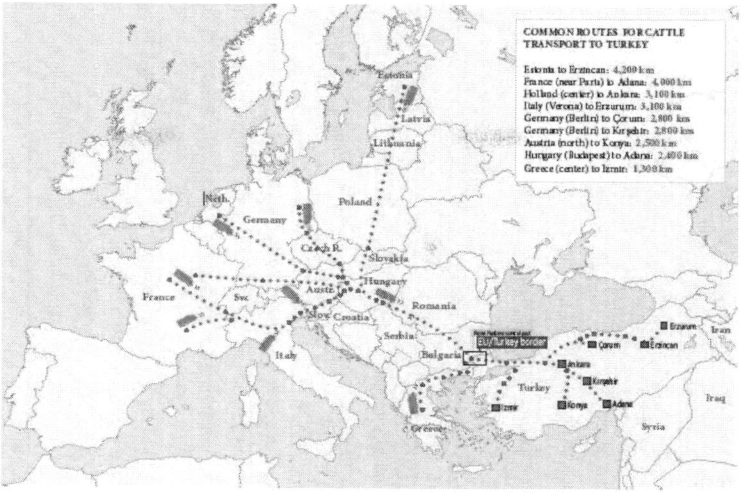

Aktuelle Routen für Tiertransporte (Quelle: https://www.animal-welfare-foundation.org/de/projekte/tiertransporte.html)

Dieser Wahnsinn reduziert sich nicht alleine auf das Fleisch unserer heimischen Nutztiere. Viele ethische Fragen stelle ich mir ständig selbst: Braucht ein Mensch in Mitteleuropa im Winter frische Erdbeeren? Wozu müssen Obst- und Gemüseregale ständig mit Früchten gefüllt sein, die zwar in heimischen Gefilden vorkommen, sich aber gerade nicht in der Erntesaison befinden? Weshalb braucht der Mensch, obwohl genetisch gar nicht geeignet für derartige Quantitäten, täglich krankhafte Unmengen an Fleisch? Den Überschuss, der uns weltweit immense Negativ-Effekte beschert … brauchen wir ihn wirklich? Weshalb ist es unverzichtbar, dass Fleisch – während der gesamten Menschheitsgeschichte ein Luxusgut – und exotische Nahrung stets leistbar sind? Regionale Kriterien sind längst außer Kraft gesetzt. Es zählt, was billig ist. Hauptsache, alles ist nicht nur verfügbar, sondern auch für jedermann leistbar. Ist dies tatsächlich zwingend nötig? Verhungern wir, wenn es nicht täglich fette Schnitzel für jedermann leistbar sind? Perversionen wie schon geschälte Orangen in Plastikverpackung, in heimischen Supermärkten als ›Service‹ verkauft, sind deshalb nur die Spitze des Eisbergs. Wir alle sollten längst hinterfragen, ob es Not tut, immer alles am besten sofort und stets frisch zur Verfügung gestellt zu bekommen.

Doch Hand aufs Herz: Wie viele von uns verzichten freiwillig auf Flüge um 20 Euro in ferne Länder? Auf den täglichen Burger oder die spottbillige Pizza aus dem Kühlregal? Wer von uns hechelt nicht ständig neuesten technischen Innovationen nach? Technische Produkte, die mit Sollbruchstellen oder automatischer Drosselung zum Zweck des regelmäßigen Neukaufs ausgestattet sind? Es sind wenige. Während der letzten Jahre diskutierte ich mit sehr vielen Menschen über das Klimaproblem und ihre Ursachen. Meine Zuversicht trübte sich durch den immer wiederkehrenden Effekt, dass Menschen zwar wissen, welchen Schaden der eigene Konsum verübt, aber nichtsdestotrotz die Verantwortung entweder der Politik oder ›den Anderen‹ (wer die auch immer sein mögen) in die Schuhe geschoben wird. Einerseits weiß eine durchschnittlich gebildete Person in unseren Landen sehr wohl über all die möglichen Folgen unseres Wahnsinns Bescheid. Andererseits will niemand selbst Verantwortung übernehmen, auch wenn es ›nur‹ verschwindend kleine Konsequenzen nach sich zieht, und sich selbst ein wenig an der Nase nehmen. Ein Dominostein allein richtet nichts aus, wenn er fällt. Sind es aber Millionen, wird reagiert!

Es ist bequem und gilt daher nicht, immer auf ›das System‹ zu schimpfen. Gesundes Bewusstsein darüber, selbst ›das System‹ zu sein und ständig damit zu interagieren, wäre wichtig. Schließlich sind auch die ProtagonistInnen der hohen Politik nichts als Menschen, die essen, trinken und selbst wissen, was es heißt, zu leben oder gar zu überleben. Deren Problem ist, der menschlichen Schwäche, korrumpierbar zu sein, meist zu unterliegen, weshalb politische Aktionen zumeist die eigentlichen Herausforderungen höchstens an der Oberfläche ankratzen. Persönlicher Profit steht an erster Stelle, in der Politik wie auch unter den Bevölkerungen der Erde. Die vier Säulen der Demokratien – Legislative, Judikative, Exekutive und freie Medien – sind von Menschen besetzt. Politiker sind Menschen, die vom ›System‹ leben und profitieren, so wie wir alle. Auch sie sind Teil eines Systems, das sich über einen Zeitraum von Jahrtausenden aus kausalen Prinzipien zu einem Ganzen formte. Doch frisst sich diese Struktur nun langsam selbst. Der Ereignishorizont scheint überschritten, ›das System‹ ging wahrscheinlich schon längst zu weit. Wir alle gingen zu weit.

Homo sapiens wird den Verzicht lernen müssen. Alternativ bleibt uns der Kollaps, der uns am Ende alle zwingt, unseren Standard auf ein schmerzliches Mindestmaß zu reduzieren. Konflikte und Kriege werden infolgedessen viele Regionen unserer Welt mit Leid überziehen. Unschuldige werden leiden. Am Ende leiden alle.

Zusammenfassung:

- Wir alle konsumieren und produzieren viel zu viel! Der tägliche Müll überfordert den Planeten, massive Überproduktion an Waren belastet seine Kapazität.
- Ein System, das auf Gewinn und Wachstum basiert, ist eine Einbahnstraße, an deren Ende eine massive Betonmauer auf den Aufprall wartet.
- Emissionen werden nicht nur zu nötigen Zwecken produziert, sondern in großen Teilen unnötig, um einen pervertierten Markt zu bedienen.

Die Folgen der menschgemachten Klimaerwärmung

Dass der Mensch seit ein paar Generationen massiven Einfluss auf die komplexen Vorgänge unseres Weltklimas verübt, ist unbestritten. In welchem Ausmaß er dies vollzieht, erzeugt aber ein Schreckensbild. Welche Effekte könnten sich in den nächsten 100 Jahren einstellen? Und welche kann man als ›sicher eintreffend‹ betrachten? Meinungen darüber divergieren und bieten reichlich Stoff für Diskussionen. Unmengen an Studien kommen zu verschiedensten Ergebnissen, selten beschwichtigend, aber immer öfter panisch nach ›Stopp‹ schreiend. Anders als zur Jahrtausendwende, als die anthropologisch bedingte Klimaerwärmung zwar schon begonnen hatte und uns dazu brachte, darüber die klügsten Köpfe forschen zu lassen und Investitionen zur genauen Erforschung der Effekte zu steigern, deutet alles auf das damalige ›worst case‹-Szenario hin oder weit darüber hinaus.

Schon Studien aus der Zeit um 2000 prognostizierten immense globale Erwärmung. Wissend um die Unmöglichkeit, auf Grund der Komplexität der Faktoren genaue Prognosen liefern zu können, waren die Macher seriöser Studien stets bemüht, statt exakt klingender Prophezeiungen ohne Mehrwert eine mögliche Veränderung des Klimas vorauszusagen. Dass unsere hausgemachte Klimaerwärmung weitreichende Folgen für Mensch und Natur nach sich zieht, ist unbestritten. Die kurz- und vor allem langfristigen Auswirkungen erlauben aber keinen präzisen Blick in die Glaskugel. Uns ist es zwar möglich, Trends zu erkennen…wohin die Reise aber wirklich führt, zeigen uns allein schon geschehene Ereignisse und gesammelte Daten. Vergleichswerte aus früheren erdgeschichtlichen Ereignissen helfen uns, die Dinge besser zu verstehen. Die Wirkung des Menschen aber ist ein erdgeschichtlich einzigartiges Ereignis ohne wirkliche Referenz aus der Vergangenheit und erlaubt deshalb nur grobe Schätzungen. Das ungeheure Tempo, in dem sich das Weltklima aktuell aufheizt, überrascht auch die klügsten Experten. Es läuft ein Prozess, der selbst bei globalen Katastrophen wie dem Dinosaurier-Killer vor 65 Millionen Jahren nicht annähernd so schnell seine furchtbaren Krallen zeigte. Ein Großteil der Forscher spricht jetzt schon vom sechsten Massensterben der Erdgeschichte, dem ersten von einer Spezies verursachten.

Wahrscheinlich stellte die Klimaerwärmung kein Problem für das Leben auf diesem Planeten dar, würde sie auf natürliche Weise langsam, im Zeitraum von mehreren zehntausend Jahren ihre Wirkung zeigen. Natürliche Veränderungen wurden von der Natur meist durch Anpassung angenommen. Unangepasste Arten gingen für immer, aber überließen neuen, an die veränderten Bedingungen angepasste Spezies das Feld. Was aber, wenn sich der aktuelle Trend weiter ungebremst fortsetzt, wovon auszugehen ist? Wenn er sich, wie es nun aussieht, sogar verschärft? Insbesondere in erschreckend kurzen Zeitspannen, ungleich schneller als bei früheren Massensterben? Um den Vergleich ein wenig nachvollziehbar zu machen, nützt es wenig, selbst das schlimmste Massensterben der Geschichte, fast für den Tod allen Lebens verantwortlich und 95Prozent der Tier- und Pflanzenarten vernichtend, die Perm-Trias-Grenze, heranzuziehen. Dieses vernichtende Ereignis liegt ungefähr 250 Millionen Jahre zurück. Stetig heftigerer Vulkanismus über einen Zeitraum von 165.000-600.000 Jahren führte zu einem beispiellosen Aussterben von Tieren und Pflanzen auf dieser Welt.

Gleichzeitig die Welt belastende Ereignisse wie das Entstehen des sibirischen Trapps stellten das Leben auf die ultimative Probe. Starker Vulkanismus erzeugte eines der größten vulkanischen Gebiete aller Zeiten, den oben genannten sibirischen Trapp. Diese riesige vulkanisch aktive Fläche von bis zu 7 Mio. km^2, im heutigen Sibirien liegend und gleichzeitig steigende vulkanische Aktivität unter Wasser nahmen den meisten Wesen sprichwörtlich die Luft zum Atmen. Als mögliche Ursache wird ein Auseinanderbrechen des einstigen Superkontinents Pangäa in Erwägung gezogen. Ein Vorgang, der unverhältnismäßig starke tektonische Folgen nach sich zog. Und doch zog sich dieses Phänomen über viele tausende von Jahren hin, es kam nicht abrupt! Unvermeidbares Erbe solch globaler Umwälzungen war eine kahlgeschorene Natur, die sich nun erneut verbreiten konnte und eine Artenexplosion nach sich zog.

Als gesichert gilt, dass der sibirische Trapp und seine in anderen Regionen der Welt auftretenden ›Vettern‹ unter anderem enorme Mengen an Methan (CH4), Schwefelwasserstoff (H2S), Chlorwasserstoff (HCl) und

Kohlendioxid (CO_2) freisetzten. Nicht sicher ist allerdings, ob all diese Effekte primär diesen größten Exodus aller Zeiten verantworteten. Die meisten geologischen Funde weisen jedoch ziemlich eindeutig darauf hin[29 30]. Als Folge dieser massiven Veränderung unserer Atmosphäre hinterließ diese Katastrophe fatale Spuren an der damaligen Umwelt. Wie immer bei Massensterben beginnt es mit irritierter Vegetation. Heute lässt sich ebenso leicht (selbst im kleinsten Rahmen) beobachten, wie sehr Veränderungen der pflanzlichen Vorkommen drastische Auswirkungen nach sich ziehen. Der Ausbruch des Krakatau im Jahre 1883 zeigte der Welt der Menschen, wie sehr verstärkter Vulkanismus den gesamten Globus belastet. Die Menschen berichteten weltweit von indirekten Effekten aufgrund dieser Katastrophe im fernen Indonesien. Wobei sich damals ›nur‹ die Rußpartikel in der Atmosphäre bemerkbar machten. Sonnenstrahlen wurden in manchen Gegenden fast zur Gänze reflektiert. Hungersnöte in vielen Regionen der Welt, darunter Europa, quälten die Völker der Erde. Zum Glück entgleiste allerdings die grundsätzliche Zusammensetzung unserer Atmosphäre nicht. Um diese nachhaltig zu verändern, war all die freigewordene Energie der Krakatau-Katastrophe bei weitem zu wenig.

Anders vor 250 Millionen Jahren: Die verheerende Aktivität des sibirischen Trapps verteilte sich über den Zeitraum von hunderttausenden Jahren. Ständig lieferte das Heer der Vulkane Methan und Co. in die Atmosphäre, wodurch sich mit der Zeit markante Veränderungen in der atmosphärischen Zusammensetzung zeigten, die schließlich die damalige Vielfalt der Natur fast zur Gänze ausrotteten. Vermutlich war aber nicht nur die Giftigkeit der Gase, sondern auch die dadurch verursachte Temperaturerhöhung (bis zu zehn Grad Celsius!) für die Unmöglichkeit zur Anpassung für die meisten Lebewesen verantwortlich. Schätzungen zufolge dauerte es bis zu 30 Millionen Jahre, bis die Natur wieder vollständig von diesem Ende einer geologischen Ära genesen war. Ein Ereignis alleine erwirkt oft dramatische Folgen für das Leben auf dem gesamten Erdenrund. Hierfür ist es unerheblich, ob man direkt am Ort des Geschehens ist oder auf der anderen Seite unserer Kugel. Je näher, desto kürzer vielleicht das Leid, da der Tod abrupt eintritt. Ab einer gewissen Dimension der natürlichen Umschichtung leidet die ganze Welt an indirekten Folgen - meist jahrelang und mit grimmigen Auswirkungen. Ähnlich verhält es sich mit der von uns Menschen angezettelten Erwärmung des Erdklimas. Der ›kleine‹ Unterschied zu vorherigen Massensterben mit katastrophaler Problematik ist der geringe Zeitraum, in dem diese Erwärmung vollzogen wird. Während die Perm-Trias-Grenze ein Aussterben über hunderttausende von Jahren forcierte, schafft es der Mensch im kaum wahrnehmbaren Zeitraum von wenigen Jahrzehnten, das Gleichgewicht des Klimas aus der Balance zu bringen. Welche Auswirkungen diese Veränderung mit sich bringt, lässt sich mangels adäquater Vergleiche nur schätzen. Von verharmlosenden Prognosen bis zu Weltuntergangs-Szenarien ... alles scheint möglich zu sein! Manche Vorgänge sind jedoch jetzt schon empirisch feststellbar. Viele davon beginnen erst und werden noch große Effekte nach sich ziehen, wobei andere durch die selbstregulierenden Kräfte unseres Planeten fast folgenlos korrigiert werden können.

Zusammenfassung:

- Viele Politiker trommeln nach wie vor eine Unzahl von Lügen über eine ›nichtexistente Klimaerwärmung‹ in die Öffentlichkeit. Doch das ›Anthropozän‹, das Zeitalter menschlicher Veränderungen auf dem Planeten, ist nicht zu widerlegen.
- Unsere Art vollbrachte in kürzester Zeit, wozu die Natur selbst tausende von Jahren benötigt: Das globale Gleichgewicht empfindlich zu stören.

Aktuelle Studien über die Folgen der Klimaerwärmung

Wahrscheinlich gibt es kein Thema unserer Zeit, das vergleichbare Mengen von Studien vorweisen kann. Auch die Zahl aktiv an der Forschung beteiligter Wissenschaftler sucht ihresgleichen. Logisch, denn kein Thema zeigt – das ist jetzt schon als ›sicher‹ zu betrachten – fatalere Auswirkungen auf den Fortbestand unserer Zivilisation. Von ›harmlos‹ bis ›apokalyptisch‹, die Bandbreite der Ergebnisse umfasst das gesamte Interpretations-Spektrum. Fakten verharmlosende Menschen sprechen meist von Studien, die von Lobbys finanziert wurden. Klar! Lebt man von den verursachenden Prinzipien, befiehlt das Ego höchstmögliche Ignoranz beim Akzeptieren von Folgen! Kaum etwas beherrscht unsere Spezies besser als das Wegschieben jeglicher Verantwortung.

Wahrscheinlich ist es Zeitverschwendung, auf Lobby-unterstützte Studien zu verweisen, weshalb ich diese oft grob gebogenen Interpretationen ruhigen Gewissens vernachlässige. Der Verharmlosung unterwerfen sich mehr als genügend Medien, die noch immer all die nackten Zahlen der menschlichen Zerstörung als ›Verschwörungstheorie‹ titulieren. Kunststück, werden solch einschlägige Medien meist von jenen finanziert, denen eine wirtschaftliche Bremse ein Dorn im Auge ist. Der ›vierte Sachstandsbericht des IPCC‹[31] ging 2007 noch immer davon aus, dass die Schwankungsbreite der globalen Erwärmung des Weltklimas bis 2100 groß ist. Abhängig vom Anstieg der Emissionen wurde damals ein gleichzeitiger Anstieg der globalen Temperatur von 1,1 Grad Celsius bis 6,4 Grad Celsius bis zur nächsten Jahrhundertwende errechnet. Eine riesige Differenz, die genug Raum für Interpretationen bietet.

Steigende Durchschnittstemperaturen, die auf dem gesamten Erdball verzeichnet werden, verschieben das Temperaturspektrum vieler Regionen dauerhaft. Ungewöhnlich extreme Kälteereignisse werden seltener auftreten, außergewöhnliche Hitzeereignisse jedoch in größerer Häufigkeit. Mögliche negative Auswirkungen auf menschliche Sicherheit, Gesundheit, Wirtschaft und Umwelt sind mit heutigem Stand kaum abzuschätzen, während sich in manchen Regionen der Welt, vorzugsweise in Europa, sogar positive Effekte einstellen könnten. So werden für Europa in den nächsten Jahrzehnten sattere Wetterbedingungen prognostiziert, Garanten für ertragreichere Ernten. Zur selben Zeit werden in Afrika, Asien, Südamerika und Australien Dürren, Busch- und Regenwald-Brände und Hungersnöte als direkte Killer Millionen Menschen dahinraffen. Indirekt wird der Zugang zu Trinkwasser zu einem riesigen Problem. Krankheiten und Pandemien könnten die Folge dieser Tendenz sein, wobei Pandemien durch die schon längst aus dem Ruder gelaufene Mobilität binnen eines Tages auf der ganzen Welt ihr tödliches Unwesen treiben können … und wahrscheinlich auch werden!

Viele Veränderungen der Umwelt, die Menschen und Ökosysteme gemeinsam betreffen, sind schon wahrnehmbar, inzwischen oft schon mit katastrophaler Brisanz. So starben 2018 in Europa hunderte Menschen durch die Hitze des Sommers, der außergewöhnlich lange und intensiv war. Der Tod schnitt durch die Welt der Menschen als auch Fauna und Flora eine blutige Schneise. Als ›unmöglich‹ stellt sich das Vorhaben, die Konsequenz dieses wärmsten Jahres der Geschichte in reale Zahlen zu fassen, heraus. Mehrere Länder, darunter Lettland und Litauen, riefen den nationalen Notstand aus. Das Trinkwasser ging recht früh zur Neige. Millionen von Tieren verendeten qualvoll. Dazu wüteten zahlreiche Waldbrände, manche, wie in Portugal, mit verheerenden Folgen und vielen Todesopfern. Und doch, blickt man auf Prognosen, stehen wir erst am Fuß eines Berges von Problemen, den dieser Planet gerade betritt. Selbst optimistische Voraussagen scheuen sich nicht, für manche Gegenden der Welt Untergangs-Szenarien zu prognostizieren. Spürbar steigende Meeresspiegel, rapide Gletscherschmelze oder signifikante Abweichungen vom gewöhnlichen Wettergeschehen gehen mit allen Studien einher.

Wie stark kollaterale Effekte auf den Trend einwirken, wird unterschiedlich eingeschätzt. Die Auswirkungen des Klimawandels zeigen regional und auch lokal differierende Prägungen und erwirken dementsprechend individuelle Folgen, wobei auch Folgen positiver Art (bessere Ernten zum Beispiel, mögliche Begrünung der Sahara …) als auch wiederum ungewöhnliche Effekte auf das Weltklima geschehen werden. Derzeit beschreiben die globalen Klimamodelle die Folgen recht präzise, können diese jedoch im kleineren geographischen Rahmen nur recht unsicher abschätzen. Wie stark die Veränderungen in den nächsten Jahrzehnten ihre Wirkung zeigen, hängt davon ab, wie rasch der Klimawandel in näherer Zukunft Fahrt aufnimmt. Verstärken sie sich weiterhin in stets kürzeren Zeitspannen, werden sowohl die ökonomischen Anpassungskosten als auch die Einflüsse auf die Natur drastisch sein. Der Erwärmungstrend setzt in absehbarer Zeit nicht nur die Ökosysteme, sondern auch Milliarden von Menschen enormen Belastungen aus.

Vergessen wir dabei nicht die sozialen und daraus entstehenden politischen Folgen, die bis dato noch gar nicht zu ahnen sind. Manche Modelle zeigen ein derart präzises Bild, in dem zum Beispiel die Gefährdung der Existenz ganzer Staaten oder großer Küstenstädte als schon relativ gesichert zu betrachten ist. So wird ein nicht zu unterschätzender Faktor in Zukunft eine eklatante Rolle spielen: Klimaflucht! Flüchtlinge auf Grund des Klimawandels sind in naher Zukunft aufgrund der Unbewohnbarkeit ganzer Gebiete alltäglich. So trifft es in naher Zukunft Regionen, deren Seehöhe knapp über oder gar unter dem Meeresspiegel liegt. Durch den Anstieg des Meeresspiegels scheint es ein unausweichbares Schicksal für manche Gebiete zu sein, ohne Vorkehrungen wie Dämme etc. in ihrer Existenz gefährdet zu werden. Andere Regionen werden garantiert (es hat schon längst begonnen) unbewohnbar sein, da es an Niederschlag mangeln wird und Temperaturen jenseits der 45 Grad Celsius die Vegetation ausradieren.

Zusammenfassung:

- Egal, wohin man blickt – die Welt der Wissenschaft ist sich einig über unsere Zukunft, die inzwischen zappenduster zu sein scheint.

- Spätestens zur nächsten Jahrhundertwende wird das Antlitz dieses Planeten mit dem, wie wir es kennen, nicht mehr viel gemein haben.

Auswirkungen des Klimawandels

Aufsteigende Landmassen

Die Eisschmelze in der Arktis und der dadurch folgende Verlust an beschwerender Masse lässt in manchen Regionen Skandinaviens wie in Finnland und Schweden die Landmasse schneller steigen, als der regionale Meeresspiegel sie auszugleichen vermag. Am Bottnischen Meerbusen steigt nach Daten des ›Permanent Service of Mean Sea Level‹ das Land jährlich um bis zu sieben Millimeter.

Jährlich gewinnt Finnland dadurch vor allem an der Küste ca. 700 ha Fläche. Bei Ratan (schwedische Gemeinde Robertsfors) stieg die Küstenlinie gegenüber dem (ebenfalls steigenden) Meeresspiegel seit 1892 um nahezu einen Meter. Der Hafen des schwedischen Lulea erlaubt es vielen Schiffen durch Unzugänglichkeit nicht mehr, einzulaufen, da der Meeresspiegel in dieser Region jährlich um fast einen Zentimeter sinkt. Dies wird für mindestens 600 weitere Jahre vorausgesagt, weshalb die Fahrrinne für eine eklatante Geldsumme tiefer gebaggert werden muss. Gegenüber, im finnischen Vaasa, liegt ein früherer Hafen durch die Landmassengewinnung schon zehn Kilometer im Landesinneren. Möglicherweise gibt es in dieser Gegend in ein paar tausend Jahren eine neue Landverbindung[32].

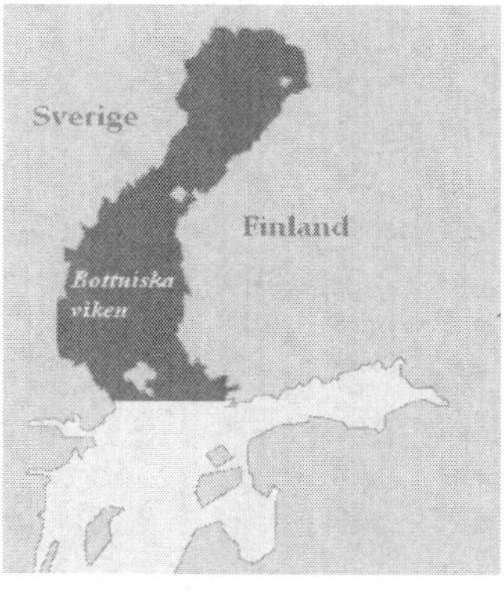

Der Bottnische Meerbusen

Folgen für die Artenvielfalt

Des Menschen Eingriff in die Natur verursacht weitreichende und oft katastrophale Folgen für die Vielfalt der Arten. Extreme Auswirkungen sind durch massive Eingriffe mit Einflüssen auf das Weltklima jetzt schon beobachtbar, so zum Beispiel durch die unverhältnismäßigen Rodungen in den Urwäldern der Äquator-Region, im Amazonas-Gebiet oder Indonesien. Durch den Verlust großer Mengen von Regenwald fällt nicht nur ein bedenklicher Teil natürlicher Kühlung durch Bäume aus. Brandrodung, wie sie meist praktiziert wird, setzt zusätzlich gigantische Mengen an Treibhausgasen wie Kohlenmonoxid frei, die wie immer unsere Atmosphäre durch getrübte Reflektion des Sonnenlichts belasten. Vorgänge wie diese wirken sich zuallererst aber direkt auf die Artenvielfalt dieser Gebiete aus, weshalb wir leider inzwischen selbst in der Lage sind, vor Ort die katastrophalen Auswirkungen des Verlusts der Diversität in der Natur zu beobachten. Zwischen den globalen Temperaturen und der Biodiversität findet ständiger Austausch statt. Dieser langfristige Zusammenhang lässt sich anhand von Fossilienfunden von bis vor 520 Millionen Jahren feststellen. In Zeiten höherer Temperaturen war die Artenvielfalt sowohl im Meer als auch am Land geringer als in Zeiten niedrigerer Temperaturen. Globale Erwärmung dürfte sich demnach negativ auf die biologische Vielfalt auswirken, nein, schlimmer noch: Schneller Klimawandel war für die Massensterben in unserer geologischen Geschichte immer zumindest mitverantwortlich. Inzwischen gibt es keinerlei Zweifel mehr, dass das Artensterben durch die globale Erwärmung immer schneller vonstattengeht[33].
2015 erschien eine Arbeit im Fachmagazin ›Science‹, die für Aufsehen sorgte.

Laut ihrer Prognose wären, würde sich am mangelnden Kampf gegen den menschengemachten Klimawandel nichts ändern, weltweit 16 Prozent aller Arten vom Aussterben bedroht. Südamerika mit 23 Prozent und Australien mit 14 Prozent träfe es demnach am härtesten. Europa käme mit 6 Prozent vergleichsweise glimpflich davon, ebenso Nordamerika mit 5 Prozent. Das gemäßigte Klima dieser zwei Kontinente finge die Tendenz des Massensterbens noch ein wenig auf. Würde das Zwei-Grad-Ziel[34] erreicht, könnte das Artensterben auf ungefähr 5 Prozent reduziert werden. Die Realität sieht derzeit leider anders aus. Vom Zwei-Grad-Ziel sind wir aktuell (2019) meilenweit entfernt. Diametral wird der Effekt im arktischen Gebiet sein. Nach Studien, die vom Arktischen Rat in Auftrag gegeben wurden, könnte sich durch Zuwanderung von früher südlicher angesiedelten Spezies und die dadurch folgende steigende natürliche Produktivität die Zahl der Arten sogar erhöhen. Leider ist es nicht möglich, direkte Folgen dieses Artensterbens zu berechnen. So hinterlässt eine eingesessene Spezies, die plötzlich aus einem Gebiet verschwindet, ein Vakuum, das weitreichende Folgen für die Region nach sich zieht. Mit jeder Tierart, die durch unser Zutun ausstirbt, wird die natürliche Balance weiter belastet.

Buschbrände

Ende 2019 bis Anfang 2020 wüteten in Australien die größten Buschfeuer seit Beginn der Aufzeichnungen. Während diese Zeilen geschrieben werden, brennen weite Teile von New South Wales und anderen Gebieten am Rande der großen australischen Wüste.

Städte wie Sydney, Melbourne und Canberra leiden seit Wochen unter extremer Rauchentwicklung. Der Himmel ist rot, die Tierwelt leidet Höllenqualen.

Zu Jahresbeginn ging man davon aus, dass mindestens eine halbe Milliarde höherer Lebewesen den Bränden zum Opfer fielen.

In diesem australischen Sommer wurden mehrere unrühmliche Rekorde erzielt.

Der Dezember 2019 war der Trockenste seit Aufzeichnungbeginn, zudem traten in ihm die sechs heißesten jemals in Australien gemessenen Tage auf. An elf Tagen wurden kontinentweit gemittelte Maximaltemperaturen von über 40 Grad Celsius gemessen; zwischen 1910 und 2017 hatte es nur vier solche Tage gegeben.

Einer der Hauptgründe ist die Verbrennung fossiler Brennstoffe. Der australische Premier Scott Morrison, bekannt dafür, der Wirtschaft politisch dienlich zu sein, negiert immer noch die Folgen der Klimaerwärmung für ›Down Under‹, weshalb er starrköpfig weiterhin auf den Abbau der Kohlevorkommen des Kontinents pocht.

Inzwischen (Stand 14. Januar 2020) mehren sich die Proteste in Australien, um Morrison am weiteren Raubbau-Kapitalismus zu hindern. Die Langzeitschäden für die Fauna des fünften Kontinents nicht noch nicht absehbar, doch ist anzunehmen, dass der Verlust der Vegetation auf einer Größe Belgiens dauerhaft für herbe Auswirkungen sorgt.

Ein verbranntes Känguru-Baby ...

Allein die letzten Jahre brachten die heißesten Sommer seit Aufzeichnungsbeginn, weshalb eine Trendwende nicht realistisch ist. Weiterhin werden die Temperaturen im Sommer steigen, womit auch die Zahl der Buschbrände eher zu- denn abnimmt.

Australien ist einer der Flecken der Welt, der in den nächsten Jahrzehnten gänzlich unbewohnbar sein kann. Welche Auswirkungen eine Evakuierung der australischen Bevölkerung plus der Rettung der hiesigen, ganz besonderen Tier- und Pflanzenwelt auf die Weltgemeinschaft hat … eine derartige Maßnahme könnte die globale Gesellschaft endgültig außer Tritt bringen.

Auswirkung auf die Ozeane

Die natürliche Bindung vom CO^2 der Ozeane

Unsere Ozeane binden weltweit circa 50-mal mehr Kohlenstoff als unsere Atmosphäre.

Die Weltmeere erweisen sich zu unserem Glück als große ›Kohlendioxidsenke‹ und nehmen rund ein Drittel der von uns Menschen freigesetzten Zusatzmenge an CO^2 auf. Deren obere Schichten binden dieses Treibhausgas oft durch Photosynthese, wodurch neuer Sauerstoff entsteht. Ohne die CO^2-Bindung der Ozeane wäre die atmosphärische Konzentration von Kohlendioxid um 55 ppm höher. Wir unterlägen also ständigem Smog. Die gesamte Evolution hätte sich komplett anders verhalten. Im Zeitraum von Jahrhunderten summieren sich die anthropogenen Emissionen, die von den

Ozeanen auf bis zu 90 Prozent gebunden und verarbeitet werden. Die durch uns Menschen freigewordenen Emissionen steigen allerdings, weshalb immer größere Mengen des Treibhausgases von den Meeren nicht mehr gebunden werden können. Damit nicht genug, sorgen die dadurch steigenden Temperaturen zusätzlich dafür, dass die Ozeane von selbst nicht mehr in der Lage sind, diese Menge an Kohlendioxid zu speichern. Die Dimension der Senkung dieser Aufnahmefähigkeit konnte bis jetzt noch nicht exakt beziffert werden, dazu reichen die rechnerischen Kapazitäten noch nicht.

Anstieg des Meeresspiegels

Klimaerwärmung allein wäre zu stemmen. Doch ist sie nur der primäre Effekt auf diverse Nebenerscheinungen, die – jede für sich – eine eklatante Gefahr für uns ist.

Zwei verschiedene Ursachen sorgen dafür, dass eines der auffälligsten Phänomene wie ein dunkler Schatten über den Meeren und den an den Küsten liegenden Städten hängt. Denn der Meeresspiegel hebt sich geologisch gesehen viel zu schnell an.

Zum einen dehnt sich Meerwasser durch die steigenden Temperaturen aus, zum anderen fügen sich Millionen Tonnen von Eis, die in den Polargebieten oder in Gletschern gebunden waren, in die Ozeane und erhöhen damit das absolute Flüssigkeitsvolumen der Weltmeere. Zwischen 1901 und 2010, also in knapp über hundert Jahren bis zum aktuell alarmierend sprunghaften Anstieg der globalen Temperatur, wie man den Rekordjahren seitdem ablesen kann, stieg der Meeresspiegel um 1,7 Zentimeter pro Jahrzehnt. Allerdings stieg der Meeresspiegel ab 1993 schon um 3,2 Zentimeter pro Jahrzehnt, mit alarmierend steigender Tendenz!

Diverse Szenarien des IPCC (Intergovernmental Panel on Climate Change) sagen bis 2100 Anstiege zwischen 0,40 Meter bei strengem Klimaschutz und 0,67 Meter bei weiter steigenden Emissionen (Business as usual) gegenüber dem Stand der 1990er Jahre voraus. Nicht einkalkuliert ist der mögliche Kollaps des antarktischen Eisschilds, der den Anstieg empfindlich erhöhen könnte, doch sind aufgrund unsicherer Daten keine exakten Prognosen erlaubt. Fix scheint aber zumindest eines: Kollabiert diese gigantische Eismasse, bedeutet dies das Ende vieler küstennaher Regionen[35].

Küstenregionen … Diese sind in Zukunft signifikanten Änderungen ausgesetzt. Mehrere kleine Inselstaaten sind inzwischen längst akut bedroht. Große Küstenstädte werden ebenfalls in relativ naher Zukunft in ihrer

Existenz bedroht. Der Mensch siedelte zumeist vernünftigerweise in der Nähe von Wasser (Flüsse, Flussdeltas, Meere ...), weshalb es selbst den größten Optimisten verwehrt bleibt, optimistisch in die Zukunft zu blicken.

Die Zahl der Risiken ist groß, die Dimension dessen ebenso: Gesteigerte Küstenerosion, höhere Sturmfluten, veränderte Grundwasserspiegel, Schäden an Gebäuden und Häfen oder die Verschlechterung der Bedingungen für Landwirtschaft und Aqua-Kulturen werden für viele Gebiete schlimme Konsequenzen nach sich ziehen, sollte sich nichts ändern. Vollzieht die Weltgemeinschaft keine ausreichenden Gegenmaßnahmen, versinken bei einem Anstieg des Meeresspiegels um 1m weltweit um die 150.000 km^2 Landfläche dauerhaft, davon 62.000 km^2 küstennaher Feuchtgebiete. (Zum Vergleich: Österreich hat eine Fläche von 83.879 km^2)

Dies betrifft – ich wiederhole mich, denn selbst diese Prognose ist noch immer optimistisch angelegt - um die 180 Millionen Menschen, vielleicht ist die Dunkelziffer sogar noch weit höher. Als Konsequenz droht Klimaflucht auf allen Kontinenten, mit einer Dimension, die heutige Fluchtbewegungen lächerlich erscheinen lässt. Im Jahr 2018 befanden sich auf der ganzen Welt geschätzte 60 Millionen Menschen durch Krieg oder Unterdrückung auf der Flucht. Eine Fluchtbewegung durch Klimaerwärmung, verursacht durch vom Menschen erzeugte Effekte, würde neben dem persönlichen Elend dieser Massen die politische Stabilität auf der Welt vor eine harte bis unlösbare Probe stellen. Tödliche Konflikte als Folge werden neue Krisenherde entstehen lassen. Die Folgen für eine nach heutigen Parametern funktionierende Weltwirtschaft sind kaum berechenbar, weshalb wirtschaftliche Nöte und daraus folgende Polit-Katastrophen wiederum die schon eingesetzten Prozesse beschleunigen. Ein Teufelskreis, der in seiner Auswirkung kaum zu erahnen ist.

Ironie dessen, dass adäquater Schutz der betroffenen Küsten mehr als 180 der 192 betroffenen Länder insgesamt wahrscheinlich nur 0,1Prozent ihres Bruttoinlandsproduktes kosten würde. Trotzdem haben bis jetzt nur wenige betroffene Gebiete mit dementsprechenden Aktionen reagiert[36].

Der jetzt schon absehbare Anstieg des Meeresspiegels erzeugt große finanzielle Schäden, die umso heftiger ausfallen werden, je heißer es wird. So kam eine 2018 erschienene Studie zum Ergebnis, dass der Meeresspiegelanstieg bei Einhaltung des 1,5 Grad-Ziels im Jahr 2100 pro Jahr weltweite Folgekosten von 10,2 Billionen(!) US-Dollar pro Jahr verursachen wird. Würde hingegen nur das weniger ambitionierte Zwei-Grad-Ziel eingehalten, so würden die Kosten pro Jahr um 1,5 Billionen US-Dollar höher ausfallen. Sollte hingegen kein Klimaschutz betrieben werden, (Szenario RCP-

8.5) würden abhängig von der Höhe des dann auftretenden Meeresspiegels gar 14 oder gar 27 Billionen US-Dollar Folgekosten pro Jahr anfallen. Mit Anpassungsmaßnahmen an den steigenden Meeresspiegel könnten diese Kosten deutlich gesenkt werden. Jedoch würden auch bei starker Anpassung und Einhaltung des 1,5 Grad Zieles im Jahr 2100 1,1 Billionen US-Dollar Folgekosten pro Jahr anfallen. Ohne Klimaschutz, nur mit Anpassungsmaßnahmen wären es 1,7 Billionen US-Dollar pro Jahr bei einem Meeresspiegelanstieg um 86 Zentimeter und 3,2 Billionen US-Dollar bei einem Meeresspiegelanstieg um 1,80 Meter[37]. Zahlen, die einen schwindlig machen. Hier wird von Kosten gesprochen, die einer schon instabilen Welt den Rest geben könnten.

Leider wird die Lösung drohender Szenarien kaum vor Eintreten eines greifbaren Schadens anvisiert, da hohe kommunale Kosten mit Wählerstimmen-Verlust einhergehen. Aus diesem Grund wagen es nur wenige Politikerinnen oder Politiker, diese heißen Eisen anzufassen.

Erwärmung der Ozeane

Ganz besonders dramatisch wirkt sich die Erwärmung der Ozeane auf die Artenvielfalt der Weltmeere aus. Große Veränderungen stehen uns hier bevor, wobei die Wanderung vieler Arten in kältere Gefilde für dort lebende Menschen von Vorteil beim Fischfang sein könnte, da das Fischvorkommen eklatant erhöht wird. Die künftigen Langzeit-Effekte auf die maritime Nahrungskette mancher Regionen sind kaum zu prognostizieren. Bleiben große Fischschwärme aus, die meist als Futter für Räuber dienen, wandern auch diese, mitsamt den großen Säugern mit. Ein ›Machtvakuum‹ könnte entstehen, dessen mögliche Folgen Platz für jede Menge Szenarien bieten. Schon wieder stellt sich parallel dazu ein wirtschaftlicher Negativ-Effekt ein, der politische Nachbeben zur Folge haben könnte. Das Ausbleiben natürlicher Fischvorkommen abseits der Überfischung könnte manche Volkswirtschaften beträchtlich schwächen, wiederum stets das Fundament für soziale Unruhen und damit in Leid und dazu korrelierender Massenflucht mündend. Noch nicht einmal die Hälfte der wahrscheinlichen oder sicheren Konsequenzen durch den Klimawandel wurde aufgezählt. Die unberechenbaren Einwirkungen auf die Gesellschaft der näheren Zukunft sind jedoch eminent. Immerhin sollte dem aufmerksamen Leser spätestens jetzt klar sein, dass die Menschheit mit dem Feuer spielt. Kippt die Waagschale des Lebens in den großen Meeren, wird es die restliche Welt mit Garantie spüren. Und zwar heftig!

Zusammenfassung:

- Intakte Lebensbedingungen für Fauna und Flora entstanden nicht spontan. Über Jahrmillionen entwickelte sich ein Gleichgewicht, in dem jede Tier- oder Pflanzenart ihren Platz findet. Fehlen wichtige Spezies, ist es unmöglich für die Natur, dieses Malheur auszugleichen.

Abnahme des Sauerstoffgehalts

Erwärmt sich Salzwasser, sinkt die Fähigkeit, Sauerstoff zu speichern, sodass die Erwärmung der Meere zur Ausdehnung sauerstoffarmer Bereiche führt. Sauerstoffarmes Wasser wiederum sorgt ebenso für ein Massensterben der betroffenen Fauna und Flora, da die Fähigkeit zur Anpassung an veränderte Sauerstoffzusammensetzung Zeit benötigt. Große Gebiete könnten einem Kahlschlag der Arten zum Opfer fallen, manche Regionen zu beinahe toten Gewässern werden. Doch dem nicht genug …

Algenblüte

Ein relativ neuer Player auf der wachsenden Liste der Gefahren rapider Klimaerwärmung ist die Plage starker Algenblüte in den Weltmeeren. Dinoflagellaten (auch als Panzergeißler bekannt) stellen zum Beispiel eine große toxische Bedrohung für Lebewesen dar. Eine verstärkte Vermehrung dieser Organismen produziert genügend Gift, wodurch auch größere Fische und andere Meereslebewesen in Lebensgefahr geraten. Karenia brevis (eine Unterart der Dinoflagellaten) kann bei den von ihnen gebildeten ›roten Tiden‹ zu Massensterben bei Fischen, Vögeln und Säugern führen. Wird das Wasser saurer (späterer Punkt, und einer der gefährlichsten für die Balance der maritimen Ökosysteme), produzieren giftige Dinoflagellaten mehr Zellgift. Daraus resultiert gefährliche Effektverstärkung der schon zuvor lebensfeindlichen Organismen. Nahrungsquellen der See, durch diese giftigen Algenarten verseucht, könnten in relativ kurzer Zeit ein zusätzliches Problem für uns Menschen darstellen. Ob dies jetzt schon der Fall ist, war noch nicht überprüfbar.

Zusammenfassung:

- Sauerstoff als Lebensgrundlage fast aller Organismen dieser Welt könnte zum raren Gut werden. Algen profitieren von wärmeren Gewässern, wodurch sie eine folgenreiche Überpopulation entwickeln. Da Algen Sauerstoff extrahieren und in Stickstoff umwandeln, ist jedes Leben zusätzlicher Belastung ausgesetzt.

Versauerung der Meere

Nun zur schon oben angesprochenen Versauerung der Meere. Die verstärkte Bindung von CO^2 sorgt für eine spürbare Senkung des PH-Wertes der Ozeane. Dies setzt zum Teil dramatische Folgen in Gang und könnte die gesamte maritime Nahrungskette nachhaltig stören. Teilweise verbindet sich Kohlendioxid mit Wasser. Ergebnis dessen ist Kohlensäure, die ebenso den PH-Wert der Flüssigkeit senkt. Die Senkung des PH-Wertes erwirkt sowohl Positives als auch Negatives. Einerseits wird dadurch Gegenregulierung bei der Erwärmung des globalen Klimas erzeugt. Langfristig überwiegt aber der Negativ-Effekt eines gesenkten PH-Wertes. Lebewesen, die einen Schutzmantel aus Kalk besitzen, allen voran Korallen und zahlreiche Unterordnungen im tierischen Plankton, benötigen stabile PH-Werte ihrer Umgebung. Veränderte Werte greifen die Kalkhülle dieser Tiere an, ganze Tiergattungen könnten dadurch für immer von der Bildfläche verschwinden. Für die lokalen Nahrungsketten könnte dies also kurzfristig schon schwere Schäden erwirken. Langfristig gesehen sind die Ausmaße der Katastrophe aber nicht auszumalen. Es könnten irreparable Schäden der maritimen Welt entstehen.

Ebenso verhält es sich mit Korallenriffen, leiden sie brutal durch die rasante Versauerung der Meere an Korallenbleiche. Mit ihnen verschwinden auch die Brutstätten für tausende Fischarten. Viele dieser in Korallenriffen laichenden Arten sind Schwarmfische und wichtiger Bestandteil der Nahrungskette und damit auch für uns Menschen. Das heikle Gleichgewicht der Ozeane könnte empfindlich gestört werden, wodurch mit großer Wahrscheinlichkeit eine Kettenreaktion und damit eine Folge schwerwiegender Konsequenzen globaler Natur in Gang gesetzt wird.

Zusammenfassung:

- So schön wir Korallenriffe finden, erfüllen sie einen wichtigen Zweck in der Natur. Sie sind Kindergarten vieler Spezies verschiedenster Klassen, weshalb sie sterben sie uns weg, für eine nicht ersetzbare Lücke sorgen.
- Unzählige Tierarten befinden sich in einem Abhängigkeits-Verhältnis zu ihren Korallenriffen, ein Massensterben wird bei diesem Trend unvermeidbar sein.

Meteorologische Auswirkungen

Langsam werden Wetterextreme alltäglich. Schon in den letzten Jahren existierte kaum eine Region in unserer Welt, die nicht von den extremsten Spielarten des Wetters betroffen war. Hier in Europa lernten wir ab der Jahrtausendwende, mit welchen Extremen in Zukunft zu rechnen sein wird. Die Zahl der Unwetter als auch die damit einhergehende Blitzaktivität steigt signifikant. Überschwemmungen durch große Regenfälle in kurzen Zeitskalen häufen sich, überlasten die Erde und zeigen sich verantwortlich für Missernten, Muren und Hangrutsche. 2018 gab es in Österreich kaum noch einen Sommertag, der ohne Gewitter endete. Ähnlich den Gebieten um den Äquator erleben wir regelmäßige Unwetter und ständige Zufuhr extrem feuchter und instabiler Luft. Dies ist ein logischer Regulierungseffekt gestiegener Temperaturen. Kaum ein europäisches Land existiert, dessen Temperatur-Rekorde noch aus dem vorigen Jahrhundert stammen. Viel heißere Sommer als noch dreißig Jahre zuvor sind keine Einbildung durch subjektive Empfindungen, sondern knallhart beweisbare Fakten. Doch erwirken solche Extreme in manchen Regionen im Winter auch das Gegenteil: Frost-Rekorde und stärker werdende Niederschläge, also auch öfter auftretende Winter-Extreme, werden ebenso immer mehr zur Gewohnheit. Im Jänner 2019 erstickten die Alpen quasi unter einer massiven Schneedecke, die sich in kürzester Zeit bildete.

Das Wetter wird allgemein extremer. Durch extremere Kapriolen entstehen oft enorme Sach- und Personenschäden, deren weitere Finanzierung die Wirtschaftsräume Europas noch herausfordern wird. Extremeren Temperaturen (und schon wieder, wie immer) folgen Konsequenzen für die Natur. Schon jetzt wirken sich die kontinuierlich steigenden Temperaturen auf die Ernten aus. Diese Ernteausfälle nehmen Einfluss auf unsere Wirtschaft, im Extremfall damit auch auf die soziale Balance. Reziprok der Winter:

Frieren die Böden stärker, könnten einige Insektenarten nachhaltig verschwinden, da viele von ihnen den Winter im Boden überdauern. Stärkerer Bodenfrost fördert Erfrierungstode vieler überwinternder Tiere, die damit recht flott zum Abwandern gezwungen sind. Alternativen bieten sich für viele Gattungen nicht, womit ihr Schicksal besiegelt ist.

Große Regionen verändern sich langfristig radikal, die berühmten Palmen in noch gemäßigten Regionen sind mancherorts nicht auszuschließen. 2019 ist das erste Jahr, in denen überlebende Hanfpalmen in Österreich gefunden wurden. Die heimische Vegetation beginnt sich an die veränderten Bedingungen anzupassen. Mitteleuropa könnte tatsächlich zur subtropischen Zone verkommen. Für Wien wird im Jahr 2050 prognostiziert, dass sein Klima dem vom heutigen Skopje, 1000 Kilometer weiter südlich, gleichen wird. Bekämpft die globale Gemeinschaft den Klimawandel nicht rigoros, unterliegt nicht nur das Meeresleben einem drastischen Wandel, sondern auch die Landmasse. Ändern sich die Umstände wie vorausgesagt, finden unsere Enkel und Urenkel eine gänzlich andere Vegetation als ihre unmittelbaren Vorfahren vor.

Dieser Punkt gefährdet nicht nur den Fortbestand der Natur, sondern zuerst die Volkswirtschaften.

Was danach blüht, ist logisch: Ein totaler Kollaps der Welt, wie wir sie kennen …

Zusammenfassung

- Wie man es auch dreht und wendet: Die Klimaerwärmung bedroht uns ohne Zweifel in unserer Existenz! Der hauptverantwortliche Einfluss des Menschen ist nicht zu leugnen. Zahlen lügen nicht, sie deuten sogar bei diesem Thema in tausenden voneinander unabhängigen Studien dieselbe Tendenz an: Das Tempo der Erwärmung wird sukzessive erhöht, ein Treibhauseffekt gefährlicher Dimension bahnt sich an! Die größte Herausforderung, der sich die Weltgemeinschaft jemals stellen musste, bringt en passant eine Vielzahl an Folgeerscheinungen mit sich, deren Auswirkungen zum Teil vielleicht noch radikalere Konsequenzen nach sich ziehen. Die Folgen daraus lassen sich kaum in Zahlen messen, sie werden aber immer spürbarer. Wahrscheinlich werden uns die wachsenden Dimensionen dieser Entwicklung überraschen und besitzen das Potential, für Destabilisierung riesiger Regionen zu sorgen. Wenn wir diesem Ungeist, dem wir alle unterworfen sind –

Kapitalismus, Gier, überbordender Wohlstand und daraus folgende Übersättigung (womit wiederum mehr Gier und Unzufriedenheit gefördert wird) – nicht sofort Einhalt gebieten, gehen wir als Zerstörer der Menschheit in die Geschichte ein.

- Die direkten und indirekten Folgen – hierin liegt, wie sich aktuell leider immer wieder zeigt, die größte Gefahr – kreieren irreparable Langzeiteffekte, an denen wir als Zivilisation trotz strikter Reduktion unserer Emissionen leidvoll zu knabbern haben werden. Doch leider benehmen wir uns wie der berühmte Frosch im Wasserbad. Dieser verbrüht nach Beförderung ins kalte Wasser, welches langsam, aber stetig erwärmt wird. Anders bei einem schon zuvor erwärmten Bottich, den er instinktiv sofort verlassen würde, merkt er nicht, wie sich seine Lage katastrophal verschlimmert. Er stirbt. Exakt wie dieser Frosch benimmt sich auch das Kollektiv der Menschheit: Die Klimaerwärmung schreitet langsam voran, im Abstand von Jahren erhöhen sich die Messwerte wie auch die direkten Folgen daraus. Weil wir uns ständig anpassen, unterschätzen wir die Gefahr, bis es zu spät ist.

Jeder von uns weiß, was ein schwarzes Loch ist. Diese unvorstellbare Anhäufung von Gravitation mündet in Singularität, einem Zustand, in dem Raum und Zeit wie auch Materie in scheinbar unendlicher Dichte nicht mehr nach messbaren Kriterien funktionieren. Da ein schwarzes Loch für jede Materie als auch für Lichtpartikel unausweichliche Endstation ist, sobald der Punkt erreicht ist, an dem die Gravitation dieses Schwerkraft-Monsters alles überragt, spricht man bei diesem ›point of no return‹ vom ›Ereignishorizont‹. Ab da ist es zu spät, es gibt kein Entrinnen mehr. Unsere Welt tänzelt inzwischen an diesem metaphorischen Ereignishorizont. Unser System tanzt auf dem Vulkan, garantiert in einer unvorstellbar apokalyptischen Katastrophe endend, wenn wir nicht grundlegende Aspekte hinterfragen. Nur scheint kaum jemand von uns den Willen zu besitzen, radikal verzichten zu wollen. Unsere Wirtschaft muss weiterhin wachsen, Verschwendung wurde zum Statussymbol. Wir wollen mehr, mehr, mehr. Bis uns die Natur in die Knie zwingt und uns gar nichts mehr lässt außer Leid, Krieg und Verzweiflung.

Noch immer ist die Politik in vielen Ländern der Welt träge. Viele Katastrophen jüngerer Zeit erwiesen sich zwar als Effekte der immensen Klimaerwärmung, doch konnten sie auf Grund der (noch) finanzierbaren Regress-Zahlungen und Hilfsaktionen politisch leicht unter den Tisch gekehrt werden. Nach wie vor punkten Politiker – selbst Kinder des Systems und ideologisch verbrämt – mit den Mythen von Wirtschaftswachstum, Arbeitsplätzen und Raffgier. Vermeintlich wichtigere Probleme werden vorgeschoben, sichern sie den herrschenden Kasten der Welt doch oft wirtschaftliche und berufliche Vorteile. Anlass-Gesetzgebung auf Grund einzelner Unglücke dominiert nach wie vor die politische Landschaft. Langfristige Planung, schon längst oberste Maxime der Politik, interessiert nicht, denn schließlich wollen die Wählerinnen und Wähler für die nächste Legislaturperiode bei Laune gehalten werden. Kaum jemand denkt über diese sehr kurzen Zeitspannen hinaus. Und wenn, werden diese ›Störer‹ sofort in ihrem Wirken gestutzt, denn kaum eine Fraktion in unseren Demokratien wagt es, Reduktionen des Lebensstandards zu bewerben. Die Menschen wollen keine Rückentwicklung ihres gewonnenen und schon längst in ihren Köpfen innewohnenden Wohlstands. Sie wollen Vorteile! Und meinen, sie hätten sie verdient …

So trommeln Rechtspopulisten auf der ganzen Welt gegen Flüchtlinge und Migranten. Oft selbst ungebildet und damit einer verantwortungsvollen Position in keiner Weise würdig, richten sie trotzig gegen Fremde und igeln sich weiterhin in ihrer kleinen Welt ein. National denkend und sich selbst als oberste Hüter der Moral wähnend, fehlt diesen Leuten jeglicher Weitblick, sie regieren kurzsichtig. Die weltweite Flucht durch Veränderungen des globalen Klimas, in naher Zukunft alles in den Schatten stellend, interessiert diese ignoranten Individuen nicht, weil deren kurzsichtiges Handeln persönliche Vorteile bietet und niederste Instinkte einer erschreckend ungebildeten Masse bedient.

Thema Nummer eins, die schon längst unter den Fingernägeln brennende Causa ›Klimaerwärmung‹, könnte schon – wird nicht auf der Stelle und mit aller Kraft dagegen vorgegangen – in spätestens drei bis vier Generationen dafür sorgen, dass metaphorisch kein Stein auf dem anderen bleibt. Wider jegliche Vernunft, vehement seitens der Wissenschaft eingefordert, wird Verantwortung an nächste Politiker-Generationen abgeschoben. CO^2-Reduktion wird bis 2030 oder noch später geplant, Pakte aus den Klimagipfeln von Kyoto, Paris oder Madrid werden schlicht nicht eingehalten. Ignorant kurbeln korrupte Verantwortungs-Träger am gesamten Globus die Katastrophe noch immer mit ganzer Kraft an. Was kümmert es solche Geister, was in ein paar Generationen los sein wird? Schließlich ist man zu dieser Zeit schon längst gestorben, die Leidtragenden damit nicht im Kreise potentieller Wähler implementiert.

Auf die Politik kann man sich daher nicht verlassen. Es wäre infam, jenen Egomanen solch Weitblick anzurechnen. Nein, es ist dumm, diesen Kleingeistern das Feld zu überlassen. Die Verantwortung liegt an uns allen, im eigenen Verbrauch achtsamer zu werden, verzichten zu lernen, bewusster zu leben.

Wir als ungefähr dritte Generation, die einen totalitären, verzerrt hohen Wohlstand lebt, der auf Dauer von unserem Planeten nicht vorfinanzierbar ist, sind wahrscheinlich der Schlüssel für eine weiterhin florierende Zivilisation. Ändern wir unser Verhalten nicht - und zwar jeder einzelne von uns - hinterlassen wir unseren Kindern und Kindeskindern sinngemäß ›verbrannte Erde‹. Die Menschen, die um 2100 auf diesem Planeten leben, werden dieses einstige Paradies, das unsere Erde jetzt noch ist, nur noch aus Büchern kennen. Unsere Generation wird in diesen Lektüren als Verbrecher-Gesellschaft beschrieben werden, soviel ist sicher. All jene Dinge des Alltags, die uns so genehm und bequem sind, übersteigen ausgewogenen Wohlstand, der im Einklang mit den Möglichkeiten der Natur steht, bei weitem. Wir sind es gewohnt, immer verfügbare, billige Milch zu bekommen. Kleidung hat gefälligst preiswert und hip zu sein, Mobilität soll unbedingt günstig und global schnelle Reisen gewähren. Fleisch wurde alltäglich, obwohl noch kurz zuvor purer Luxus. Elektronik hat immer und überall um wenig Geld mit zugleich hoher Performance ihren Dienst zu tun. Es muss stets das Beste und Neueste sein, das wir uns mit vermeintlich hart erarbeitetem Geld leisten wollen. Als Kollektiv sind wir nicht willens, diese Dekadenz zu drosseln. Damit gehen wir in die Geschichte als die schlimmste Generation aller Zeiten ein. Eine Epoche, in der wir Menschen wussten, was uns blüht, aber trotzdem offenen Auges Zerstörung und Verwüstung hinterließen.

Überfischung

Unsere Meere: Immer schon, seit es Tiere gibt, dienten sie als gigantischer Futtertrog, der verlässlich für das fragile Gleichgewicht in der Natur sorgte. Sie werden weiterhin existieren, diese Frage stellt sich nicht. Erst, wenn sich unsere Sonne unwiderruflich zum roten Riesen aufbläht und ihren Brennstoff endgültig aufbraucht, werden sie langsam den Weg allen Irdischen gehen und verdampfen. Bis dahin – dieses Szenario tritt erst frühestens in einer Milliarde Jahre ein – werden sie fröhlich als Brutstätten des Lebens ihren Alltag bestreiten. Das Kapitel ›Klimaerwärmung‹ beschrieb schon, welch dramatische Narben die Ökologie der Ozeane in naher Zukunft ereilen mag. Unser völlig enthemmter Hunger nach Früchten der hohen See belastet dieses empfindliche Gleichgewicht zusätzlich und wissend. Schon wieder: Der Markt verlangt es! Weil es uns unmöglich scheint, auf exotische Waren verzichten zu wollen. Billigere Preise und ständige Verfügbarkeit sind aber keine Einbahnstraße. Ständiges Wachstum ist am Ende tödlich. Im gesamten Kosmos existiert nichts, das unendliche Größe und Kapazität bietet. Und doch benehmen wir uns, als wären die irdischen Ressourcen ein Fass ohne Boden.

Der Ozean war immer schon die Mutterbrust küstennaher Gebiete. Große Massen an Menschen wurden schon in der Steinzeit mit dem, was sich in den Weltmeeren so tummelte, ernährt. Bis zum Beginn der industriellen Revolution stellte dieses Nahrungsverhalten für die Tierwelt der Meere auch nicht das geringste Problem dar. Das natürliche Gleichgewicht war nicht in Gefahr, urtümliche ökologische Unterwassersysteme lebten mehr oder weniger prosperierend dahin. Manche Arten verschwanden, denn die Natur verlangte es so. Andere Arten begannen erst, ihre Existenz zu begründen. Regionale Knappheit entstand immer, während woanders plötzlicher Reichtum an Tieren vorherrschte. Die Natur fand immer einen Weg, sich auszubalancieren. Schon im Präkambrium, als die ersten Organismen den Siegeszug des Lebens vorzeichneten, gab es Profiteure und Leidtragende aus natürlichen Ereignissen. Vor allem die Meere als Ursprung allen Lebens entwickelten ihr eigenes System, brauchten dafür aber geologische Zeiträume.

Empfehlenswert dieser Artikel von ›Planet Wissen‹: https://www.planet-wissen.de/natur/meer/ueberfischung_der_meere/

Die dominante Spezies, genannt ›Mensch‹, begann aber im Zuge seiner explodierenden Population, die Ozeane förmlich durchzupflügen. Seitdem ist es mit dem Reichtum an Arten und Exemplaren der im Meer lebenden Natur schlecht bestellt. Viele wichtige Gattungen sind schon längst vom Aussterben bedroht, darunter die großen Altfische wie Thunfisch oder manche Haiarten. Auch viele Wale, eigentlich die gesamte Gattung der großen Meeressäuger, wurden im Laufe der letzten zwei Jahrhunderte gefährlich zurückgedrängt.

Der übermäßige Hunger nach Fisch und Meeresfrüchten ist noch immer im Wachstum begriffen, die Fischerei-Betriebe handeln mit Zulassung vieler Länder extrem unverantwortlich. Um den Bedarf der Kundschaft zu decken – schließlich erwartet der Markt exklusive Meeresfrüchte – werden viele Tonnen an ›Beifang‹, also Tiere, die zufällig und nicht gewollt im Netz landen und dort sinnlos sterben, in Kauf genommen. Viele Tierarten, eigentlich gar nicht im Fokus der hungernden Massen, kamen daher ernsthaft in die Bredouille. In den letzten 60 Jahren übertrieb unser Appetit in allen Belangen. Die Menge des gefangenen Fisches versechsfachte sich von 1950 bis 2000. Nicht nur die großen Fische wie Thunfisch oder Schwertfisch werden a) gezielt dezimiert oder b) landen als Beifang in den Netzen, auch die für Fortpflanzung so wichtigen Altfische, die durch ihre Größe viele Nachkommen zeugen könnten, fehlen zusehends.

Laut verlässlichen Angaben der WHO ist mehr als die Hälfte aller Fischbestände bis an die biologische Grenze befischt. Weitere 30 Prozent sind bereits erschöpft und nicht mehr fähig, ihre Population in nächster Zeit selbst wieder zu regenerieren. Noch dramatischer zeigt sich die Situation in europäischen Fanggebieten: Im Mittelmeer gelten beispielsweise 93 Prozent der Bestände als überfischt. (Stand: 2015).

Punktuell dramatisiert sich inzwischen die Situation der lokalen Nahrungskette. So hat sich der Bestand des Krill in den antarktischen Gebieten, immerhin die Spezies mit der mit Abstand größten biologischen Masse auf dem Planeten, stark reduziert und gilt in manchen Revieren bereits als gefährdet. Ohne ihr mikroskopisch kleines Plankton-Futter können wiederum größere Organismen auf Dauer nicht überleben.

Doch es gäbe Möglichkeiten und damit Auswege aus dem Schlamassel!

Vernünftigerer Umgang mit Fischgründen würde regional wieder für Erholung mancher Bestände sorgen. Abseits von wirtschaftlichen Interessen wäre unsere Politik längst gefragt, unpopuläre und damit auch unbeliebte Maßnahmen setzen. Ein Verbot des Verzehrs von Meeresfrüchten (inklusive maritimer Fischarten) im Binnenraum – Ausnahmen beträfen Zuchtbestände – ist unausweichlich. So lange die Staaten jedoch Eigeninteressen Einzelner höchste Priorität zurechnen, statt der Unmöglichkeit der Ozeane, diese globalen Bedürfnisse erfüllen zu können, Tribut zu zollen, bleibt dieses Thema für den gesamten biologischen Bestand der Erde brandgefährlich. Mit jedem verstrichenen Tag wächst die Gefahr. Überfischung betrifft nicht nur die Ozeane, sondern enden garantiert katastrophal für die Landpopulation, denn deren Bedürfnisse korrelieren mit dem Wohlergehen der unendlichen Weiten der Meere.

Müll

Lange Zeit nahm kaum jemand die Vermüllung der Umwelt, vor allem in der dritten Welt, wirklich ernst. Erst in den letzten Jahren drängte dieses Thema verstärkt in den Vordergrund. Vor allem die Problematik der Überbordung von Plastikmüll sorgte endlich dafür, diesem Thema verstärkte Aufmerksamkeit zu widmen. Unser System sorgt unaufhörlich dafür, dass jedes Individuums achtlos mit Verpackungsmaterialien erstickt wird, dem schnellen Gewinn unterworfen. Schon die zivilisatorisch eminente Erfindung der Kanalisation, – für uns Menschen der Oberfläche ein eher mythischer Ort aus Geschichten in Büchern oder Filmen denn greifbare Realität – die unter uns für Hygiene und Vermeidung von Seuchen sorgt, symbolisiert unser Wesen, das sich mit unangenehmen Aspekten des Lebens nicht auseinandersetzen will. Gigantische Müllberge an den Rändern der Städte, die wir in großem Vertrauen den Stadtverwaltungen überlassen, machen uns glauben, dass sich das Problem durch perfektionierte Organisation von selbst löst. Müll ist für uns unangenehmes Beiwerk geworden, mit dem wir uns persönlich einfach nicht befassen wollen.

Immerhin greift langsam mehr Bewusstsein um sich, den häuslichen Abfall säuberlich zu trennen. Ein Anfang.

Leider lässt sich der globale Müllberg aber nicht einfach unter den Teppich kehren. Er existiert, ist real, und bedroht zunehmend das biologische Gleichgewicht unseres Planeten. Unser Konsumverhalten ist, bedingt durch seit den Weltkriegen rasant steigende Hygiene-Standards und Qualitätskriterien, schon so zersetzt mit Einweg-Produkten, dass es uns selbst mit lobenswertester Einstellung kaum möglich ist, einen simplen Einkauf zu erledigen, ohne die Müllproblematik der Welt zu befeuern.

Biomüll lässt sich getrost ignorieren, er wandert sofort wieder in den Kreislauf der Natur, aus dem er kurzfristig geborgt wurde. Bei Metallen oder Kunststoffen, kaum mit der Natur in Einklang zu bringen, verhält es sich anders. Radioaktiver Müll als letzte Steigerung einer unnatürlichen Produktion kaum verwendeter Rest-Ressourcen zeigt uns in gnadenloser Form die Problematik unseres Weges, der unseren Nachfahren am Ende eine völlig verdreckte Welt hinterlässt. Wie immer aber interessiert uns der radioaktive Müll weit mehr, obwohl er in absoluten Zahlen nicht einmal einen Bruchteil der Gefahr an Umwelt und Mensch ausmacht, weil Radioaktivität direkten Einfluss auf uns als Lebewesen nehmen könnte. Radioaktiver Müll ist für uns als Lebewesen gefährlich, wenn wir uns in der Nähe befinden, Plastik- oder Aluminium-Müll aber nicht. So unser borniertes Denken.

Obwohl die Erde förmlich in Kunststoffen erstickt, wurde dieses Thema viel zu lange sträflich ignoriert. Abfälle der Kernkraftwerke ließen auf der Stelle Gesetze für optimale Lagerung in Kraft treten. Plastikproduktion aber als nicht zu unterschätzender Wirtschaftszweig, vor allem in der Verpackungsindustrie, erschien uns nicht erwähnenswert.

Die perverse Ausuferung der Plastik-Produktion kann jeder für sich selbst leicht beobachten.

Schon beim kleinsten Einkauf lässt es sich selbst mit größter persönlicher Mühe kaum vermeiden, Plastik in rauen Mengen mitzukaufen. Sogar einzelne Früchte oder Mehlspeisen werden in großen, oft überdimensionalen Kunststoff-Behältern angeboten und sind nur die markanteste Unart unseres schon längst selbstverständlichen Umgangs mit Plastik in allen Facetten des Lebens. Gipfel der Perversion stellen Einwegkapseln für Espresso-Maschinen dar. Nur eine dem Naturschutz völlig ignorant gegenüberstehende Gesellschaft erzeugt Gewinne für perverse Produkte wie ›Nespresso‹-Automaten, die Kaffee in Mini-Portionen, fein säuberlich in Einweg-Kapseln abgepackt, verbrät. Dass ein Kilogramm der köstlichen Trinkbohne in dieser Variante 90 Euro kostet, dieselbe Menge ungemahlener oder auch gemahlener Kaffee aber kaum ein Zehntel davon, ist blanke Ironie. Vor allem, da betreffende Kunden dies wissen, trotzdem aber begeistert von diesem Nepp schwärmen. Kapselkaffeemaschinen samt ihrer Derivate sind obszönes Beispiel, wie sehr wir von Fassaden geblendet werden, weil es unserer Bequemlichkeit dienlich scheint. Eine Welt, in der Politik wirklich verantwortungsvoll dem Gemeinwohl unterstellt ist, würde Perversionen wie diese längst untersagen. Wobei es zu bezweifeln ist, dass Kaffeemaschinen dieser Art jemals erfunden worden wären, würden die Verwaltungen der Welt wirklich Verantwortung für die Allgemeinheit tragen …

Die reale Welt jedoch lässt es zu, dass solch Wahnsinn produziert werden darf. Natürlich mit Steuervorteilen für den Produzenten, gilt es doch, maximalen Gewinn einzuheimsen.

Eine Industrie, die nachweislich nur Müll produziert, ich spreche von der Verpackungs-Industrie, sollte schon längst strikt an die Leine genommen werden. Wo Karton-Verpackungen durchaus reichen, wird stattdessen – der Gewinn-Optimierung verpflichtet – Plastik produziert. Oder Aluminium in Form von Dosen. Alternative, längst erfundene recycelbare Materialien aus Naturstoffen, nicht minder effektiv, jedoch biologisch abbaubar, bedeuten für Verpackungs-Produzenten immer noch höhere Produktionspreise und verringern daher die Rendite, weshalb sie sträflich vernachlässigt werden. Nein, wir konsumieren Stoffe, die oft hunderte Jahre Zeit benötigen, um natürlich zersetzt zu werden.

Der Prozess, der dazu führt, dass Materialien durch natürliche Prozesse verrotten, obliegt mehreren Faktoren. Ein Apfelbatzen ist in zwei Wochen so gut wie verrottet und der Natur zurückgegeben. Gut für Mikroorganismen zu verdauen, ist der Rest der köstlichen Frucht als reines Naturprodukt biochemisch so konstruiert, dass man ruhigen Gewissens den Rest dieses Obstes in Grünflächen werfen kann. Früchte, Eierschalen und Speisereste sind nicht nur leicht wieder kompostierbar, sondern sollten sogar wieder in den Kreislauf der Natur zurückgegeben werden. Aber nein! Vom autonomen Denken befreit, wie es unsere Zivilisation längst schon ist, regt uns ein Apfelbatzen in künstlich hergestellten Grünflächen mehr auf, als er es im Restmüll tut, wo seine restliche Energie dem Erdboden durch Verbrennung verloren geht. Reinlichkeit vor Vernunft! Perfekt lassen sich schändliche Prioritäten am Thema ›Hundekot‹ beschreiben. Sicherlich gibt es in vielen Millionenstädten zu viele dieser treuen Freunde, vor allem artfremd gehalten, oft durch Lärm und falsche Haltung aggressiv, überzüchtet und natürlichen Evolutionsprozessen längst entrissen. Am meisten ärgert den durchschnittlichen Stadtbewohner aber der Kot, den unsere treuen Gefährten produzieren. Selbst auf Wiesen und in natürlichen Habitaten, regt den durchschnittlichen Städter ein Hundehaufen schrecklich auf. Obwohl den Wiesen dadurch wertvoller Dung gegeben wird, die unabsichtlich nicht überquert werden müssen (meist stellen sich solche ›Minenfelder‹ als äußerst blumige Flächen heraus), ist es der degenerierten Gesellschaft lieber, er wird in Plastik gepackt und dem Weg allen Mülls angeschlossen. Pro Stuhlgang eines Hundes – unabhängig seiner Größe – wird ein Stück Plastik verwendet, das viele Jahre zur Zersetzung benötigt. In einer Wiese geparkt, die nicht kurz vor der Mahd steht bzw. dort nicht gerade Vieh weidet, ist dieser Haufen im kurzen Zeitraum weniger Tage eins mit der Erde, die davon gespeist wird. Benützt ein Hundehalter kein Plastiksackerl, wird er mit einer Geldstrafe belegt, falls er beobachtet wird. Es stört uns weniger, wenn Scheiße zusammen mit Mikroplastik durch Verbrennung in die Luft geblasen wird.

Pervers? Grotesk? Nein, das ist völlig normal in unserer Welt …

Auch, wenn der Verfallsprozess ein wenig mehr Zeit benötigt (eine Orangenschale benötigt zum Beispiel bis zu zwei Jahre, bis sie wieder komplett kompostiert wurde), holt sich die Natur ihre Produkte verlässlich wieder zurück. Anders bei Kunststoffen, die dafür geschaffen sind, billig und stabil zu sein. Viele der synthetischen Materialien verrotten sehr langsam, manchmal sogar in geologischen Dimensionen. Pfand für PET-Flaschen macht zum Beispiel Sinn: Diese Plastikflaschen benötigen bis zu 500 Jahre, um in freier Natur zersetzt zu werden.

Apropos ›Witterung‹: Diese sorgt dafür, ähnlich den natürlichen Müllmännern, den Insekten und Mikroorganismen, dass nichts auf diesem Planeten ewig hält. Doch witterungsbasierte Verrottung enthält im Falle von Plastik einen Haken: Zersetzen Wind und Wetter schwer zerstörbare Kunststoffe, endet dies meist mit zerstäubten Mikroplastik-Partikeln in Atemluft oder Wasser. Nicht sichtbar, hörbar oder olfaktorisch wahrzunehmen ist Mikroplastik und ist, wie wir mittlerweile wissen, nachweislich für verschiedenste Vergiftungen bei allen Arten von Lebewesen verantwortlich. Selbst in menschlicher Plazenta wurde Mikroplastik schon nachgewiesen. Dem nicht genug: Die zerstörende Kraft des Plastiks ist nicht nur in zerstäubter Form ein echtes Problem. Turmhohe Müllberge von kaum überschaubaren Mengen an Kunststoffen, insbesondere in der Dritten Welt, erzeugen hygienische Brennpunkte, die sich nicht selten als kritisch für nahe lebende Individuen erweisen. Behälter, die sich mit Flüssigkeiten füllen, dienen gerne als Brutstätten für gefährliche Bakterien- oder Virenkulturen. Verpackungsmaterial kennen wir alle als schreckliche Bilder vom Meer, wenn erstickte oder eingewickelte Tiere elendig verrecken. Verstärkt werden Wale oder große Fische an Land gespült, deren Mägen vollgepumpt mit Plastik sind. Schildkröten, deren Panzer inmitten einer schwimmenden Hülse von Plastikringen, einem Sechserpack Bier entstammend, deformiert wuchsen, sind kein Novum mehr. Täglich sterben Millionen von Tieren langsam den Hungertod, weil ihr Magen mit Plastik gefüllt ist und sie daher nicht mehr in der Lage sind, Nahrung aufzunehmen.

Aufsehen erregen inzwischen die Plastikinseln, die vorwiegend im Pazifik schwimmen. Hauptsächlich die Länder der Dritten Welt, die westlichen Hygienestandards weit hinterherhinken, sorgen dafür, dass diese ekelhaften Berge der Ozeane wachsen und gedeihen. Zu bedenken ist jedoch, dass Umweltbelange durch die täglichen Existenzängste armer Menschen logischerweise niedere Priorität besitzen. Mangelndes Umweltbewusstsein produziert Berge von Plastikmüll, die über Seen, Flüsse, Bäche oder Erosion ins Meer gelangen und mit der Zeit auf Grund fixer Meeresströmungen - ähnlich wie Planeten oder Sterne bei der Entstehung – immer größer werden und immer mehr Material ansammeln.

Einer dieser Plastikberge im Meer wuchs inzwischen auf mehr als die doppelte Fläche der Bundesrepublik Deutschland an … immerhin selbst eines der flächenmäßig größten Länder Europas. Dieser treibt unberührt von der Menschenwelt im Nordpazifik.

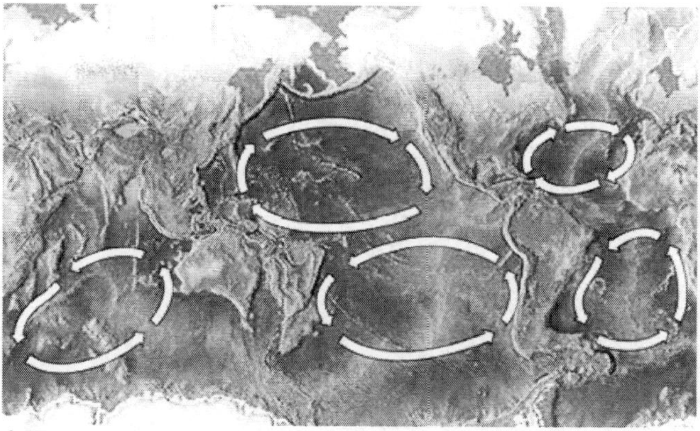

Die fünf Hauptstrudel, in denen die Plastikinseln schwimmen. (Bild: CC0 – Quelle: https://bunteerde.planeterde.de)

Um ein wenig die menschliche Vorstellungskraft rund um die Problematik des Plastiks in der Welt zu stimulieren: Seit ca. 1950 existieren diese Kunststoffe und vereinfachen fraglos das allgemeine Leben. Sie werden ständig mehr, unabdingbar für ganze Industrien, aber auch gefährlicher, entweder in Form von Mikroplastik oder immer noch intakt. Da nur wenige Formen des Plastiks in den 69 Jahren seit 1950 vollständig zerfallen sind, häufte sich eine gigantische Menge von ca. 8 Milliarden Tonnen weltweit an. Inzwischen schwimmen fünf bekannte riesige Plastikinseln, gigantisch angewachsen, in den Ozeanen. Manche sind so groß, dass sie vom All aus beobachtbar sind. Eine sechste wird übrigens im arktischen Meer vermutet. Inzwischen ist zu befürchten, dass diese Inseln nur die Spitze des Eisberges darstellen. Selbst weit weg jeder menschlichen Kultur sterben unaufhörlich Tiere durch vom Menschen erzeugtes Plastik.

Kommen wir zurück zum Mikroplastik: Plastik lässt sich nur mit Aufwand so verbrennen, dass es nicht in Mikroplastik-Partikel zerlegt wird und schlussendlich in unserer Atemluft landet. Es lässt sich also kaum vermeiden, dass große Mengen dieses künstlich erzeugten Materials weiterhin die Welt verschmutzen. Unseren bedauernswerten Nachkommen wird somit nicht nur eine überhitzte Welt oder Mangel an Ressourcen hinterlassen, sondern auch hoffnungslos verdreckte Meere.

Globale Abholzung

Inmitten einer kränkelnden Erde, deren Not auf menschgemachten Übeln basiert, wächst neben den schon beschriebenen Problemen großes Ungemach für Mensch und Tier hervor.

Seit vielen Jahren prangt die Weltgemeinschaft die massiven Waldrodungen an, die an den tropischen Regenwäldern dieses Planeten verbrochen werden.

Doch beißt sich hier wieder einmal die Katze selbst in den Schwanz: Obwohl die Brandrodungen große Empörung produzieren, konsumieren die Empörten weiterhin Produkte, die aus dieser Vergewaltigung unserer grünen Lunge entstehen: Produkte mit Palmöl!

In unseren Supermärkten finden sich – unabhängig der Region und des Unternehmens selbst – hunderte Produkte, deren Fabrikation durch Palmöl extrem verbilligt werden konnte. Nun, damit wir billig speisen und unserem Wohlstand frönen können, wird der Regenwald geopfert. Für Haselnuss-Cremen wie ›Nutella‹ zum Beispiel, schon längst Symbol für die Dekadenz, an die wir uns längst gewöhnt haben.

<u>Zusammenfassung</u>

- Wir leben im Jahr 2020.
- Seit mindestens dreißig Jahren sind wir uns in exponentiell steigender Form unserer Sünden bewusst. Die Folgen unseres Raubbaus an Mutter Natur lassen sich noch immer kaum abschätzen. Klar ist zumindest eines: Es wird hässlich werden, ziehen wir nicht schleunigst die Notbremse. Diese erfordert radikale Schritte, die mit Absicht von jenen Personen verhindert werden, welche in unserem pervertierten System viel Geld verdienen, zugleich aber auch wahre Macht repräsentieren. Wo kämen wir denn hin, würde sich eine Partei in einer beliebigen Demokratie im Sinne einer gesunden Gesellschaft der Zukunft für radikale Änderungen und damit unpopuläre Vernunftentscheidungen bemühen?

Umweltschutz, gerade jetzt, fünf Minuten nach zwölf auf der anthropologischen Uhr, ist nach wie vor äußerst unpopulär. In den Wählerkreisen rechtspopulistischer Parteien, die den Fakten zum Trotz aus gieriger Motivation die Entwicklung negieren, ist diese dringliche Agenda sogar Stoff für

Spott und Hetze. Schließlich würden Aktionen zur Rettung unserer Welt, den Umständen entsprechend ausgeführt, radikale Einschnitte in unser aller Lebensstandard erwirken. Wir müssten auf grundlegende, liebgewonnene Angewohnheiten verzichten. Der Alltag würde wieder rauer und rustikaler, mit erhöhter körperlicher Anstrengung, gelebt werden. Dazu sind wir Menschen viel zu sehr in unserer Bequemlichkeit gefangen, aus der wir kaum einen Millimeter abweichen wollen. Erst wenn wirkliche Nöte mit voller Wucht auch uns selbst treffen, vor allem Krisen, die nicht durch Sofortmaßnahmen lösbar sind (etwa eine große Hungersnot), werden wir eines lernen: Es benötigt kaum Besitz, um gute Lebensqualität zu erleben. Eine intakte, funktionierende, florierende Umwelt, mit der wir dauerhaft in Einklang leben, garantiert hohen Lebensstandard. Keine Aktien, keine Immobilien, keine schnellen Autos oder modische Klamotten geben, was unsere Natur von selbst bietet.

Unser Planet balanciert sich automatisch aus, bar jeglicher Emotion. Er wird uns einfach abwerfen, wenn wir unsere Lebensweise nicht ändern. Er unterliegt unbestechlichen physikalischen Gesetzen, die es nicht erlauben, an ihnen herumzuschrauben. Die Regeln der Naturwissenschaft sind unbestechlich, sie interagieren nach simplen wie mächtigen Prinzipien. Derer bedienen wir uns zwar, doch sind wir nicht in der Lage, ihre Gesetze zu biegen. Unsere Natur lässt sich nicht bestechen, kennt nur Ursache und Wirkung. Knallt uns die seit Jahrzehnten schwelende Schieflage endgültig auf den Kopf, ist es viel zu spät, um eine Umkehr zu bewirken. Doch dann wird der Punkt erreicht sein, wo auch der Ignoranteste unter uns merken wird, dass Geld und materieller Klimbim keine Nahrungsmittel sind.

Für uns Menschen gibt es keinen ›Planet B‹, auf den wir einfach so umsiedeln können. Es bleibt eine simple Rechnung, der wir uns zu stellen haben: ›Entweder – oder‹.

Entweder wir arrangieren uns damit, dass unsere Erde begrenzt Elemente zur Verarbeitung bietet, oder unsere Spezies, so schnell und einzigartig sie das Ruder der Evolution selbst in die Hand bekam, ist als Gesellschaft dem Untergang geweiht. Wir müssen mit diesem Habitat auskommen, mehr ist nicht. Doch bleibt es einer der perfekten Plätze im Kosmos. Die Wertschätzung dieses Paradieses, kollektiv gelebt, ist unsere einzige Option.

2010-2020 – Eine Bilanz (Politik)

Nicht nur ökologisch steht die Weltgemeinschaft vor gigantischen Herausforderungen. Auch politisch existieren jede Menge Baustellen, deren Behebung leider zu oft am Willen der Verantwortlichen scheitert. Heikelste Aufgabe ist sicher unser aller Umgang mit der exponentiell wachsenden Umweltproblematik, dem Damokles-Schwert[38] unserer Zeit. Dieses Damokles-Schwert baumelt schon gefährlich über unseren Köpfen, doch trotzdem scheint niemand Willens zu sein, sich dieses Themas ernsthaft anzunehmen.

Gründe für radikales Umdenken gäbe es in rauen Mengen, unser Individual-Chauvinismus steht uns aber wie eine viele Kilometer in die Luft ragende diamantene Mauer im Weg. Einerseits raubt uns mangelnder Wille, sich einer kaum greifbaren Problematik zu widmen, die Zeit, andererseits oder zusätzlich das Verlangen, mit einfachen Mitteln möglichst lange an der Macht zu bleiben. Maßnahmen, die komplexe Probleme lösen, erfordern meist unpopuläre Schritte. Unpopuläres lässt sich aber schwer an Wählerinnen und Wähler verkaufen, denn nur deren zufriedene Stimme gewährt weiterhin den persönlichen Zugang zu vermeintlicher Macht. Ganz besonders tragen Sponsoren und Gönner politischer Parteien, deren finanzieller Einsatz auch dementsprechend belohnt werden muss, zu diesem fatalen Stillstand bei. Deren Gier fördert den Raubbau, da schnelle Renditen wichtiger erscheinen als das Wohl aller. Um aber mehrere Schritte vor zu denken, muss die persönliche Gier dieser Raubritter ausgehebelt werden. Nur:

Wer wagt es schon, den wirklich Mächtigen der Zivilisation in den Weg zu treten und resolut ›Bis hierhin und nicht weiter!‹ zu brüllen?

Wir nähern uns damit dem eigentlichen Knoten unserer politischen Landschaft, der Kurzfristigkeit demokratischer Legislaturperioden. Sie wandelt den Großteil der Verantwortlichen zu gierigen Egoisten, weil sie selbst an den Tröpfen der Staaten genährt werden wollen. Demokratien zeichnen sich durch ständige Machtwechsel aus, zugleich aber durch wackelige Konstrukte, die es ermöglichen, produktiven Maßnahmen mittels der Waffen des Populismus kurz darauf entgegenzuwirken. Eigentlich ergäbe sich durch das Stimmrecht aller ein Vorteil, der einer demokratischen Gesellschaft ein ständiges Urteil über Herrschende garantieren würde. Beinahe. Ihr großer Hemmschuh ist vielleicht zugleich künftiger Totengräber aller modernen Errungenschaften unserer Zivilisation. Auf der ganzen Welt dauern Legislaturperioden zwischen einzelnen Parlamentswahlen kaum länger als fünf Jahre – so die Regierungen nicht zuvor implodieren. In diesem kurzen Zeitraum ist es einerseits möglich, Wenden einzuläuten, andererseits überwiegen jedoch die Gefahren, wichtige Mechanismen nachhaltig und flott zu zerstören. Als ›Legislaturperiode‹ wird der Zeitraum bezeichnet, der einer Regierung in demokratischen Kulturen gestattet, ihre Arbeit zu verrichten, bevor Wahlen die politische Lage neu definieren. In dieser versuchen Parteien möglichst viele Aspekte der eigenen Ideologie zu installieren, doch ebenso wird täglich auf gute Wahlergebnisse der Zukunft geschielt. Das ist ein Problem, welches sich durch die eigentlich geniale Erfindung des Internets dramatisch verschärft hat. Jedes Gesetz will populistisch angepriesen sein, jeder gesprochene Satz hat perfekt an das Volk gerichtet zu sein, jede Tat muss moralisch einwandfrei vertretbar sein. Ansonsten schlägt die Gnadenlosigkeit der oft unreflektierten Massen zu. Jeden Spielraum verbietend urteilen Konsumenten politischer Botschaften blitzschnell, wenn ein Politiker menschlich und fehlerhaft agiert. Lässt er sich zu Worten verleiten, die zu seinem Nachteil interpretierbar sind, verliert ein aufsteigender Politiker jegliche Reputation. Abrupt enden Karrieren, ist die transportierte Botschaft nicht die, die vom eigenen Wählervolk goutiert und gefördert wurde. Jeder Vernunft zum Trotz werden die Verantwortlichen damit schnell zum Spielball kindischer Prozesse, in der Schein höher bewertet ist als das ›Sein‹, die Sacharbeit. Dies lähmt die ProtagonistInnen der politischen Landschaft. Wehe, ein falsches Wort wird der Öffentlichkeit zugetragen! Unverzeihlich, wenn nicht wider besseres Wissen der Lebensstandard der mächtigen Wählermasse erhalten oder gar ausgebaut wird! Zeigt der heutige Politiker nur ein Anzeichen von Schwäche, ist sofort ein parteiinterner Brutus zur Stelle. Hier in Österreich werden jährlich in bunter Häufigkeit Wahlen (Gemeinderats-, Landtags-, Nationalrats-, Bundespräsidentenwahlen etc.) durchgeführt. In unserer extrem kurzlebigen Zeit, wo nichts älter ist als die Nachricht von gestern, sind sämtliche politische Parteien stets bestrebt, ja nirgends anzustreifen und Wähler zu verlieren. Also wird versprochen, versprochen, versprochen! Es werden Zusicherungen gemacht, deren Einhaltung kaum realistisch ist. Menschlich ist dieses Verhalten nachvollziehbar, schließlich steht das eigene Wohl zumeist an vorderster Stelle. Dass es der Job des Politikers allerdings verlangt, unbedingt dem Gemeinwohl und nicht dem Eigenwohl zu dienen, steht auf einem anderen Blatt und wird eigentlich von der leider noch immer viel zu uninformierten Masse nicht eingefordert. Die Person steht über seiner Arbeit. Dem Marketing wird alles untergeordnet. Nur perfektes Auftreten lockt einen möglichst großen Teil der Bevölkerung zur Abgabe der Stimme. Um hohe Posten in der Politik zu bekleiden, erfordert es viel zu oft Jahre der Anbiederung, Willenlosigkeit und Anpassung an die eigenen Parteistrukturen. Schon in den kleinsten Gemeinden dieser Welt erreicht man nichts in der Politik, redet man nicht den ›Richtigen‹, also jenen, die wichtige Rollen bekleiden und dadurch der eigenen Karriere nützen könnten, nach dem Mund. Ähnliche Mechanismen erblickt man bei jedem größeren Verein, aber auch in fast jedem Unternehmen, in dem mehrere Menschen zusammenarbeiten. Es steckt in unserer Natur, das eigene Wohl über jenes der Gemeinschaft zu stellen. Als Relikt des einstigen Überlebensinstinktes, schon längst durch mangelnde Alltagsgefahr zur Karriere-Sucht adaptiert. Zapft eine aufstrebende Person nicht die richtigen Kanäle an, hat dieser politische Aktivist heute kaum noch Chancen, eine Position zu erreichen, aus der er entscheiden und mitgestalten kann.

Unabhängig von persönlicher Ideologie lässt sich dieses Phänomen allerorts ganz leicht beobachten. Ganz sicher wirkt dieser simple soziale Mechanismus in jeder politischen Partei in gleicher oder zumindest ähnlich intensiver Weise. Ortsgruppen, Landesgruppen oder Bundesgruppen … unabhängig von der Größe der Vereinigung übt eine gewisse Hierarchie auf eigenes Verhalten Einfluss aus und bremst die Idee. Ist der individuelle Machthunger einer einzelnen Person ausgeprägter als beim Durchschnitt der unmittelbaren Umgebung, garantiert dies fast schon die steile Karriere. Ist das persönliche Ziel halbwegs erreicht, füttert sich persönlicher Machthunger weiter an: Ab dann wird man einen Teufel tun, bevor man seine Position freiwillig einem Risiko unterzieht. Der übliche Mechanismus einer Legislaturperiode vollzieht den Rest: Durch die Kürze der Spanne zwischen zwei Wahlen fühlen sich Machtmenschen gezwungen, ihre Position abzusichern. So wird intrigiert, abgesägt, hinterrücks ge- oder zerstört, die eigene Person ausschließlich positiv dargestellt. Aus eigener Erfahrung kann ich bestätigen, wie sehr es einem Kampf gegen Windmühlen gleicht, will man Hebel bewegen, die eine Verbesserung der Gesellschaft erwirken, auch wenn Eigennutz kein Thema ist. Einzelne, einflussreiche Personen der oberen Etagen winken gerne Projekte oder Anträge (auch, wenn sie innerparteilich und demokratisch abgesegnet sind) ab, sollten diese keine Möglichkeit bieten, das eigene Konterfei glänzend ins Rampenlicht zu spülen.

›Was hab ich davon?‹ ist der alles dominierende Gedanke der hohen Politik.

Leicht ist zu beobachten, wie sich politische FunktionärInnen bei Veranstaltungen – auch jene der niedrigeren Ebenen in der parteipolitischen Hierarchie – benehmen: Mit geradezu hündisch ergebenem Verhalten werden höhere Machtträger hofiert und wie Könige behandelt. Sie werden umschwärmt, stets freundlich und zuvorkommend behandelt. Womit sich in den Köpfen der umschwärmten Personen ein gewisses Maß an Narzissmus automatisch selbst füttert. Obwohl der Job eines Politikers eigentlich eine normale Beschäftigung darstellt, Effizienz, vor allem aber Kompetenz verlangt, wird dieser nach Sympathie oder Eigennutz unter dem Mantel demokratischer Prinzipien vergeben. Will der durchschnittliche Funktionär einer Partei nach oben, hat er Klinken zu putzen, um bei der nächsten Abstimmung gefragt zu sein. Selten überlegen sich die stimmberechtigten Mitglieder einer Partei, ob diese, nach oben strebende Person, überhaupt für die anvisierte Aufgabe geeignet ist. Daher wird selbst in diesen Abstimmungen mit dem Mitteln persönlicher Anbiederung getäuscht und jeder Stimmberechtigte mit (oft falschen) Versprechungen zur Stimmabgabe geködert. Die abgegebene Stimme gibt diesen Leuten endgültig das Gefühl, in einem elitären Zirkel angekommen zu sein. Plötzlich erringt man Macht. Von ihr geblendet lässt sich schnell vergessen, dass man selbst zuvor noch dem Bodenpersonal angehörte. Nun ist man wer und glaubt, besondere Fähigkeiten hätten zu dieser Position geführt. Die menschliche Psyche, insbesondere in Köpfen von Psychopathen, bestätigt das verzerrte Selbstbild. Ein Phänomen entwickelt sich, speziell im Umgang mit Medien oder der Öffentlichkeit: Fehler werden stets von anderen Leuten begangen. Selbst ist man tadellos unterwegs, zumindest in der Außenwahrnehmung, denn nichts anderes als Perfektion wird von den Massen erwartet. Perfektion ist es auch, die sich der Psychopath zuschreibt. Fehler oder Mängel werden unter den Teppich gekehrt oder gar nicht mehr erkannt. Fehlerhafte Konkurrenz wird stets im Mitbewerb gesucht. Selbst ist man selbstverständlich über jeden Zweifel erhaben. Ungereimtheiten werden in Stellungnahmen garantiert verbal so verschleiert, dass den Zuhörern auf Grund des Redeschwalls, der meist an konkreten Antworten elegant herumkurvt, der Kopf dröhnt. Dafür werden Politiker auch geschult: Viel reden, nichts sagen! Im 21. Jahrhundert hat sich dafür extra ein neues Fach für Öffentlichkeits-Präsentation etabliert: ›NLP‹!

›NLP‹ steht für ›Neuro-Linguistisches Programmieren‹, eine Art des Schwafelns mit möglichst komplizierter Rhetorik und undurchschaubarer Aussage. Eigentlich konzipiert dafür, dass jene, welche NLP lernen, abseits ihrer Mundart verständlich und niveauvoll argumentieren (in der Privatwirtschaft wird diese Methode zu eben diesen Zwecken angewandt, außer eben zu Werbezwecken), wird diese Technik in der Politik meist nur für gefinkeltes Ausweichen auf unangenehme Fragen verwendet. Politische Rhetorik entwickelte sich so zu einer Kaskade an heißer Luft, deren Mehrwert ungefähr so geeignet für die Allgemeinheit ist, wie der Marianengrabens zum Bergsteigen. Erstaunlich die Tendenzen von NLP zum religiösen Extrem: Die ›Elterninitiative zur Hilfe gegen seelische Abhängigkeit und religiösen Extremismus e.V.‹[39], ebenso wie die ›Gesellschaft zur wissenschaftlichen Untersuchung von Parawissenschaften‹[40] erkennen Verbindungen zwischen dieser verbalen Trainingsmethode im Kreis der Esoterik und des religiösen Fanatismus. Diese Kommunikationstechnik entwickelte sich in den 1970er-Jahren, ist aber schon längst zum Mantra aktueller Politik mutiert.

Die Legislaturperioden sind kurz, der Machthunger der meisten in den höheren Ebenen nahezu unendlich, Wählerinnen und Wähler vergesslich. Welcher Effekt dominiert also, folgt er diesen Regeln? Es wird verschleiert und verschleppt. Jeder vorgeschlagene oder auch durchgesetzte Schritt wird dem Souverän der Demokratie, nämlich der Bevölkerung, in angenehmen Häppchen vorgesetzt. Es darf, auch bei Entscheidungen jenseits jeglichen Komforts, niemals der Eindruck entstehen, die Politik nehme den Menschen etwas weg. Die extrem hohe Dichte heutiger Nachrichten erlaubt keine Fehler und verlangt ausnahmslos perfektes Auftreten. Die Fassade überstrahlt wahrhaftige Arbeit. Wohlstand soll gefälligst wachsen und niemals in Frage gestellt zu werden, vor allem nicht in den größten Gruppen der Gesellschaft, den Arbeitern und Angestellten. Weil jene sich meist als geknechtet, unterprivilegiert und benachteiligt sehen, fordern sie und fordern. Nichtsahnend, dass auch ihr Alltag längst schon jegliches gesunde Maß überschritten hat.

Schwelender Egoismus unter uns sägt an der tatsächlichen Schwäche der Demokratie. Als Blaupause dessen, welche Mittel den demokratischen Prozess gefährlich unterminieren, dient nach wie vor die Machtergreifung der NSDAP in Deutschland in den Jahren vor 1933. Zu Beginn kläglich mit dem November-Putsch im Jahre 1923 gescheitert, lernten die Nationalsozialisten schnell, dass absolute Macht, deren einziges Ziel, nur über Erringung demokratischer Macht durch Wahlen errungen werden kann. Deshalb wurde ab dem Zeitpunkt der Wiederzulassung der Nationalsozialisten auf demokratische Legitimation gesetzt. In den 1920er-Jahren des Weimarer Deutschlands befand sich die junge Nation, ähnlich wie Österreich, in einem politisch äußerst fragilen Zustand. Straßenkämpfe zwischen verfeindeten Parteien wurden zur Tagesordnung, nicht selten gab es Todesopfer zu beklagen. Ihren größten Trumpf spielte die NSDAP mit Fortbestand ihrer Organisation und wachsender Routine in steigender Form aus: Neben den Kommunisten dominierte sie zunehmend die Straßen, durch die

Braunhemden der SA oft mit brutaler Konsequenz erzwungen. Willkürliche Prügelattacken erwuchsen zur latenten Gefahr für politisch Andersdenkende. Wie ein entfesselter Wirbelsturm zog der braune Mob durch viele deutsche Städte und versetzte die politische Gegnerschaft mit absoluter Rücksichtslosigkeit in Angst und Schrecken. Die Hauptaufgabe der SA bestand – Hitlers Willen perfekt befolgend – in Aufmärschen und ›zivilen‹ gewalttätigen Übergriffen gegen politisch Andersdenkende. In erster Linie betraf es Mitglieder der KPD und der SPD. Die SA lieferte sich Straßen- und Saalschlachten mit dem kommunistischen roten Frontkämpferbund und dem sozialdemokratisch geprägten republikanischen ›Reichsbanner Schwarz-Rot-Gold‹. Mit der Zeit griff sie auch Juden und christliche Gruppierungen an. In relativ kurzer Zeit gab es nur noch wenige Zeitgenossen, die vor den marodierenden Horden der SA sicher waren.

Einige Zitate aus dieser Zeit beschreiben unverblümt, worin die Schwäche von durch Wahlen legitimierte Parteistrukturen liegt: 1928 offenbarte Joseph Göbbels schamlos, woran seine Fraktion interessiert ist. Demokratisch gebundene Politiker? Wollten sie nie werden.

»Wir gehen in den Reichstag hinein, um uns im Waffenarsenal der Demokratie mit deren eigenen Waffen zu versorgen. Wir werden Reichstagsabgeordnete, um die Weimarer Gesinnung mit ihrer eigenen Unterstützung lahmzulegen. Wenn die Demokratie so dumm ist, uns für diesen Bärendienst Freifahrkarten und Diäten zu geben, so ist das ihre eigene Sache. Wir zerbrechen uns darüber nicht den Kopf. Uns ist jedes gesetzliche Mittel recht, den Zustand von heute zu revolutionieren. […] Wir kommen nicht als Freunde, auch nicht als Neutrale. Wir kommen als Feinde! Wie der Wolf in die Schafherde einbricht, so kommen wir.«

Spätestens zu diesem Zeitpunkt hätte den Verantwortlichen der Weimarer Republik ein Licht aufgehen sollen. Spätestens jetzt hätten sie wissen müssen, mit wem sie es zu tun hatten. Schon fünf Jahre vor der Machtergreifung der Nazis tönten diese ihren absoluten Machtanspruch laut in die Welt hinaus. Offen wurde die Opposition zu demokratischen Grundprinzipien hinaus gebrüllt. In die gleiche Kerbe schlug ein berühmtes Zitat Adolf Hitlers aus einer Wahlkampf-Rede von 1932. Dass die Legislative ihre Pflicht hier nicht wahrnahm, die Weimarer Republik und ihre demokratischen Strukturen zu schützen, änderte die gesamte Welt:

»Die Gegner werfen uns Nationalsozialisten vor, und mir insbesonders, dass wir intolerante, unverträgliche Menschen seien. Wir wollten, sagen sie, mit anderen Parteien nicht arbeiten. Ich habe hier eines zu erklären: die Herren haben ganz recht, wir sind intolerant. Ich habe mir ein Ziel gestellt: nämlich die 30 Parteien aus Deutschland hinauszufegen.«

- aus einer Rede vor 120.000 Zuhörern auf der Motorradrennbahn von Lokstedt bei Hamburg, 23. April 1932

Es war zu spät … die Mächtigen der Weimarer Republik waren längst träge geworden. Ständige Wahlen, damit einhergehende Regierungswechsel und die langsamen Mühlen demokratischer Gesetze trugen einen Großteil an der Zerschlagung der jungen Demokratie bei. Die eindeutig feindseligen Aussagen der NSDAP-Granden wurden sträflich unterschätzt, sie dachten: ›Wenn Hitler in der Regierung ist, wird er automatisch gezähmt. Er wird erkennen, dass Politik nicht so simpel funktioniert.‹. Ein riesiger Fehler mit katastrophalen Konsequenzen! Vor allem Franz von Papen[41], nach der Reichstagswahl 1933 Steigbügelhalter der NSDAP, unterschätzte die Nazis maßlos.

Foto des neuen Kabinetts Hitlers 1933
Sitzend v.l.: Hermann Göring, Adolf Hitler, Franz von Papen

Er war es schließlich auch, der irrigerweise meinte, eine gemeinsame Regierung mit Hitler grenze die NSDAP in ihrem Handlungsspielraum ein und drosselt ihren Hang zum Totalitären. Übliche politische Hybris schloss persönliche Irrtümer aus. Mangelnde Kompetenz, den Nazis zugeschrieben, tat ihr übriges. Dieser unvergleichliche Machthunger, der die Nazis auszeichnete, suchte bis dato in einer Republik seinesgleichen. Niemand der Verantwortlichen hätte geahnt, wie schnell die Errungenschaft der Demokratie zu unterwandern ist. Die Braunhemden schafften in kürzester Zeit, dieses fragile politische Kartenhaus zum Einsturz zu bringen. Sie lauerten und nutzten ihre Chance, sobald sie sich bot. Und nutzten sie mit beispielloser Härte. Als Marinus van der Lübbe, niederländischer Kommunist und Einzelkämpfer, am 27. Februar 1933 den Reichstag in Brand setzte, ahnte auch er nicht die Folgen, die sein Anschlag auslöste. Der berühmte Kriminalfall, der nicht nur ihn das Leben kostete, sondern im Zuge dessen vielen Millionen von Menschen in schlimmstes Leid stürzte, wäre vielleicht niemals ausgeübt worden, wäre van der Lübbe realistisch über die NSDAP geschult gewesen.

Seine Tat setzte das letzte Puzzleteil einer längst geplanten Übernahme der staatlichen Strukturen, die von den Nazis schon lange geplant war. Mittels einer Liste von Sonderverordnungen, die sie autonom ausstellten, wurden endlich gehasste Oppositionelle im politischen Spektrum, die Sozialdemokratie und der Kommunismus, gejagt und verfolgt. Doch nicht nur all die Sonderverordnungen, quasi der Persilschein für Staatsterror, sorgten dafür, dass mit einem Schlag jeglicher politische Mitbewerb zerstört wurde. Gleichzeitig verbot die NSDAP, nun endgültig im Machtrausch, alle Gewerkschaften. Zugleich wurde das erste Konzentrationslager in Dachau zynisch als ›Erziehungslager‹ präsentiert. Es sollte der Anschein gewahrt bleiben, dass ›Staatsfeinde‹ (von der Propaganda so genannt) in Dachau resozialisiert werden. Die Realität allerdings sorgte dafür, dass alle Dämme brachen und nach Belieben gemordet wurde.

Bundesarchiv, Bild 152-01-16
Foto: Bauer, Friedrich Franz | 27. Mai 1933

SS-Wachmannschaft 1933

Der Öffentlichkeit wurde beschwichtigend mit Aussagen, die Sicherheit des Landes sei in großer Gefahr, getäuscht. Inmitten einer nach wie vor existierenden Weltwirtschaftskrise, ganz besonders das vom ersten Weltkrieg schwer gezeichnete Deutschland heimsuchend, wirkte der Wechsel zum diktatorischen Regime wie eine Befreiung für all die von unmenschlichen Sanktionen gepeinigten Seelen. Nun begann auch in den harmlosesten Köpfen der Übergang vom Menschlichen ins Primitiv-emotionale. Ähnlich agieren heutige Populisten, die genau wissen, wie weit sie gehen dürfen, um etablierte Strukturen zu unterwandern (meistens, bis sie sich von selbst zerstören). Die Nazis stellten sich nun selbst ihren Freibrief für ein schon seit längerem in den Schubladen fertig geplantes Terror-Regime aus. Demokratie und Mitspracherecht des Volkes waren gestorben, bevor sie sich etablieren konnten.

Zurück in die heutige Zeit: Es ist nicht auszuschließen, dass spätere Generationen einst über die ›prä-faschistische Ära‹ sprechen. Hoffentlich gilt diese Epoche in einigen Jahren nicht als ›Vorkriegszeit‹. Die Zeit wird es uns zeigen. Leider deutet vieles darauf hin, dass populistische, kurzfristige Scheinlösungen zum persönlichen Wohl der Parteien wieder höhere Wertigkeit für Politiker besitzen als wirklich konstruktive Arbeit. Ebenso wie in den 1930er-Jahren stehen nicht nur in mitteleuropäischen Staaten mit demokratischen Strukturen die absolutistisch geprägten Rechtsparteien wieder auf und drohen die Welt in Hass und regionale Zerstörung zu stürzen. Einfachste Slogans für Menschen mit mangelndem Interesse an Politik, immer und immer wieder rezitiert, zeigen schon längst Wirkung. Feindbilder (seinerzeit waren es Juden, Roma, Homosexuelle, Zeugen Jehovas, Kriegsgefangene und natürlich alle politischen Gegner) werden unverblümt geschürt und Millionen von Gehirnen mit den zersetzenden Mitteln des Hasses vergiftet. Galt seinerzeit der Jude als Inbegriff des Bösen, dienen heute, vor allem in Europa, Flüchtlinge diverser Kriege im Nahen Osten oder Afrika als Zielscheibe persönlicher Unzufriedenheit der Massen. Zwar wird heute die Mär des ›Unwillens zur Integration‹ ständig wiederholt – entgegen vieler Zahlen, dass die Integration von Flüchtlingen seit der ›Flüchtlings-Krise‹ 2015[42] in vielen Bereichen sehr schnell vonstattengeht – andererseits ist man an Integration von Einwanderern gar nicht interessiert, sonst ginge ein Feindbild verloren. Hierzu ein interessanter Artikel des ›Profil‹: https://www.profil.at/oesterreich/fpoe-fluechtlinge-integration-sicherheit-8628232

Dem aber nicht genug. Um Sündenböcken ständig Recht und Würde abzusprechen, sind populistische Strukturen ständig darauf bedacht, selbst ein makelloses Image in der Öffentlichkeit zu pflegen. Wagt es jemand, die simplen Weltbilder dieser Bewegungen zu kritisieren, wird sofort ein Arsenal an Diskreditierungen ausgeschöpft. Ziel des Ganzen: Die Quelle der Kritik zu verleumden, ihre Glaubhaftigkeit zu hinterfragen und ihrer Existenz zu berauben, damit sich diese nie wieder das Wort zu erheben traut. Methoden wie diese wirken sich nicht nur direkt am Kritiker selbst aus, sondern schüchtert auch andere ein, die sich in Opposition befinden.

Syrische und afghanische Flüchtlinge in Kroatien (2015)

Seriöse Politik kann damit natürlich nicht gemacht werden. Ordentliche politische Arbeit im Dienste des Gemeinwohls wird damit nicht anvisiert, sondern Eroberung und Festigung eigener Macht, meist verbunden mit totalitären Ansprüchen, die in den eigenen Reihen heiß geschürt werden. Selten schaffen es PolitikerInnen der Rechtsparteien, mit idealistischen, humanistischen und demokratischen Motiven an die Spitze zu kommen. Oben, wo die Luft dünn wird, hocken die machthungrigsten und skrupellosesten Exemplare dieser Fraktionen. Wo ›die gute alte Zeit‹, – reziprok zu einer Gesellschaft, die aus Fehlern lernen will – bewundert wird, unmenschliche Methoden aber erträumt und geistiger Widerstand nicht geduldet werden, ist es kaum möglich, ohne Ellenbogen aus Stahl oder gar rücksichtsvoll abwägend nach oben zu gelangen. An der Spitze befinden sind am Ende die primitivsten ›Law & Order‹-Fanatiker. Gefährliche Machtmenschen, denen jedes Mittel zur Erhaltung dieser Macht recht scheint. Aktuell strotzt die Politik vor derartigen Beispielen. Unsere Weltpolitik wurde überall von psychisch bedenklichen Exemplaren in Machtfunktionen unterwandert. Leider aber ist das Erklimmen der politischen Machttreppe nicht alles, womit Rechtsparteien traditionell beschäftigt sind. Im Hintergrund ziehen Konzerne und deren Magnaten ihre Fäden, wohl wissend, wie käuflich rechte Politiker sind. Um ihre Unternehmerfreundlichen und Arbeiterfeindlichen Gesetze an den Mann zu bringen, sind diese gerne bereit, extreme Parteien zu unterstützen. Schließlich soll der Gewinn maximiert werden, während zugleich die Arbeiterschaft in ihren Rechten maximal ausgepresst wird. Es wird so lange an den Rechten der Arbeitnehmerinnen und Arbeitnehmern herumgeschnitten, bis ein Status erreicht wird, der zwar die Arbeiterschaft (über)leben lässt, ihr aber so viel Kraft raubt, dass Aufstände und Streiks unmöglich werden. Die NSDAP wies eine Liste berühmter Förderer aus der Großindustrie auf, wie ›IG-Farben‹ oder ›Krupp‹. Deren Kapital war hochwillkommen, um die braunen Horden der Straße zu finanzieren.

In Österreich, wo ein junger Mensch mit durchwegs diktatorischen Zügen die Bevölkerung eingelullt hat, um unmenschliche Sanktionen an den Schwächsten der Gesellschaft zu vollziehen (Sebastian Kurz), zeigte sich bis in den Mai 2019, wie Politik funktioniert – unterstützt von einer Partei, die mit allen Mitteln versucht, ihre neonazistischen und glasklar faschistischen Ambitionen zu vertuschen. Geführt von einem durch ›Wehrübungen‹ ausgebildeten Neonazi (Strache), unterstützt von noch gefährlicheren Paladinen (Kickl, Höbart, Hofer, Haimbuchner, Waldhäusl, Deimek, Graf, Gudenus, Hafenecker usw.), welche selbst jede Sekunde darauf lauern, mehr Macht einzuheimsen, hat die rechtsextrem-faschistische FPÖ die gesamte Republik mit ihrem Personal durchsetzt. Inzwischen durchlief die FPÖ aber übliche, oft erprobte Fallstricke und stolperte über ihre eigene Primär-Schwäche: Korruption! ›Ibiza-Gate‹, ein Video aus 2017, das den FPÖ-Führer Strache und seinen Kettenhund Johann Gudenus beim Schwärmen über den Ausverkauf elementarer Aspekte einer Demokratie an russische Investoren zeigen, bewies wieder einmal, dass mit neofaschistischen Politikern kein Staat zu machen ist. Trotzdem wurde Heinz-Christian Strache bei der EU-Wahl des 25. Mai 2019, ein paar Tage nach Auffliegen des Skandals, der für den Fall der Regierung ›Kurz I.‹ sorgte, von einer erschreckenden Zahl von tausenden, stur nach dem Führerprinzip denkenden Wählern, mit dem Gewinn eines Mandats im europäischen Parlament belohnt. Hier fehlen die Worte: Obwohl dieser Politiker eindeutig gezeigt hat, aus welchem korrupten Holz er geschnitzt ist, wird er trotzdem von seinen Anhängern gewählt. Abseits solcher Beweise von echter Dummheit sind sich jedoch genau solche Menschen nicht zu schade, für jeden anderen Menschen schwerste ›Law & Order‹ zu verlangen, während sich ihre eigenen Idole um Gesetze und deren Einhaltung nicht scheren. Auf diese Lernresistenz setzen rechtsextreme Parteien auf der ganzen Welt. Nur die in den Köpfen einfältiger Menschen fix implementierte Ausländerfeindlichkeit muss bedient werden, um garantiert Stimmen zu erhalten. So lange ›die Anderen‹ als Wurzel allen Übels an den Pranger gestellt werden, sind frustrierte Geister glücklich. Die eigene Unzufriedenheit ist Motor genug, um jegliche Vernunft über Bord zu werfen und Rattenfängern blindlings auf den Leim zu gehen. Rechtsparteien in der ganzen Welt agieren gleich: Parolen von oft erstunkenen und erlogenen Anschuldigungen von Minderheiten oder politischen Gegnern werden permanent unters Volk verteilt, damit ein Feindbild alles andere im Geist überstrahlt. Derart gehirngewaschen verzeihen Anhänger jeden Fehltritt und ignorieren rückwärtsgewandte Politik. Die Leugnung des schlimmsten Problems der Menschheit, der Klimaerwärmung, stellt selbstverständlich eine wichtige Säule dieser Politik dar, denn potentielle Geldgeber reagieren allergisch auf Einschränkungen ihrer Gewinnsucht. Also wird gelogen, dass sich die Balken biegen. Macht wird erstohlen.

Die FPÖ-Spitze mit Harald Vilimsky, Heinz-Christian Strache, Norbert Hofer und Johann Gudenus (v.l.) bei einem nicht staatlich autorisierten Russland-Besuch im Dezember 2016

Werden unmenschliche Gesetze beschlossen (wovon seit dem Machtantritt dieser brandgefährlichen Regierung schon eine Fülle an Beispielen existiert), wird mit emotionalen Reden abgelenkt. Probleme werden erfunden, die gar nicht existieren. Schuld daran? Natürlich Ausländer, Moslems, Flüchtlinge, Sozialdemokraten. Während sich die primitive Masse daran ergeifert, wer denn der Fieseste von allen ist, werden Kürzungen an ihnen selbst apathisch hingenommen. Wichtig ist dieser geifernden Masse nur, dass es anderen noch schlechter geht. Eigene Mängel werden ›den Anderen‹ umgehängt. Schon im alten Rom wussten Despoten, dass ›Brot und Spiele‹ (panem et circenses[43]) ein stets probates Mittel ist, um den Pöbel bei Laune zu halten. Damit er nicht auf die Idee eines Aufstandes kommt, werden diesem Pöbel im 21. Jahrhundert über die sozialen Medien stets dieselben Bösewichte präsentiert. Der Hass steigt, während die eigenen Mittel durch von ihren Helden gemachte Gesetze sinken.

Frei nach dem Motto: ›Es sprach der Fürst zum Kirchenmann: Halt du sie dumm, ich halt sie arm‹ bereiten sich diese Art Politiker auf absolute Macht vor, um ihre geisteskranken Ideen, fernab jeder Vernunft, den Menschen aufzuzwingen. Stück für Stück wird enttabuisiert. Wo vor kurzem noch moralische Grenzen existierten, herrscht heute schon kollektives Schulterzucken. Es werden längst wieder die Worte der NSDAP verwendet. Doch außer, dass Medien und Gegner routiniert Empörung üben, wird diesem Treiben hilflos zugesehen. Ähnlich dem Kaninchen vor der Schlange wird alles akzeptiert, blind auf die Kraft der Demokratie vertraut, auf nächste Wahlen gehofft. Jedoch genau das kalkulieren die Ungeister rechter

Positionen ein. Das warnende Exempel, eigentlich exakt nach dem Hitler'schen Vorbild von 1933 nach dem Reichstagsbrand statuiert, lebt am Bosporus:

Reccip Erdogan, selbsternannter Präsident mit absoluter Macht, kreierte mithilfe seiner Lakaien einen Putsch, um alleinige Macht zu erhalten und Gegner verschwinden zu lassen. Seitdem landeten tausende Regime-Kritiker aus mehr oder weniger mächtigen Positionen aus den Medien, der Justiz oder aus Bildungseinrichtungen in Gefängnissen, wo sie gefoltert und aus dem Verkehr gezogen werden. Die Welt aber? Sie sieht zu, denn wirtschaftliche Beziehungen wiegen mehr als Menschenrechte. Ebenso hält sich Erdogan einen Trumpf im Ärmel: Zigtausende Flüchtlinge des Syrien-Konflikts, die durch unmenschliche Bedingungen in der Türkei festgehalten werden, drohen in den europäischen Raum losgelassen zu werden, wenn den Interessen der neofaschistischen Türkei seitens der EU nicht Rechnung getragen wird. Ein effektives Mittel der Erpressung, denn: Schenkt man den Rechtspopulisten Glauben, sind Flüchtlinge die Wurzel allen Übels.

So fürchten sich die Politiker der EU vor diesem Druckmittel, denn ansonsten verlören sie ihre dünnhäutige Legitimation …

In Österreich, Ungarn, Polen etc. - Ländern mit totalitärer Vergangenheit (bei den einen wusch sich Monarchie oder Nationalsozialismus für Generationen in viele Familien, bei anderen der Stalinismus) - wo politische Systeme mithilfe von Feindbildern etabliert waren, funktioniert dieses Prinzip wieder wie am Schnürchen.

Beispiel Ungarn: Die Regierung Orban, schon längst mehr berüchtigt als berühmt, beschloss im Sommer 2018 ein Verbot von Obdachlosigkeit an allen öffentlichen Plätzen. Wird diesem Gesetz zuwidergehandelt, werden Obdachlose mit Geld- oder gar Gefängnisstrafen sanktioniert[44]. Damit wird Obdachlosigkeit de facto unter Strafe gestellt. Ein einmaliger Tabubruch inmitten der europäischen Union! Inklusive des Fakts, dass sogar im früheren Osten die Wohnkosten seit Jahren exzessiv in die Höhe schnellen, bedeutet dies schwerste Sanktionen gegenüber den Ärmsten der Gesellschaft. Sozialstaaten sehen anders aus, Solidarität wird staatlich untersagt. Und doch gab es keinen Protest aus Brüssel. Dazu genießt Viktor Orban ungebrochen Sympathie in einem erklecklichen Teil des ungarischen Volkes. An einer ›Nebenfront‹ in Ungarn wird weiterhin – meist im ländlichen Gebiet – an den Volksgruppen der Roma und Sinti Diskriminierung und Unterdrückung verübt. Ebenso mit staatlicher Unterstützung. Ein paar Kilometer von Österreich entfernt, inmitten des europäischen Kontinents, werden Volksgruppen weiterhin wie zu Zeiten barbarischer Regimes wie Tiere behandelt. Des Weiteren wurde Flüchtlingshilfe verboten. Jenen, die Flüchtlingen Unterstützung bieten, werden strenge staatliche Sanktionen angedroht. Mitmenschlichkeit ist de facto unter Strafe gestellt, der Unmenschlichkeit Tür und Tor geöffnet. Dieses Gesetz erinnert in erschreckender Weise an all die Opfer, die während des zweiten Weltkrieges von den Nazis verfolgte Personen versteckten und schützten, aber erwischt und in Konzentrationslager verschleppt wurden, wo sie oft starben...

In der Mitte Europas, eines angeblich modernen, sozialen Kontinents, inmitten des Schengen-Gebietes, findet barbarische Diskriminierung wieder ungestört Verbreitung, als wären die dunklen Tage des 20. Jahrhunderts nie beendet worden …

Kaum ziehen ein paar Jahrzehnte durch die Lande, verschwinden kollektive Erfahrungen aus der Vergangenheit aus den Köpfen der Menschen. Es ist, als fände Geschichte nur zur Belehrung in den Schulen statt, denn ein paar Dekaden scheinen für den kollektiven Gedächtnisverlust auszureichen. Auch in Österreich wurden seit Beginn der Regierung ›Kurz I‹ laufend Gesetze zur Verschärfung der Lage von Flüchtlingen, AsylwerberInnen, MindestsicherungsbezieherInnen, Arbeitslosen oder gar ArbeitnehmerInnen beschlossen. Um die Sache abzurunden, wurde ein Überwachungspaket beschlossen, das den Staat bevollmächtigt, sogar Smartphones mittels eines Bundestrojaners[45] zu überwachen, denn solche Gesetze könnten Gegner hervorrufen, die den Machern solcher gegen die eigene Bevölkerung gerichtete Sanktionen ans Leder wollten (zumindest leben Rechte in der ganzen Welt in ständiger Angst vor ihren Gegnern – ›Wie der Schelm denkt, so ist er‹). Nun, wo fürs Erste die Ära ›Kurz‹ vorbei zu sein scheint (Stand: Juni 2019), werden seitens der Interimsregierung ›Bierlein‹ einige Unmenschlichkeiten wieder annulliert. Am 11.12.2019 wurde das ›Überwachungspaket‹, das eine Zäsur für die Freiheit der Bürgerinnen und Bürger Österreichs bedeutet hätte, vom Verfassungsgerichtshof aufgehoben. Das Land inmitten Europas schlitterte haarscharf an unzumutbaren Zuständen vorbei. Wie immer ein Zeichen der Ambivalenz. Gut, dass die schwächsten Mitglieder unserer Zivilisation wieder ein wenig Luft nach oben schnuppern dürfen. Schlecht, dass Gesetze, von einer Regierung beschlossen, mir-nichts-dir-nichts wieder revidiert werden. Nachhaltigkeit wird damit torpediert, langfristige Ziele (vor allem ökologischer Natur) laufen damit ständig Gefahr, nach einer Legislaturperiode wieder Geschichte zu sein. Details der gewünschten Überwachungs-Methoden aktueller wie vergangener Regierungen lesen sich wie ein feuchter Traum verblichener Stasi-Lehrbücher. Anderswo ähnliche Bilder … als gälte ein Prinzip in rechtskonservativen wie rechtsextremen Fraktionen, sich vor Unbill aus der Masse der Bevölkerung zu fürchten. Der Zeitgeist deutet eindeutig Richtung ›1984‹, doch hätte George Orwell totalitäre Staaten aktueller Prägung niemals in deren gefährlichen Möglichkeiten realistisch beschreiben können. Staaten, in denen xenophobe, angstmachende, paranoide und menschenfeindliche Ideologien die Menschen geistig vergiften und gefährliche Stimmen-Zuwächse verzeichnen, wären: Deutschland, Belgien, Niederlande, Schweden, Dänemark, Polen, Ungarn, Italien, Frankreich, Großbritannien etc.

Dem gesamten EU-Komplex droht, seine Grundidee eines friedlichen Erdteils gemeinsamer Interessen hilflos zerbröseln zu sehen. Um das Dilemma, in der die europäische Union, immer schon als Friedens- und Vereinigungsprojekt initiiert (›Vereinigte Staaten von Europa‹), steckt, greifbar zu machen, ein Zitat aus der europäischen Verfassung:

›Die Werte, auf die sich die Union gründet, sind die Achtung der Menschenwürde, Freiheit, Demokratie, Gleichheit, Rechtsstaatlichkeit und die Wahrung der Menschenrechte einschließlich der Rechte der Personen, die Minderheiten angehören. Diese Werte sind allen Mitgliedstaaten in einer Gesellschaft gemeinsam, die sich durch Pluralismus, Nichtdiskriminierung, Toleranz, Gerechtigkeit, Solidarität und die Gleichheit von Frauen und Männern auszeichnet.‹

(Art. 2 – EU-Vertrag – erneuert im Abkommen von Lissabon 2007)

Eine nicht zu unterschätzende Zahl von Mitgliedern - Ungarn, Polen, die Slowakei – befinden sich aktuell weit außerhalb dieser Doktrin. Viele bewegen sich gefährlich in Richtung ›Unterdrückung der Völker‹. Hervorzuheben ist der widerliche Trend in Salvinis Italien. Selbst wurde ich während einer Reise Zeuge, wie (zumindest in der Slowakei und Ungarn) Roma und Sinti als Menschen zweiter Klasse behandelt werden und ihre Gleichstellung weder gefördert noch gefordert wird, im Gegenteil: Diese Volksgruppen erfahren permanente Ungleichbehandlung! Dörfer mit einer Majorität von Roma wirken für Zaungäste, als erlebten sie eine Zeitreise ins 19.

Jahrhundert: Familien, die ohne Elektrizität in Wellblech-Hütten leben undichte Dächer, fehlende Außenwände, Schmutz allerorts und keine funktionierende Infrastruktur. Zustände wie diese sorgen für permanente gesundheitliche Belastung, sozialen Druck und mangelnde Finanzmittel, oft auch hervorgerufen durch Chancenlosigkeit am Arbeitsmarkt. Während ungarische Menschen seit dem Fall des Eisernen Vorhangs ständig steigendes Wohlstands-Wachstum erfahren, scheint dieser Trend bei den Roma und Sinti vorbeigelotst zu werden. Zusätzlich schwebt die Gefahr der Obdachlosigkeit über vielen Menschen in prekären Verhältnissen. Einmal das Dach über dem Kopf verloren, drohen Chancenlosigkeit und Ächtung. Flüchtlinge (so überhaupt aufgenommen) werden in eigens dafür gebaute Lager eingepfercht. Es herrscht eine Schieflage, deren Möglichkeit seit der EU-Osterweiterung eigentlich undenkbar sein sollte. Sollte ...

Die Regierungen Orban (Ungarn), Salvini (Italien), bis vor kurzer Zeit Kurz (Österreich), repräsentieren einen Trend, der in nahezu der gesamten europäischen Union gefährlich an der sozialen Union nagt. Teilweise ultranationalistisch (Orban und Salvini), teilweise Neonazis in die Regierung holend (Kurz) stellen sie die Grundwerte der europäischen Union auf eine harte Probe. Leider scheint quasi in der gesamten nördlichen Hemisphäre unserer Welt der Wille, wieder in unmenschliche Gefilde zu versinken, die Vernunft zu übertünchen. Ausgerechnet der europäische Kontinent sollte eigentlich, würde er modern und progressiv agieren, der Klimaerwärmung als eminente Gefahr für alle den Kampf ansagen. Stattdessen wird dieses gemeinsame Mega-Problem, eigentlich alles überschattend, von diesen politischen Richtungen als Märchen bezeichnet und damit systematisch negiert. Schlimmer noch, denn wie es stets in nach rechts kippenden Kulturen ist, wird dem Mythos des verpflichtenden Wirtschaftswachstums alles untergeordnet. Produktivität soll erhöht, Arbeitslosigkeit bestraft, Mindestsicherungen gekürzt, soziale Projekte eingestampft werden, kurzum: Es soll der Groß-Industrie jedes Recht gegeben werden, um - wie in vergessenen Zeiten der industriellen Revolution - deren Arbeitskräfte nach Belieben am Gängelband zu führen. Der aktuelle Rechtspopulismus in den Industrieländern stellt daher ein nicht mehr zu unterschätzendes Problem für den Fortbestand künftiger Generationen dar. Der Hang zum inhumanen Nationalismus, inklusive des gefährlichen National-Chauvinismus, erweckt längst überwunden geglaubte Emotionen und gefährdet den sozialen Frieden unserer Zeit in großem Maße. Wir als Europäer sollten längst belehrt sein über den humanen Schaden, den ausgeprägter Nationalismus in der Geschichte ausnahmslos bedeutete. Im letzten Jahrhundert schon kam es wegen ethnischer und nationalistischer Konflikte zu zwei Weltkriegen, die Entwicklung des kalten Krieges - mehrmals beinahe Auslöser eines alles beendenden Atomkrieges - und den Balkankrieg mit insgesamt Millionen von Toten und die Menschen knechtende Regimes. Schließen wir den Kreis: Politik wird zumeist von Menschen geprägt, die sich durch ausgeprägten Hunger nach Macht und Einfluss auszeichnen. Machthungrige Psychopathen waren es immer, die Unschuldige zu Tode kommen ließen, junge Menschen in sinnlosen Kriegen verheizten und Elend über unseren Kontinent brachten. Noch immer werden solche Persönlichkeiten, obwohl meist aus einfachen Verhältnissen kommend und umfangreiche humanistische Bildung vermissend, wie Könige angehimmelt und dadurch mit einem gefährlichen Umfang an Macht ausgestattet. Unverändert ist die Masse der Menschen, deren Hoffnungen an populistischen Schlagworten ohne Substanz zerschellen. Da es kaum alternative Möglichkeiten gibt, die politische Karriereleiter zu erklimmen, setzt sich meistens ein bedenklicher Menschenschlag in der Politik durch.

Es gibt Ausnahmen. Jose ›Pepe‹ Mujica (*1935), ehemaliger Präsident des kleinen südamerikanischen Staates Uruguay, bewies sich als erfrischendes Beispiel eines Menschen, der alles einsetzte – nur keinen Machthunger.

Jose ›Pepe‹ Mujica, ehemaliger Präsident Uruguays

Im Gegenteil: Er ist bekannt als der ›ärmste Präsident der Welt‹, hält eine kleine, heruntergekommene Farm, fährt einen desolaten VW-Käfer, sitzt bei Beschwerden in den Ambulanzen von Armen-Spitälern, artig wartend wie jede andere Person und spendete 90 Prozent seines Präsidenten-

Gehalts an die Ärmsten des Landes. Als Sozialist wie er im Buche steht, kümmert sich Mujica nach wie vor um jene, die es im Leben nicht so gut getroffen haben. Wie dieser fantastische Mensch die wichtigste Position des Landes besetzen durfte, ist ein politisches Rätsel, da in allen politischen Parteien der Welt als Usus gilt: Je besser du intrigierst, je härter du Mitbewerberinnen und Mitbewerber ausstichst, desto größer deine persönlichen Chancen zum nächsten Karriereschritt. Jose Mujica sollte zumindest allen Sozialdemokraten der Welt als Vorbild dienen. Seine Lebensweise trotz großer Macht und tollem Einkommen ringt größten Respekt ab.

Papst Franziskus (Jorge Mario Bergoglio – *1936) verhält sich ähnlich. Seine persönliche Einstellung, die ihn schon vor seiner Ernennung zum Pontifex in seinem Heimatland Argentinien äußerst beliebt gemacht hatte, verhindert in einer streng hierarchisch geführten Institution wie der katholischen Kirche im Normalfall einen erfolgreichen Werdegang. Bischof zu werden ist höchstwahrscheinlich schon rühmliche Ausnahme bei jemandem, der derart deutlich gegen alte Dogmen der Macht agiert. Wie der immer freundlich lächelnde Südamerikaner es schaffte, die Kardinäle bei der Papstwahl zu überzeugen, bleibt ein Geheimnis. Selbstverständlich ermuntern viele Aussagen des Kirchenoberhauptes aufgeklärt denkende Menschen zur Kritik, oft laut und berechtigt. Humanistische Ideale der Neuzeit darf man allerdings von einem Papst nicht verlangen, obwohl Bergoglio stets mit kontrovers-progressiven Aussagen innerhalb der katholischen Kirche überrascht. Zweifelhaft, nach heutigen Maßstäben in seinen Idealen, handelt er unzweifelhaft nach bestem menschlichen Gewissen, wenn er die großen Sünden des katholischen Apparates, wie den systematischen Kindesmissbrauch klerikaler Amtsträger, offiziell und glaubhaft verurteilt.

Seit Anbeginn der Menschheit war ›Macht‹ die treibende Kraft für viele historisch maßgebliche Personen. Eine erkleckliche Zahl von geschichtlichen Einträgen beweist, dass, sobald Macht über Menschen entstand, sogleich ihr Missbrauch vorangetrieben wurde. Machtgier und Hybris sind zwei gefährliche Verwandte, die, wenn sie ungetrübt interagieren,

Menschenleben gefährden. Diese zwei Komponenten der menschlichen Natur erwirken einen psychischen Teufelskreis, oft in tödlichen Wahnsinn endend. Schon früh stellt sich bei klassischen Psychopathen daher nicht nur Kritikresistenz ein, meist mündet Kritik an derartig gefährlichen Exemplaren der menschlichen Gattung in staatlicher Gewalt. Große Unternehmen sind oft ähnlich in den Management-Etagen besetzt. Dort führt krankhafter Hang zu Macht und Einfluss nicht selten zu internen Spannungen, Korruption und finanziellen Einbußen, meist wiederum auf die unteren Ebenen der Konzerne abgewälzt. Und weil Menschen, die irgendwann an der Spitze landeten, meist durch ihre entstandenen Netzwerke geschützt sind, ist ein tiefer Fall, der dem durchschnittlichen Menschen bei weit geringeren Vergehen oft widerfährt, meist durch Freunde und Geschäftspartner abgefedert. Kurz gesagt: Wer einmal oben ist, der fällt nur im seltensten Falle wieder vom Sockel!

Seit Anbeginn unserer Zivilisation hätte stärkere Kontrolle der Regenten und mächtigen Psychopathen (in höchsten Positionen wie auch in Familien) viel Leid verhindert. Hierarchien wurden von Menschen erfunden, speziell von jenen, die einen Vorteil daraus zogen. Die menschliche Natur der Unterwerfung (ein immer noch verbreiteter Charakterzug) hat dieses Treiben unterstützt und ungeeignete Individuen in ihrem Tun gefestigt. Schon die Gnade einer privilegierten Geburt sichert Rechte, die der Masse vorenthalten sind. Materieller Reichtum, einhergehende Elite-Ausbildung, frühes Netzwerken in den einflussreichsten Kreisen … schon vom ersten Tag des Lebens ist ein privilegiertes Kind mit riesigen Startvorteilen ausgestattet, die vom Rest der Bevölkerung kaum aufzuholen sind. Selten schafft es ein Kind aus ärmlichen Verhältnissen, die Kreise der Macht zu durchbrechen. Dazu erweisen sich die Hürden des Lebens als zu hoch, um überwunden zu werden, selbst von den Fähigsten unter uns. Der machthungrige Mensch mit Verstand zeigt seinen Rausch jedoch erst, wenn er Redundanz zur Erhaltung der Macht gebildet hat, weshalb meist devotes Verhalten gegenüber mächtigeren Konkurrenten an der Tagesordnung ist, bis das Ziel der Begierde erreicht wurde.

Die Stimmen, es mögen doch Personen aus den verschiedensten Bereichen der Wissenschaft in die Politik gehievt werden, mehren sich. Wissenschaftler wissen um die Parameter, die uns in Zukunft das Leben vermiesen könnten. Sie tendieren auch selten dazu, Macht als Instrument für eigene Agenden zu nutzen. Von Forschern darf angenommen werden, dass sie (anders als Berufspolitiker) Vernunft, Verstand, Besonnenheit und vorhandene Möglichkeiten in ihre etwaige politische Arbeit einbringen. Die alternative Vorgehensweise ist uns nur zu gut bekannt: Die eigene Karriere wird als ultima ratio gesehen, alles wird der eigenen Person untergeordnet. Das Motiv, eigentlich ergebener Diener der Allgemeinheit zu sein, verschwindet flott.

Es ist unwahrscheinlicher, dass Menschen aus den Naturwissenschaften bestimmten Ideologien den Vorzug gegenüber rationalen Fakten geben. Jeder, der nicht völlig verblendet die Gefahren der Klimaerwärmung, der Überfischung als auch des überbordenden Mülls auf der Welt abwinkt, wird sich eingestehen müssen, dass unsere Spezies in nächster Zukunft gezwungen sein wird, kleinere Brötchen zu backen. Entscheidungen, welche sich zukünftigen Umständen widmen, sind jedoch bei einer großen Masse an Menschen, denen jegliches Interesse an sachlicher Information fehlt, unerwünscht. Wie die letzten Jahre wieder verstärkt zeigen, sind Emotionen ein weitaus fruchtbarerer Boden bei jenen, die sich komplexeren Dingen verschließen.

Weshalb ich die eklatanten Schwächen des demokratischen Systems in Frage stellen muss.

Ist ein Parteien-System, welches ohne Ausnahme dafür sorgt, Menschen in Positionen zu befördern, die ihnen mangels Kompetenz gar nicht zustehen, noch zeitgemäß? Oder sollten moderne Demokratien nicht langsam beginnen, ihre Grundstrukturen zu überdenken? Eine Möglichkeit bieten Modifikationen des heutigen Wahlsystems, die Fachverdienste bevorzugen. In meiner Wunsch-Demokratie werden Menschen, die in politischen Fachgebieten (Soziales, Sicherheit, Wissenschaft, Wirtschaft etc.) Verdienste für die Allgemeinheit errungen haben, als Minister nominiert. Diese Kandidaten werden von den Menschen gewählt. Jedoch in kürzeren Intervallen, so ca. alle zwei Jahre, damit eine zum Minister gewählte Fachperson bei mangelnder Effizienz abgelöst werden kann. Ein Notensystem durch zuvor in politischen Gremien festgelegte Kriterien könnte zur Unterstützung dieses Systems überlegenswert sein. Da sich politische Anforderungen dynamisch ändern, gilt dies auch für die Bedingungen, denen künftige Minister in ihrer Arbeit unterworfen sind. Es bleibt den gewählten Parteien die wichtigste Funktion: Kontrolle der ministrablen Arbeit, Ausschüsse, Anträge, Gesetzes-Beschlüsse und all die parlamentarische Arbeit, die den Alltag dominiert. Auch hier ist eine Reform des Wahlsystems anzudenken. Die Zahl der Parteien steigt parallel zur wachsenden Vielfalt von Bevölkerungen. Es wäre daher zu überlegen, ähnlich dem ›Eurovision Song Contest‹ ein Punktesystem bei den Wahlen zu etablieren. Fünf Punkte für die Lieblingspartei, 3 für die Nummer zwei und einen für Nummer drei als Beispiel einer komplexeren, aber gleichzeitig präziseren Abgabe der eigenen Stimme könnte ein wesentlich exakteres Bild der Volksmeinung widerspiegeln. Anstrengende und durch faule Kompromisse dominierte Koalitionsverhandlungen würden so der Vergangenheit angehören, die bevorzugten Tendenzen eines Volkes stünden unmissverständlich auf den Wahlzetteln und bänden politische Parteien verpflichtend aneinander.

Zusätzlich böten sich Einschränkungen für Populisten, die unmögliche oder inhumane Ansichten in die Gehirne politisch uninteressierter Menschen pflanzen, in reichlich vorhandenen Alternativen aktueller politischer Regeln an. Vor jeder Wahl einen Themenkatalog zu definieren, könnte dem Populismus wichtiges Wasser abgraben. Danach dürften Parteien ihre Wahlversprechen offiziell verlautbaren. Bei Brechung derer wären Sanktionen anzudenken. Spitzenkandidatinnen und –kandidaten einer Partei würden an ihren Worten gemessen. Ein Punkteabzug des erzielten Wahlergebnisses inkl. Sitzverlust böte eine Möglichkeit der Sanktion bei Zuwiderhandlung, ebenso bei Unwahrheiten, die über den politischen Mitbewerb in die Öffentlichkeit verteilt werden. ›Dirty Campaigning‹ überbordet, soziale Medien werden zunehmend zur Desavouierung der Konkurrenz genutzt. Mehrfache Verstöße gegen die ethischen Grundsätze des Regelkatalogs eines Wahlkampfes könnten mit Ausschluss aus politischen Funktionen auf Zeit sanktioniert werden.

Zum offiziellen Start des Wahlkampfes würden Ministerien angehalten, der Bevölkerung mittels der wichtigsten Medien in Fernsehen, Print und Rundfunk aktuelle Zahlen und Bilanzen mitzuteilen. Die öffentlichen Wahlkampfdebatten der Mitbewerber in den Medien sollten ausschließlich ihre generellen Positionen inkludieren und aktuelle Ereignisse außen vor lassen, um Populismus und das Haschen nach politischem Kleingeld zu vermeiden. Um kurzfristig Wählerstimmen zu generieren, sind Parteien heute (fast) alle Mittel recht. So ist es kein Novum, wenn Parteien ihre eigene Doktrin verlassen, um bei einer Wahl zu gewinnen. Alte emotional besetzte Grundlagen der Politik, speziell das Klassendenken und politische Ideologien, wären prinzipiell auf ihre humanistische Kompatibilität zu hinterfragen. Widersprechen sie den Chartas von UN und EU (spontan fällt mir die Dominanz der jeglichen Fortschritt verneinenden, radikalen Burschenschaften bei der FPÖ ein), ist eine Re-Organisation für die Teilnahme an einem Wahlkampf erforderlich. Demokratie-feindliche Tendenzen, auch in den untersten Ebenen der Parteien, müssen glaubhaft bekämpft werden.

Parteien berufen sich oft auf ideologisch zu ihrem Parteiprogramm inkompatible Vorgehensweisen, während sie (es ist global gleich zu beobachten) ihre Programme oft so modifizieren, dass sie mit dem Gründungsgedanken ihrer Fraktionen gar nicht mehr vereinbar sind. Widersprüche in den Programmen findet man daher zuhauf, Paradoxa im Verhalten der Funktionäre sind Usus. Wofür vor allem etablierte Fraktionen stehen, liest sich oft wie ein ›Best of Schlaraffenland‹, weit weg von jeglicher Vernunft. Dies erlaubt ›situationselastisches‹ Verhalten, wodurch sich parteipolitische Funktionäre charakterbefreit, stets ungestraft und auf Kosten der Bevölkerung verhalten dürfen, um politisches Kleingeld bei uninformierten Bürgerinnen und Bürgern zu kassieren. Ähnlich den Kirchen-oberen (unabhängig der Religion), die Bescheidenheit predigen, aber gerne in Palästen residieren und selbst Angestellte besitzen, die ihnen Alltags-Arbeiten abnehmen, widerspricht das Benehmen selbstherrlicher Politikerinnen und Politiker ihrem verantwortungsvollen Stand. Durch die Länge einer Legislaturperiode hindurch (aktuell in Österreich fünf Jahre) verhalten sich Parteien in Regierungsverantwortung schon nach kurzer Zeit weit abseits ihrer Programme und Versprechen. Sie handeln ungeniert nach Eigeninteresse, die Bevölkerung hat es auszubaden. ›Wasser predigen und Wein trinken‹ – ein Phänomen, dessen sich inzwischen alle Schichten der Gesellschaft bedienen.

Zusammenfassung:

- Die Demokratie ist morsch. Sie bröckelt an vielen Stellen, weshalb sie mittlerweile Gefahr läuft, von ihren Gegnern gezielt und dauerhaft zerstört zu werden. Um die Zukunft von Homo sapiens jedoch halbwegs hoffnungsvoll zu gestalten, ist es daher unumgänglich, gewohnte Strukturen zu überdenken. Nicht nur die Politik ist davon betroffen, sondern auch der mächtigste Zweig hinter den politischen Geschäften, die omnipotente Wirtschaft …
- Nach wie vor werden Mythen bedient.
- Obwohl viel mehr als nötig produziert wird, will man weiteres Wirtschaftswachstum.

Obgleich die Menschen unter extremen Belastungen wie Stress, Druck und finanzieller Not beinahe einbrechen, will die Wirtschaft hinter den politischen Entscheidungsträgern höhere Arbeitszeiten und niedrigere Löhne. Die heutige Politik hat schon längst die Bodenhaftung verloren. Sie arbeitet an den eigentlichen Bedürfnissen der Menschheit vorbei.

Ein Hauptbedürfnis ist unser Überleben. Dem wird nach wie vor kaum Rechnung getragen, denn Umwelt-Agenden sind nach wie vor Randerscheinung einer durch Überverwaltung gelähmten Politik.

Zusammenfassung

- Die politischen Kasten der modernen Demokratien agieren fast nur noch für sich selbst. Unsere Systeme gehören schleunigst modernisiert, bevor sie sich selbst demontieren.

Gordischer Knoten Weltwirtschaft

Wirtschaft. Ökonomie. Business.

Absolut egal, welchen Begriff man für globalen Handel verwendet, am Ende dreht sich alles nur um eines: Geld!

Keine Frage: Ökonomie ist unverzichtbarer Faktor jeder Zivilisation. Würde der Mensch nicht handeln, wäre der Sprung aus der Steinzeit in die Moderne niemals zu schaffen gewesen. Erst die Erfindung eines neutralen

Tauschmittels ermöglichte es unserer Art, sich zu spezialisieren, um den Bedarf einer wachsenden Zahl von Individuen zu befriedigen.

Handel unter zwei Parteien unterliegt einem trivialen Muster: Ein Dienst wird einfach durch einen adäquaten Gegendienst abgegolten. Hierfür benötigt es kein neutrales Zahlungsmittel.

Deshalb beherrscht die direkte Dienstleistung unseren Alltag nach wie vor in allen sozialen Ebenen und funktioniert prächtig. Komplexer wird es allerdings, wenn mehr Personen an einem wirtschaftlichen Kreislauf teilnehmen. ›Quid pro quo‹ als direkte Form des Austausches verliert seinen Wert. Braucht ein Handwerker einen Hammer, fehlen ihm meistens Zeit und Ressourcen, um diesen selbst herzustellen. Also wendet er sich an einen Baumarkt. Dieser ist darauf spezialisiert, Werkzeuge feilzubieten. Vollzieht besagter Handwerker seine Arbeit, finanziert er sich damit seine Grundbedürfnisse. Nahrung, Kleidung, Wohnung. Erzeugnisse werden wiederum von anderen Spezialisten (Bauern, Supermärkten, Baufirmen, Textil-Erzeugern etc.) bereitgestellt. Um deren Produkte zu konsumieren, wäre der Handwerker heillos überfordert, müsste er sie mit seiner Profession bezahlen. Dafür wurde eben Geld erfunden. Geld dient dazu, für jeden gleichen Wert zu besitzen, wobei der eigentliche Wert von der Produktivität einer Volkswirtschaft, also der Vernetzung einer großen Zahl von Menschen einer wirtschaftlichen Region, definiert wird. Diese Volkswirtschaft interagiert untereinander, deren Vernetzung variiert laufend. Geld wechselt daher ständig den Besitzer, wandert, ähnlich unserem Wasser, endlos im Kreis. Befand sich ein Geldschein gestern noch im Besitz eines Millionärs, wandert er vielleicht am nächsten Tag in die Hände eines Obdachlosen, der seine Bedürfnisse wiederum im Supermarkt ums Eck befriedigt, wodurch die Banknote wahllos weitergegeben wird. Die Erfindung einheitlicher Währungen (bis zum Mittelalter wurden verschiedenste Münzlegierungen zu einer regionalen Norm zusammengefasst) vereinfachte das Prinzip des Handels mit einem Schlag. Die verschiedenen wirtschaftlichen Mikrokosmen sind treibender Motor dafür, dass unsere Zivilisation überhaupt die Möglichkeit bekam, ständige Weiterentwicklung voranzutreiben. Wie ausnahmslos jeder Prozess im Universum hat aber auch ein System - wie die über tausende von Jahren entwickelte Ökonomie - mehrere Seiten einer Medaille.

Vor allem ist aber jeder Wirtschaftskreislauf, somit auch die Volkswirtschaften, erst recht aber der globale Handel, natürlichen Grenzen ausgesetzt. Diese Grenzen des Möglichen sind längst überreizt. Im September 2017 wurde eine aktuelle Studie publik, die das geschätzte Weltvermögen beschreibt. Der Spiegel als eines von vielen Medien berichtete: http://www.spiegel.de/wirtschaft/soziales/reichtum-weltweites-vermoegen-waechst-auf-169-billionen-euro-a-1170114.html

Im Jahr 2017 betrug das Gesamtvermögen der Menschheit also geschätzte 169 Billionen Euro. Diese Studie inkludiert einen gehörigen Haken: Einberechnet wurden Bankeinlagen, Wertpapiere, Versicherungen und Pensionsfonds. Faktoren mit keinerlei Relevanz für die Mehrheit der Bevölkerung der Dritten Welt. Einen Viehbauern in Somalia interessieren keine Fonds. Sein Vermögen misst sich an der Zahl der von ihm gehüteten Tiere, deren Wert je nach aktueller Nahrungslage in seiner Umgebung steigt oder fällt.

Diese Statistik, natürlich auf Grund der Komplexität unseres globalen Geldsystems nur grob geschätzt, hinterlässt einen auffallenden Aspekt: Nicht einmal ein Viertel des Gesamtvermögens sind Schulden. Passiva stützen das Vermögen anderer, schließlich existiert Geld nur durch vom Menschen gegründete Institutionen. Überraschend ist der Faktor 1:4 von Schulden und Vermögen dann doch. Der werte Leser mag sich deshalb eine ethische Frage stellen: Scheinbar ist vier Mal so viel Geld vorhanden, um die Schulden abzugleichen. Reziprok wird jenen, die eine Chance auf materielles Vermögen niemals bekommen werden, der Zugang zu materiellem Vermögen vorenthalten. 1:4 heißt für mich – man möge mich berichtigen – dass vier Mal so viel Geld vorhanden ist wie nötig. Dies fügt sich wunderbar in die Diskussion um allgemeine Verschwendung ein. Regionen, die es sich leisten, Produkte, die woanders dringend fehlen, einfach wegzuwerfen (insbesondere Nahrung), leben auf zu großem Fuß. Am Ende bleibt ein genereller Eindruck durch die veröffentlichte Statistik: Geld ist genug da. Es gibt sogar einen eklatanten Überschuss! Wäre dieser gerechter verteilt, verlöre eine Minderheit ihren Status. Die Mehrheit jedoch bekäme die Chance, menschenwürdig zu leben.

Damit beschreibt sich eines der massivsten Probleme des Kapitalismus: Am Ende schöpft ein kleiner Teil den Wert, den die große Masse produziert. So ist der Nährboden für gefährliche Schieflagen finanzieller wie in Folge sozialer Natur gegeben. Aktuell lässt sich diese Entwicklung in (fast) allen Staaten der Erde beobachten. Um die mittlerweile gefährliche Schieflage, die dem endgültigen Kippen nahe ist, darzustellen, ein paar aktuelle Beispiele aus der ganzen Welt:

In Österreich, immerhin eines der reichsten Länder auf diesem Planeten, hortet das reichste Prozent (grob gerechnet also die reichsten 80.000 Menschen) 40,5 Prozent des gesamten Vermögens. Währenddessen begnügt sich die ärmere Hälfte der Bevölkerung, also ca. 4 Millionen Menschen, mit knapp über einem Zwanzigstel des Volksvermögens[46]. Das demographische Verhältnis beträgt 50:1, jedoch beträgt die Individualsumme, die das Leben finanziert, besorgniserregende 1:20, verglichen mit den Mitteln des reichsten Prozents.

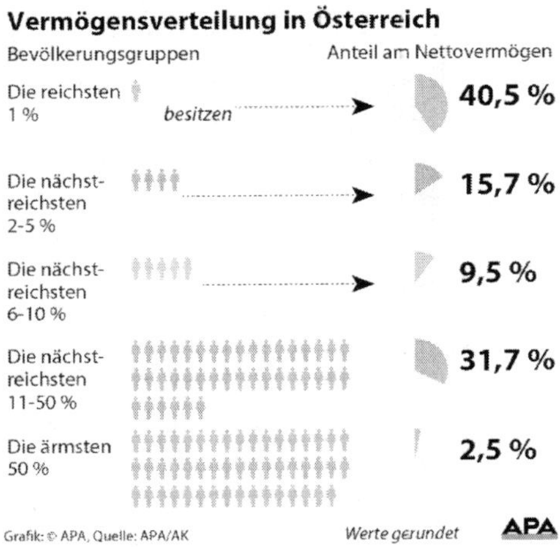

Quelle: DerStandard.at

Der Trend tendiert leider eher zu größeren Schieflagen denn zu besserer Verteilung.

Jeder kennt die Wippen, die Kindern auf Spielplätzen so viel Spaß bereiten. Dieses Spielgerät macht den Kleinsten so lange Spaß, wie das Gewicht auf beiden Seiten gut verteilt ist. Entwickelt sich auf einer Seite der Wippe zu viel Gewichts-Überschuss, kippt die Balance in eine Richtung und beendet damit die lustige Unterhaltung beider Seiten. So verhält es sich in den meisten Aspekten des Lebens. Dieser Effekt wirkt schon im subatomaren Bereich. An dem Punkt, an dem eine Seite zu viel Gewicht bekommt (Vermögen, Macht, Kraft etc.), kippt die Balance und das Spiel ist früher oder später vorbei. Die Verteilung materiellen Reichtums lässt sich vorzüglich mit dieser Wippe vergleichen.

Simple Rechnungen belegen diesen Effekt. Zwei alleinstehende Frauen, eine mit Kind, eine ohne Kind, mit ähnlichen Jobs, doch dem üblichen Gehaltsunterschied, der sich durch die Verpflichtung mit einem Kind ergibt, zeigt die Vermögenswippe unverblümt. Im Modell verdient die alleinerziehende Mutter 1200 Euro/Monat, zusätzlich werden zur Erhaltung des Kindes vom Kindesvater 300 Euro überwiesen. Die kinderlose Frau kümmert sich um ihre Karriere, verdient mittlerweile 2200 Euro/Monat. Beide bezahlen die gleiche Miete, realistisch gesehen beträgt diese bei einem Kind mindestens 500 Euro. Die alleinerziehende Mutter ist gezwungen, zwei Münder zu stopfen, weshalb ihr am Ende des Monats kaum Geld bleibt. Fällt ein Haushaltsgerät aus, muss das Konto überzogen werden (horrende Zinsen sind die Folge) oder sie kann diese mit dem Erhalt des 13. oder 14. Gehalts – in einem intakten Arbeitsverhältnis – erwerben. Anders die alleinstehende Frau: Da sie in der Gehaltspyramide schon weiter geklettert ist, – Kunststück, schließlich konnte sie sich pausenlos um ihr alleiniges Wohlergehen kümmern und hat zusätzlich niemanden zu versorgen - bleiben ihr am Ende des Monats (sie lebt relativ sparsam, doch verzichtet nicht) zwischen 800 Euro und 1000 Euro übrig. Nach drei Monaten ergibt sich daher eine Spanne von 3000 Euro, die unsere alleinerziehende Mutter nicht besitzt, die alleinstehende Frau jedoch schon. Diese lebt in ständiger Furcht vor kaputten Geräten, Krankheiten, Jobverlust und daraus folgender Existenzkrise. Folgeerscheinungen sind Krankheit, Depression und Sucht, weshalb im Alter mit hoher Wahrscheinlichkeit - vergleicht man beide Parteien - die alleinerziehende Frau mit höheren körperlichen Defiziten zu rechnen hat, was wiederum die Volkswirtschaft belastet. Die alleinstehende Frau lebt mit stetig wachsendem Kontostand und fürchtet keine Zukunft.

Diese Schieflage, selbstverständlich simplifiziert erzählt, wird in unserer Gesellschaft tagtäglich erhöht. Auch zwischen einzelnen Staaten kippen Volkswirtschaften auf Grund unterschiedlicher Voraussetzungen, die tatsächliche Fairness im Keim ersticken. In Österreich wird dieser Missstand mit jedem Tag größer, die Gefahr sozialer Ungereimtheiten wächst minütlich. Immer mehr Menschen tappen in die Armutsfalle, aus der es meist kaum ein Entkommen gibt. Zur gleichen Zeit wird das reichste Prozent immer reicher. Dazu ist nicht einmal mehr persönliches Engagement nötig, weil Immobilien, Fonds, Wertpapiere und Zinsen für automatischen Vermögens-Zuwachs sorgen. Einnahmen aus diesen Anlagen werden zumeist aus Geldern erwirtschaftet, die von der Masse der Mittel- oder Unterschicht kommen. Weniger Geld für die Massen, mehr Geld für die Wenigen. Bis die Wippe kippt...die Weltgeschichte erzählt uns in zahlreichen, blutigen Beispielen, wie solche Storys ausgingen.

Manche Stimmen könnten jetzt argumentieren, dass trotzdem niemand verhungern muss.

Das ist hierzulande richtig! Doch basiert unser Wohlstand auf purem Glück, denn glücklicherweise spuckt unsere Region mehr Bodenschätze aus, als die Bevölkerung verbrauchen kann. In anderen Ländern der Welt sieht es nicht so rosig aus. Derartige Ungleichheit beginnt bei der Gnade der Geburt. Im weiten All existiert keine Gerechtigkeit, genauso ist Gerechtigkeit kein Thema unserer schönen Erde, sondern Erfindung unserer Zivilisation. Schon unsere Geburt entscheidet darüber, wie groß die Chancen für ein halbwegs glückliches Leben stehen. Wir wählen nicht, auf welchem Punkt und in welcher Zeit der Welt wir das Licht erblicken. Durch das Geschenk des Lebens sind wir einfach da, urplötzlich, ohne Vorwarnung. Ab der ersten Minute unseres Daseins driftet der persönliche Weg ohne Zutun in gänzlich diverse Richtungen. Eine Richtung, die nur schwer korrigierbar ist …

Ein Großteil der Menschen in den Oberschichten der Länder parkt ihr Vermögen in Fonds, Wertpapieren etc., ziehen es damit aus dem Kreislauf und lassen es ›arbeiten‹, wodurch sich die Lage sekündlich verschärft. Um reicher zu werden, wird daher Geld – schließlich ist man nicht gezwungen, es im Alltag auszugeben – platziert. Dieses vermehrt sich geduldig durch Zinsen und Renditen. Zinsen erschaffen aber keinen praktischen Gegenwert, sie basieren auf keinen produzierten Gütern, die Produktivität und Wertschöpfung auf der Habenseite ausgleichen. Also muss mehr Geld in den Kreislauf gepumpt werden. Der Zwang zum Wirtschaftswachstum entsteht … ein erzwungener Prozess, der sich irgendwann erschöpft.

Unser Nachbar und unmittelbarer Handelspartner Deutschland weist ähnliche Zahlen wie Österreich auf. Deren Schlüssel offenbart, dass die 45(!) reichsten Haushalte genauso viel Besitz vereinen wie die ärmeren 50 Prozent Deutschlands[47]. Der Median beträgt 60.000 Euro, doch ist es logisch, dass dieser Durchschnittswert im realen Leben nur von wenigen erreicht wird. Die Majorität der Menschen besitzt weit weniger, so sie überhaupt etwas auf ihrer Habenseite aufweisen kann. Schon bei einem durchschnittlichen Vermögen von 60.000 Euro stellt sich eine simple, doch wichtige Frage: Benötigt ein einzelner Mensch ein derartiges Vermögen? Immerhin ist dies ein Überschuss, der sich sammeln konnte, während das Leben jede Sekunde fortschritt. Leider fehlt dieser Überschuss genau jenen, die - primär in Städten lebend - nicht wissen, woher sie Geld für ein neues Haushaltsgerät auftreiben, wenn das alte den Dienst verweigert. Menschen mit derartigem Vermögen argumentieren gerne mit ›Das habe ich mit Fleiß erwirtschaftet‹, womit sie diesen global extrem obszönen Überschuss wiederum mit komfortablen Jobs, ihren Bedürfnissen entsprechend gesetzlich geregelt, erwirtschaften konnten. Ebenso aber kann man jedem ›Leistungsträger‹ ein Heer an Menschen gegenüberstellen, das durch ungleich aufwändigeren Kraftaufwand seinen Lebensunterhalt zu bestreiten hat, trotzdem aber nie die Gelegenheit bekommt, Überschüsse zu erwirtschaften. Billigere Jobs implizieren höheren Stress, sowohl in der Arbeit als auch im Privatleben, womit die Gesundheit weit mehr leidet und dementsprechend die Lebenserwartung sinkt. Die Wippe… Das Geld, das ein paar reichen Menschen also nur noch als Erfüllung des virtuellen Status Quo dient, fehlt einer ungleich größeren Zahl von Individuen akut. Geld allein macht nicht satt, wie wir alle wissen und uns selbst oft tröstend einreden. Dieses Geld erfordert Investitionen in entsprechende Gegenwerte, um persönliche Bedürfnisse zu befriedigen. Parken ein paar Wenige allerdings dieses Geld, verliert der tägliche Wirtschafts-Kreislauf wichtige Impulse. Summen, die den Bevölkerungen der Welt dringend fehlen! Weshalb wiederum – der Teufelskreis schließt sich – die gesamte Wirtschaftsleistung wachsen muss. Paradoxerweise produziert die menschliche Zivilisation Überschüsse in beinahe allen Bereichen der Wirtschaft. Der Umgang mit den Überschüssen, zusammen mit dem Phänomen der ungleichen Verteilung, provoziert die Probleme, die sich mancherorts schon turmhoch stapeln. Wir können es uns schon längst keine Überproduktion mehr leisten, die immer nur dasselbe Perpetuum mobile der Weltwirtschaft bedient … ihr erzwungenes Wachstum.

Global zeigt sich die Lage noch düsterer:

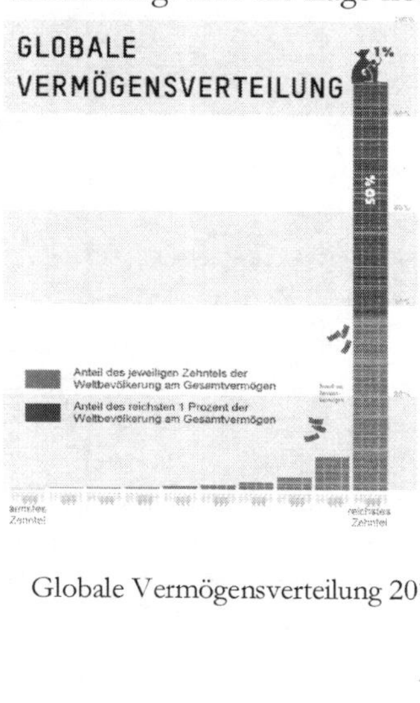

Globale Vermögensverteilung 2017 – Quelle: Oxfam.de

Das ›Jahoda Bauer Institut‹ publizierte dazu auf seiner Homepage einen interessanten Artikel, der die Ungleichheit in der Welt trefflich beschreibt. Kennen Sie den ›Fat Cat Day‹? Dieser mit einem ironischen Namen getaufte Tag bezeichnet den Punkt, an dem Topmanager im laufenden Kalenderjahr das jährliche Einkommen durchschnittlicher Arbeitnehmerinnen und Arbeitnehmer erwirtschaften. Großbritannien beging ihn am 3. Jänner, dem dritten(!) Tag des Jahres. Topmanager im Vereinigen Königreich verdienten drei Tage nach Silvester dieselbe Summe, die einen durchschnittlichen Arbeiter oder Angestellten das ganze Jahr zum Arbeiten zwingt. Deutschland ›feiert‹ diesen Tag am 5. Jänner, Österreich immerhin am 10. desselben Monats.

Quelle: http://jbi.or.at/neue-daten-zur-vermoegensverteilung-in-globaler-perspektive/

Die globalen Zahlen ernüchtern und desillusionieren. Nüchterne Ziffern und darstellende Grafiken erklären den Missstand unverblümt. Sie präsentieren grafisch eine soziale Divergenz, deren Kluft täglich wächst, auf leicht begreifbare Weise und verleiten dazu, das System an sich in Frage zu stellen. Schließlich endeten derartige soziale Unterschiede ausnahmslos in bewaffneten Konflikten. Sei es in Bürgerkriegen oder Auseinandersetzungen mehrerer souveräner Staaten. Die Folgen davon kennen wir zur Genüge: Leid, Elend, Tod. Wiederum bei jenen erzielt, die eine fatale Schieflage gar nicht provozierten: Bei den Unschuldigen.

Auf dem gesamten Erdenrund florieren die Vermögen der Superreichen und Reichen. Nicht, weil diese so hart anpacken, sondern weil sie schon längst dem Wirtschaftssystem entwachsen sind, sodass sich deren Geld von allein vermehrt.

Wieder eine simple Rechnung, die viel beschreibt:

1 Prozent jährliche Zinsen auf 1000 Euro, also 10 Euro, sind nicht viel. Bei einer jährlichen Inflation von durchschnittlich 2-3 Prozent in Österreich verliert dieser Zinssatz einiges an Realwert, die Kaufkraft schrumpft. Dasselbe Prozent bedeutet jedoch bei einem Vermögen einer Milliarde, dass dieses Vermögen um 10 Millionen wächst. 10 Millionen sind eine Wirtschaftsleistung, die einer großen Zahl von Menschen in diesem einen Jahr harte Arbeit abfordern. Reiche und Superreiche lehnen sich in diesem Zeitraum gemütlich zurück und müssen keinen Finger mehr rühren, um ein weit komfortableres Leben als ›kleine Leute‹ zu führen, trotz harter Arbeit dieser

›kleinen Leute‹. Ihnen könnte nichts mehr passieren, selbst bei einem Kollaps des Systems. Kollabiert die Wirtschaft, bleibt ihnen etwas, das der Majorität verwehrt ist: Sicherheit in Form von Immobilien, Firmen usw.

Deren Gier ist es, die für die Unweigerlichkeit des Kollapses sorgt. Die Frage nach dem erneuten Zusammenbruch der Ökonomie lautet nicht ›ob‹, sondern ›wann‹.

Harte Arbeit erzeugt keinen Reichtum mehr. Höchstens Depressionen, Burn-Outs, private Probleme, Herzinfarkte und viele körperliche wie psychische Krankheiten werden damit produziert. Wiederum der ›Wippen-Effekt‹: Befindet sich ein Mensch in einer höheren Ebene der unternehmerischen Hierarchien, helfen oft Netzwerke, wenn das obligatorische Lebenstief vielleicht dafür sorgt, dass der oder die Betroffene in die Krise stürzt. Das Risiko, aus dem Wirtschaftssystem rauszufallen – sei es durch Arbeitslosigkeit oder durch Depression oder körperliche Schäden erzeugte Antriebslosigkeit - belastet die unteren Schichten der Arbeitswelt zusätzlich.

Laut der Oxfam-Studie besitzt das reichste Prozent der Weltbevölkerung, also das reichste Hundertstel, 82 Prozent des gesamten Vermögens der Welt[48]. Ungeheure Zahlen wie diese verdeutlichen, warum unsere Art Problemen entgegenschnellt, die in naher Zukunft vielleicht nicht mehr regulierbar sind. Um die Reichen in ihrem Geldfluss – immerhin bedeutet in unseren Breiten Mammon zugleich Macht – zu unterstützen, wird die Politik von diesen, durch Anwendung finanzieller Mittel als auch durch Drohungen, den Standort zu wechseln, auf Linie getrimmt. Kürzungen für die Ärmsten werden schnell ratifiziert, oft auch umgehend exekutiert. Parallel dazu parkt die ökonomische Obrigkeit ihr Geld im Ausland oder weiß um Steuerlücken, die garantiert genutzt werden. Kurzsichtigkeit in der Politik befeuert die Wippe also noch mehr, denn persönliche Benefits werden den unterstützenden Politikern in Aussicht gestellt. Hier in Österreich wehren sich diese Cliquen erfolgreich gegen eine Besteuerung obszön hohen Besitzes. Warum? Weil sie ihr Geld als Mittel der Macht einsetzen. Mit Geld kann man vieles kaufen, bedauerlicherweise auch die ideologischen Richtungen pseudo-demokratischer Parteien. Noch schlimmer allerdings wirkt sich dieser Effekt auf die Umweltschutz-Ambitionen eines Landes aus: Kaum ein Magnat interessiert sich für ökologische Zwänge, die den Umsatz schmälern könnten, weshalb im Hintergrund fleißig gegen politische Maßnahmen zum Schutz der Umwelt agitiert wird. Eigeninteressen überflügeln in diesem verbreiteten Falle die Interessen der Allgemeinheit. Am Ende leiden alle, doch die Reichen leisten sich zumindest persönliche Vorteile, wenn alles den Bach runter geht. Warum? Weil sie es durch ihr Geld können!

Politische Fraktionen, insbesondere selbsternannte ›rechtskonservative‹ Parteien wie die deutsche CDU oder die österreichische ÖVP, fürchten ein Ende der willkommenen Zusatzeinnahmen, weshalb sie – NLP-geschult – in blumigen Worten der Öffentlichkeit beibringen, warum man sparen muss. Die Botschaft dahinter ist aber ein subtiler Vorwurf, weshalb das ›Wie‹ des Sparens selbstverständlich auf Leistungen zielt, die an der eigenen Klientel vorbeigehen. Sozialleistungen werden gekürzt und Schuldige an den (leider oft erfundenen) Miseren werden ausfindig gemacht. Die wahren Diebe an der Volks-Ökonomie werden somit aus dem Schussfeld genommen und Sündenböcke als Ersatz aufgebaut. Um die Massen ja nicht dazu zu provozieren, Aussagen zu hinterfragen, werden ihnen in schönster Regelmäßigkeit Knochen in Form von Hetze gegenüber fremden Menschen (die sich bekanntlich am wenigsten wehren können) oder den politischen Mitbewerbern vorgeworfen. Ganz viele schlucken gedankenlos diese durchsichtigen Köder, woraufhin sie sich gegen eine Gruppe von Menschen empören, die selbst - angeschlagen wie ein wehrloser Boxer, der sich kurz vor dem k.o. befindet – taumelnd in den Seilen hängen. Ganz oben sitzen die ›Leistungsträger‹, schon längst fett gefressene Parasiten an den Zitzen der Allgemeinheit, und reiben sich auf Grund der Simplizität ihrer Ablenkungsmanöver die Hände.

In der Praxis wirkte sich dies im Österreich des Jahres 2018 in Arbeitszeitverlängerung, gestrichene Förderungen für Minderheiten, Sündenbock-Politik und täglich steigendem Druck auf Menschen mit geringen finanziellen Möglichkeiten aus. Sind Menschen allerdings zu kaputt von den Änderungen, die durch reiche Lobbyisten vorangetrieben wurden, fehlt ihnen - so das nicht unberechtigte Kalkül – die Kraft zur Hinterfragung und dementsprechendem Aufstehen gegen diese Art der Politik. Wie man es dreht und wendet → am Ende büßen viele für den Profit weniger.

Gemeingefährlich wird es dann, wenn Machthaber einflussreiche Gebiete regieren, wie die USA. Bevorzugt der amerikanische Präsident (aktuell sitzt ja vielleicht eine der dümmsten Personen der Weltgeschichte im Oval Office) Reiche, ziehen diese weiterhin völlig ungeniert Kapital aus anderen Ländern oder den Portemonnaies der eigenen Landsleute. Fördert er Umweltsünder wie die Kohle- oder Autoindustrie, resultiert dies in Umweltkatastrophen, die weit über die Landesgrenzen hinaus Wirkung zeigen. Warum? Weil es opportun ist, sich selbst die Taschen zu stopfen, denn heimlich über den Tisch wandernde Kuverts schaden bekanntlich nie!

Aufschluss über das Ungleichgewicht globaler Finanz-Möglichkeiten erhält man weniger noch durch die Verteilung von Vermögen, nach Personen aufgerechnet, sondern regional betrachtet. Es zeigt sich ein globales Ungleichgewicht von Wirtschaften, das jedem Vergleich spottet. Während in der Schweiz jeder Zehnte ein Vermögen von über 1.000.000$ sein Eigen nennen darf, weist mehr als die Hälfte der restlichen Staaten der Erde kaum einen Millionär in den eigenen Reihen auf. Schweizer Bewohner besetzen jedoch garantiert nicht adäquate geographische Gebiete und verhältnismäßig gigantische Rohstoff-Vorkommen … ein groteskes Ungleichgewicht[49] [50] [51] [52] [53] [54] [55] [56] [57].

Nennen wir die Dinge beim Namen: Es wäre längst überfällige Pflicht der Industrieländer, die Schieflage der globalen Gesellschaft wieder in ein vernünftiges Maß zu bugsieren, denn sie besitzen die Mittel dazu (Nebenbei profitieren sie auch am stärksten von den Effekten der Globalisierung). Dieses vernünftige Verhältnis ist heutzutage doppelt wichtig, denn soziale Unruhen drohen sowieso auf Grund des Zustands unseres Planeten. Wenn die Effekte unseres Raubbaus verstärkt und unumkehrbar auftreten, wird es noch früh genug ein globales Aufpoppen neuer Krisenherde geben. Werden diese jedoch durch schon zuvor geschaffene Unterschiede geschürt, könnte sich die Situation schnell prekär entwickeln. Nur regieren in diesen Staaten vorwiegend Verbrecher an der Menschheit, deren einzige Motivation das eigene Wohl ist. Hochgespült durch mächtige Kontakte, agieren sie als Handlanger der Großindustrie. Auf Kosten aller. Man findet kaum Fachleute in den verantwortungsvollen Positionen. Meist sind es Günstlinge, die sich, wie zuvor beschrieben, durch ihren ausgeprägten Machthunger in diese Stellungen hievten. Mangelnde Fachkenntnis endet nicht selten auch in kurzsichtigen Gesetzen. Vor allem aber steigt der Preis, den unsere unmittelbaren Nachkommen zu bezahlen haben …

Eine funktionierende Wirtschaft ist unverzichtbares Fundament einer dauerhaft intakten Gesellschaft. Unsere Weltwirtschaft hat sich leider längst aus gesunden Dimensionen verabschiedet, wuchert wie ein Tumor und ist kaum mehr in seinem Niedergang aufzuhalten. Wie agiert ein Tumor? Er wütet, bis der Wirtskörper stirbt. Ist der Wirtskörper verstorben, kann der Krebs nicht mehr wachsen. Unsere Gesellschaft ist der Wirtskörper, aus welchem gierige Multis nun die letzten Widerstandskräfte saugen. Die Bevölkerungen wurden zu einem Spielball einiger Weniger, die stets auf Kosten anderer immer mehr an sich raffen und jedem vernünftigen Maß entschlüpft sind. Eine der größten Gefahren ergibt sich aus deren gierigen Einstellung, Geld für sich ›arbeiten‹ zu lassen. Konsequenz dieser Vorgehensweise? Unabdinglich muss mehr produziert werden, obwohl mehr als genug geschaffen wurde.

Brüllen wir alle also ein lautes ›Danke, ihr Narren!‹ zu den Reichen und Superreichen. Deren kurzsichtiges und gieriges Verhalten - leider nach wie vor durch ein undurchsichtiges Zinssystem protegiert – trägt Hauptschuld am Kränkeln unseres Planeten und der verstärkten Gefährdung der eigenen Spezies. Doch tragen die Reichen nur einen Teil der Schuld. Polemik nützt niemandem. Denn auch Schurken können – vor allem in der Unterzahl – nur so agieren, wie es die Mehrheit zulässt. Wir alle können uns durch unsere Inkonsequenz gegenüber diesen Parasiten am Gemeinwohl, über Jahrhunderte angezüchtet, ›stolz‹ auf die Brust klopfen, dass unsere Kinder und Enkel das Ergebnis mit aller Wucht erdulden müssen. Es ist daher unsere Pflicht, unsere Ansicht von ›Leistung‹ zu hinterfragen. Vom üblichen ›Leistungs‹-Begriff profitiert einzig und allein die Wirtschaft – präzise die Industriellen und Magnaten – die eine krankhafte Mentalität ausgesprochen tief in die Volksseelen gepflanzt haben und diese bis auf den letzten Schweißtropfen ausquetschen.

Es reicht, sich im engsten Kreis umzuhören oder in sozialen Medien zu stöbern. Der Wert eines Menschen in unserer Gesellschaft wird daran gemessen, wie krumm er sich arbeitet.

Ob die ganze Woche stöhnend, unglücklich und aufzehrend verbracht wird...einerlei, denn wenn es um Arbeit geht, wird gleichzeitig mit der Intensität der persönlichen Anstrengung geprahlt. Wenig Verdienst, keine Arbeitnehmerrechte? Egal: ›Ich hackle so viel, dass ich keine Zeit habe, um darüber nachzudenken. Zum Nachdenken kommen doch nur die Faulen!‹. Klingt paradox, wenn man so darüber nachdenkt, oder? Ist es auch. Nehmen wir mal an, nur aus Spaß, dieses Leben wäre als definitiv einziges Leben bewiesen. Wären die Menschen noch immer stolz darauf, sich kaputt zu arbeiten? Wären sie immer noch selig mit ihrer Einstellung, nach dem Pensions-Antritt körperlich invalid durch überbordende Anstrengungen über lange Zeiträume zu sein und einfach nur auf den Tod zu warten?

Bei einem geschätzten Vermögen von 1.300 Milliarden Euro – abzüglich Schulden – würde der durchschnittliche Österreicher, wäre dieses Geld fair verteilt, ungefähr 150.000 Euro besitzen.

Säuglinge und Greise inkludiert. Jetzt soll mir jemand erklären, dass wir alle ständig die Produktion zu erhöhen haben, bei einem durchschnittlichen Vermögen wie diesem. Da das Gros der Wertschöpfung aus der gesteigerten Produktivität (die Effizienz vervielfachte sich durch die Ära der Digitalisierung exponentiell) wiederum nur den Reichsten zugutekommt, kippt dem denkenden Menschen vor ungläubigem Staunen die Kinnlade zu Boden. Zahlen wie diese lässt sich ein Industrieller natürlich nicht gerne vorlegen. Schließlich fühlt er sich verpflichtet, seine Aktionäre mit ausreichend Dividenden zu füttern, bevor der Börsenkurs flattert. Also verlangt der typische Anleger wütend Wertsteigerungen, um Renditen einzunehmen – natürlich langfristig (Wiederum werden Papiere dazu genutzt, Wachstum zu befeuern)! Daraufhin verlangt der Industrielle Schritte seitens der Politik, die diametral zu den nötigen Maßnahmen stehen. Aktuell darf sich die österreichische Arbeitnehmerschaft ja seit 1.9.2018 über eine Arbeitszeitverlängerung statt -verkürzung durch markant gesteigerte Produktionsanforderungen ›freuen‹. Dass die Arbeitnehmer bevorzugt sind, ist kategorisch auszuschließen. Arbeitnehmer stellen sich aber hinter die Maßnahmen, frei nach oben beschriebener Maxime: ›Je mehr man arbeitet, desto mehr ist man wert‹. Tja, nur diese eine Existenz ist garantiert. Ein Leben nach dem Tod nicht. Weshalb also bei eindeutig vorhandenem Überschuss das eigene Leben schwersten Reduktionen an lebenswichtigen Faktoren wie Freizeit, Zeit mit der Familie oder Erholung unterzogen ist und von jenen, die sie erleiden, legitimiert wird, entzieht sich meiner Logik. Wir arbeiten uns kaputt, bis wir mausetot sind … und sind auch noch stolz darauf!

Nur, wie brechen wir diese unnötige Endlosschleife des Wirtschaftswachstums als höchstes Gut? Das wird schwierig. Selbstverständlich könnte man abwarten, bis sich die Lage von selbst reguliert, entweder durch die permanent schneller fortschreitenden Umweltprobleme oder durch einen immer wiederkehrenden Wirtschaftskollaps wie 1929. Diese Ereignisse ziehen aber unweigerlich großes Leid nach sich, ausgerechnet bei jenen, die eben keine angehäuften Vermögen besitzen. Menschen, die nichts haben, können sich meistens nicht wehren. Die Geschichte lehrt uns jedoch, dass es die Wehrlosen sind, die die Suppe langfristig und schwer leidend auslöffeln. Also sollten rasch Alternativmodelle ausgeklügelt werden. Doch wie man es auch dreht und wendet…geht die Weltgemeinschaft nicht geschlossen und radikal gegen das wirtschaftliche Ungleichgewicht vor, profitieren am Ende wieder jene, deren Besitz schon zuvor gehortet und in Sicherheit gebracht werden konnte. Gerade die Modelle der weltweiten Ökonomie und ihre undurchdringlich scheinende Komplexität fördern schädigende Einflüsse durch längst etablierte Machtinstrumente wie Schmiergeld. Ohne Geld kein Einfluss. Einfache Rechnung. Oder auf österreichisch: ›Ohne Göd ka Musi!‹. Dieses wird uns aber beinahe gönnerhaft von jenen bereitgestellt, die daran fleißig und mit dem erworbenen Ertrag der großen Mengen von kleinen Kunden verdienen – Banken.

Einzige Herausforderung der globalen Wirtschaft abseits des Schutzes unserer Umwelt bleibt daher die Linderung des finanziellen Ungleichgewichtes auf der Welt. Diese Schieflage zu Gunsten weniger Menschen bewirkt kausal viele regionale bis überregionale Probleme, derer wir uns momentan oft sogar nicht einmal bewusst sind, die aber schon längst vor der Tür stehen. Bevor sich gewalttätige Eskalationen in bewährter Form wiederholen, sollten Parlamente in aller Welt reformiert werden. So lange Geld gleich Macht ist, ist die Menschheit aber machtlos.

Zusammenfassung:

- Wie viel benötigt der Mensch? Ist ewiges Wachstum nicht die größte Fehleinschätzung, der wir unterliegen? ›Weniger ist mehr‹ sollte daher künftige Maxime sein, um Kriegen und Engpässen zuvorzukommen.

Soziale Brennpunkte

Zuerst möchte ich mit seltsam anmutenden Fakten dieses Kapitel beginnen: Nie zuvor in der Geschichte ging es der Menschheit, generell betrachtet, so gut wie heute. Sie scheint am absoluten Peak angekommen, einem noch vor 50 Jahren undenkbaren Level. Noch nie wurden so wenige Menschen auf dem Globus Opfer durch bewaffnete Auseinandersetzungen (wobei noch immer jeder tote Mensch einer zu viel ist) wie in diesem Jahrzehnt (obwohl die Folgen des arabischen Frühlings, die im Syrien-Krieg mündeten, die Kurve wieder anschwellen ließen)[58].
Wie man weltweite Trends aber auch interpretieren will: Unabhängig von eigenen Ideologien gibt es an den absoluten Zahlen keinen Zweifel am bisher besten Standard, den die Menschheit je hatte.

Um diesen Luxus-Zustand, den unsere Gesellschaft längst schon als ›selbstverständlich‹ betrachtet, in Grafiken zu zeigen, braucht es nicht viel Recherche:

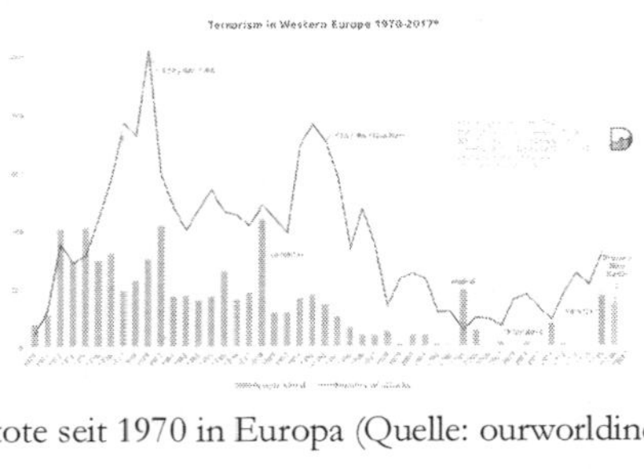

Terrortote seit 1970 in Europa (Quelle: ourworldindata.org)

Durch einzelne Terroranschläge vorwiegend islamistischer Extremisten gab es in der Kurve seit 9/11 immer wieder Ausreißer nach oben. Ein Trend zu eminenter Terrorgefahr, wie uns von vor allem paranoiden Rechtspopulisten suggeriert wird, ist aber keineswegs zu erkennen, im Gegenteil. Terror als Todesart entwickelte sich schon lange zur exotischen, astronomisch kleinen Gefahr. Doch trotz alledem hyperventiliert die westliche Welt, wenn es um einzelne Anschläge geht…

Nebenbei sinkt in Europa auch die Zahl der Verkehrstoten. An einem Autounfall zu sterben ist ungleich wahrscheinlicher, als einem Terroranschlag zum Opfer zu fallen. Noch nie allerdings kreuzte jemand meinen Weg, der sich ängstigt, wenn er ein Auto besteigt…

Kein Thema stellt die Irrationalität von Angst als emotionalen, politischen Motor besser durch Zahlen dar als die kollektive Angst vor Terror.

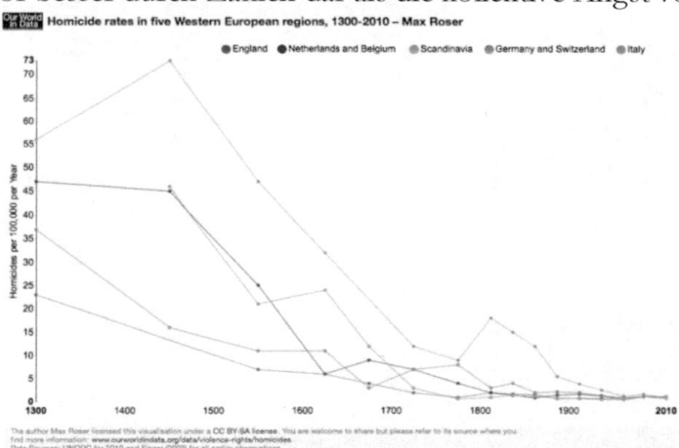

Mordrate in Europa am Beispiel einiger Länder (Quelle: ourworldindata.org)

Auch die Mordraten in den europäischen Staaten bewegen sich - pro Jahr auf 100.000 Einwohner hochgerechnet - stabil bei 3-4 Personen, einem historisch unvergleichlich niedrigem Niveau. Jeder einzelne Mord ist noch immer einer zu viel, das steht außer Frage. Gewaltpotential herrscht nach wie vor in unserer Gesellschaft. Deshalb ist es wahrscheinlich auch niemals zur Gänze zu verhindern, dass Menschen durch Gewalt verletzt oder gar getötet werden. Und doch: Auch hier erkennt man den Wohlstand, der sich in Europa manifestiert hat. Und trotzdem wird überall aufgerüstet und panisch - einer vermeintlichen Sicherheit wegen - jede Entfaltungsmöglichkeit des Individuums, insbesondere im Stadtgebiet, im Keim erstickt. Es könnte ja theoretisch etwas passieren, weshalb nach jedem Vorfall, jedem Unglück, sofort die Politik mittels Anlassgesetzgebung einschreitet. So wandert unsere Freiheit Stück für Stück in den Mülleimer, einer vorgegaukelten ›Sicherheit‹ wegen. Vor allem wird, die Technik lässt es inzwischen zu, in geradezu hysterischer Art und Weise Überwachung der eigenen BürgerInnen vorangetrieben. Enthemmt spioniert der Staat die Bürgerinnen und Bürger auf Schritt und Tritt aus, denn in uns allen steckt scheinbar ein potentieller Supergangster.

Die nächste Statistik widerspricht allen Versuchen, Panik in die Gesellschaft zu treiben. Quelle: ourworldindata.org

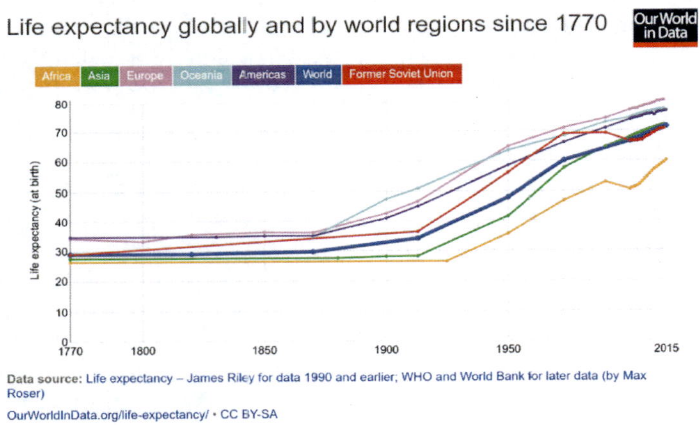

Seit der industriellen Revolution stieg die durchschnittliche Lebenserwartung weltweit auf meist mehr als die doppelte Lebenszeit an. Parallel zur individuellen Produktivität stieg auch die Zeit, die es uns erlaubt, produktive Arbeit zu tätigen, gleichermaßen an.

Gründe dafür gibt es in Hülle und Fülle:

- Bessere Hygienebedingungen
- Steigende medizinische Versorgung
- Eklatant verbessertes Bildungsniveau (obwohl noch vieles im Argen liegt, hat sich das durchschnittliche Wissensniveau fantastisch verbessert.)

- Perfektionierte infrastrukturelle Maßnahmen
- Stabilere politische Systeme
- bessere Lebensmittel-Versorgung, ebenso weitaus höhere Qualität unserer Nahrung
- weniger Krankheiten durch sauberes Trinkwasser
- usw.

Zahlen wie diese repräsentieren inzwischen nicht nur den alten Kontinent Europa inklusive Nordamerika und Ostasien, sondern jeden Erdteil unserer Erde. Selbst in der Dritten Welt haben sich die Umstände in den vergangenen Jahrzehnten markant zum Besseren verändert. Überall lässt sich (mit diversen Ausreißern nach oben und unten) eine ähnliche Tendenz feststellen, dass die Menschheit floriert wie nie zuvor. Trotz Überbevölkerung und steigender Enge wächst der Standard merklich.

Statistiken der UNICEF (letzter Bericht von 2015) untermauern diese Behauptungen. Sie spiegeln eine Menschheit wider, der es noch nie so gut ging wie heute.

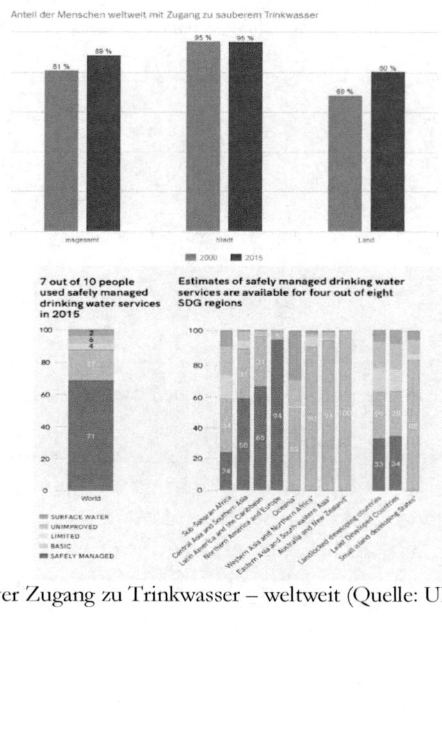

Relativer Zugang zu Trinkwasser – weltweit (Quelle: UNICEF)

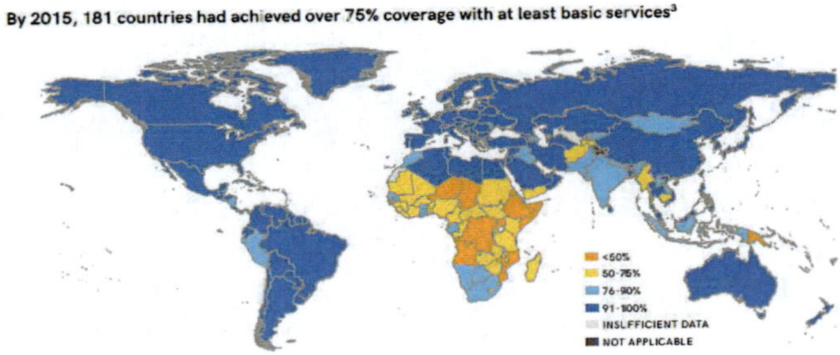

Zugang zu Trinkwasser nach Region – Quelle: UNICEF

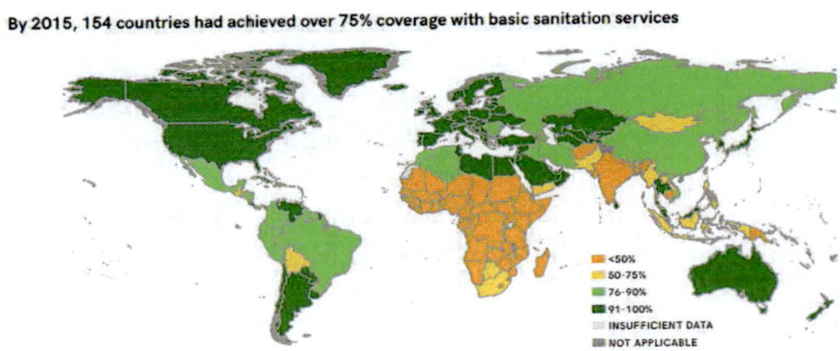

Zugang zu sauberen sanitären Anlagen nach Region – Quelle: UNICEF

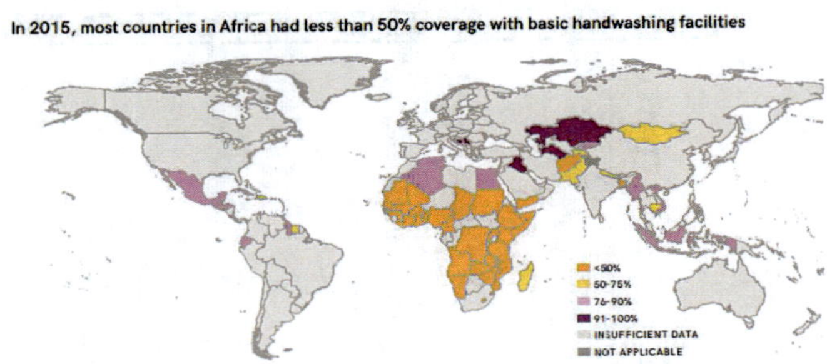

Zugang zu sauberem Wasser beim Händewaschen nach Region – Quelle: UNICEF

Eigentlich bleibt kaum noch Platz für Interpretationen negativer Art – die Menschheit entwickelte sich bislang prächtig! Weniger Gewalt als je zuvor bedroht unsere individuelle Existenz, Krankheiten werden immer erfolgreicher bekämpft, Unfälle und daraus erfolgendes Leid durch optimierte Bedingungen werden, soweit es geht, verhindert. Währenddessen verbessern sich nicht nur die Präventivmaßnahmen, ebenso steigt die Versorgung mit Nahrung, Trinkwasser und medizinischer Versorgung drastisch an. Selbst in den entlegenen Gegenden der Welt finden sich geschulte Ärzte und Nahversorger. Menschen werden zunehmend mobiler, womit sich auch die Varianzen des persönlichen Lebensstils sogar für exotische Destinationen erhöhen. Seuchen aufgrund katastrophaler hygienischer Zustände werden zurückgedrängt, selbst in den Molochen der Dritten Welt, vor kurzer Zeit noch lebensgefährliche Brutstätten für tödliche Bakterien aller Art. Das Internet erledigt den Rest: Die Orte, in denen der Zugang zum World Wide Web verhindert wird, schwinden mit jedem Tag. Somit erhöht sich für die Menschen in entlegenen Gegenden auch die Gelegenheit, sich zu bilden, zu informieren und damit geistig zu verbessern. Im gleichen Zug verbessern die Menschen ihre Umstände selbst. Optimiertes Bildungsniveau erlaubt es allerorts, sich selbst zu reflektieren, zu schützen und die persönliche Umwelt perfekter zu gestalten. Natürlich existiert überall noch Verbesserungspotential, das ist keine Frage. So lange Menschen einen unnatürlichen Tod sterben können, so lange reagieren die Behörden als auch die Communities selbst mit Prävention. Es ginge immer besser.

Leider sind diese Trends endlich. Gegenteilig ziehen all diese positiven Änderungen schlimme demographische Konsequenzen nach sich, so sie nicht gelöst werden. Lokale Katastrophen bis globale Massensterben (wie zum Beispiel durch die immer schwelende Gefahr von Pandemien) bedrohen uns täglich, falls wir nicht sorgsam auf die Zeichen achten. Wir alle wissen um die Vergänglichkeit allen Seins. Rekord-Zustände, wie sie derzeit noch herrschen, stellen keine Selbstverständlichkeit dar. Sie sind das Ergebnis ständiger Verbesserung der menschlichen Zivilisation. Unsere Fähigkeit, Vergangenes für die Nachwelt erhalten zu können, erlaubt uns daher, dank der immer und überall greifbaren Erfahrung, aus dem Vollen beim Umgang mit potentiellen Gefahren zu schöpfen. Bedauerlicherweise sind die Naturgesetze nicht einmal von uns, den ›Herren über die Natur‹, auszuhebeln, sodass die Geschichte der Menschheit ebenso wie jene der Erde einer Sinuskurve gleicht. Wo heute noch Luxus und Wohlstand herrschen, könnten schnell die Verhältnisse so kippen, dass sie in Morden, Kriegen, Armut und Hunger münden. bleiben die Bevölkerungen der Welt nicht achtsam. Schnell wendet sich das Blatt, sollten wir Gefahr laufen, von all dem Komfort träge und unvorsichtig zu werden. Auf Dauer lässt sich das ewige Auf-und-Ab nicht verhindern. Das sollte uns schon bewusst bleiben. All das Wissen um die monumentalen Gefahren, die auf des Menschen Horizont erschienen sind, - teils durch Selbstverschulden, teils auch durch nicht zu verhindernde Effekte (zum Beispiel hat radikal verbesserte Medizin und die daher prosperierende durchschnittliche Lebenserwartung den Preis explodierender Bevölkerungszahlen) – sollte uns eigentlich dazu beflügeln, Vorsichtsmaßnahmen zu treffen.

Sachlicher Umgang mit Daten und daraus resultierende, empirische Schlüsse sind vonnöten in den Regierungen der Welt, will man diese nicht selbstverständliche Balance unserer Gesellschaft so lange wie möglich aufrechterhalten. Hysterie ist völlig fehl am Platz, denn sie löst nichts. Und doch leben wir in einer Zeit höchster Dramatisierung. Wir wissen, immerhin weitaus gebildeter als noch vor einem Jahrhundert, um all die Dinge, die passieren können. Auch erleben wir all die dramatischen Ereignisse, selbst aus den fernsten Orten des Planeten, durch Massenmedien hautnah mit. Dies erzeugt ein übles Gefühl in der Magengrube. Eine irrationale Furcht vor Dingen, die auf der Welt täglich geschehen, bildet sich in unserem neurologischen System, weil tief in uns drinnen der Überlebensinstinkt nach wie vor pocht und kaum noch mit den indirekt erlebten Unglücken umzugehen vermag. Rund um die Uhr bombardieren uns Nachrichten, die uns schreckliche Dinge, säuberlich portioniert, aus allen Ecken der Welt vorführen. Je schlimmer das Unglück, desto reißerischer und dramatischer die Aufbereitung. Kunststück, denn auch News werden von Menschen gemacht, die denselben Mechanismen wie deren Konsumenten unterworfen sind. Auch die Mitarbeiterinnen und Mitarbeiter, die im Medienbereich die Nachrichten produzieren, fürchten sich weit über das gesunde Maß hinaus und werden durch Konsumation schlechter Nachrichten angetrieben. Gute Neuigkeiten findet man höchstens in den Chronik-Teilen der Zeitungen, sie verkaufen sich nicht so gut. Ein Stakkato an Gefahren belastet unsere Köpfe, das Angstzentrum des Gehirns wird unaufhörlich gefüttert. Grotesk, wenn man reale Zahlen sieht! All die tatsächlichen Daten verlieren daher an individuellem Wert, die Menschen ignorieren die Tatsache maximalen Wohlstands. Additional ist ein Sättigungseffekt in allen Lebenslagen feststellbar. Lebt man in ständigem Wohlstand, – auch die Ärmsten unserer Gegend sind, verglichen mit Millionen von Menschen der Dritten Welt steinreich – entwickelt sich Selbstverständlichkeit. Unzufriedenheit wird - unserem Wesen entsprechend - automatisch, gefüttert. Obwohl in einem Beinahe-Paradies (Europa!) lebend, wähnen sich die Menschen oft in der siebten Hölle. Dank dieser verzerrten Wahrnehmung verlieren wir den Fokus auf all die positiven Dinge, von denen unser Leben eigentlich dominiert ist. Der weltweite Rechtsruck beweist es, doch er ist nicht schuld an dieser Tendenz. Er ist nur Symptom, nicht Ursache.

Zusammenfassung:

- ›Weniger ist mehr‹ gilt in Zukunft für alle. Effizientere Nutzung der Ressourcen und zeitgleiche Reduktion des Luxus reicher Länder sind dringende Punkte einer künftigen Welt, die so nicht mehr lange intakt bleiben kann.

Weltveränderer ›Internet‹

Es war Anfang der 1990er-Jahre, als dezent und (fast) unbemerkt eine eigentlich schon ältere Erfindung ihren Siegeszug antrat – das World Wide Web (WWW). Noch immer lässt sich schwer abschätzen, in welchem Maß diese digitale Revolution unsere Welt veränderte, vergleicht man diesen Meilenstein mit ähnlich großen Erfindungen wie dem Rad, der Dampfmaschine, dem Buchdruck oder dem Automobil. Allesamt zeigten sie sich als Turbo für die Weiterentwicklung einer Zivilisation, wie wir sie kennen. Doch niemals zuvor hat eine Erfindung in so kurzer Zeit derart radikal unser aller Alltagsleben verändert. Als zu Beginn des Siegeszugs dieses alles verändernden Mediums erste Unternehmen online ihre Präsenz entwickelten, war es unmöglich, eine Prognose über die langfristige Auswirkung dieser Errungenschaft zu stellen. Zu jung war diese völlig neue Welt der Information. Zu wenig wusste man, wie sich diese neue Alternative etablieren sollte. Das Fernsehen als selbst noch junge kulturelle Domäne war allgegenwärtig. Information bezog der Mensch nach wie vor aus Tageszeitungen und Nachrichten der Massenmedien Radio und TV. Parallel dazu schlüpfte ein späterer Motor dieser Revolution: Mobiltelefone begannen, Massentauglichkeit zu erlangen. Die Entwicklung des GSM-Funknetzes veränderte zeitgleich die Gewohnheiten der Konsumenten. Vielleicht erinnern Sie sich selbst noch gut an die Zeiten, als Telex und Fax den Büroalltag beherrschten. Untereinander vernetzten sich Computer spätestens Mitte der 1980er, das LAN (Local Area Network) beschleunigte den Arbeitsalltag merklich. Die Bedienung der zugehörigen Peripherie war fast nur jenen zugänglich, die sich privat dafür interessierten … als Computer-Freak war man Mitglied einer kleinen Minderheit, die selbst noch in den 1990ern eher schiefe Blicke erntete. Die Zeiten wandelten sich seitdem spürbar. Es ist geradezu unglaublich, dass eine Erfindung wie das weltweite Netz erst knapp vor einem viertel Jahrhundert begann, einen geschichtlich unvergleichlichen Wandel in unser aller Leben zu verursachen. Zu Beginn wurden spezielle Online-

Dienste langsam populärer, das mittlerweile in Museen zu findende Modem bereitete den Weg für private Haushalte. Alle, die wir diese Zeit miterlebten, erinnern uns noch an das pfeifende Geräusch des Modems beim Aufbau der Verbindung zum Internetprovider. Bis ins hohe Alter wird uns dieser Ton in Erinnerung bleiben, obwohl er maximal nur ein paar wenige Jahre unser Leben begleitete. Die Faszination, die dieses neue Medium schon seinerzeit in den 1990ern auf Millionen Menschen ausübte, glich dem Einblick in eine andere Dimension. Der Quantensprung, den viele Geister erlebten, glich dem der Astronomie, als Edwin Hubble die Existenz anderer Galaxien belegte. Spontan angefixt von dieser Droge verfielen die Menschen stundenlang und immer regelmäßiger dem Monitor mit erstaunt geweiteten Augen, und waren fasziniert ob der plötzlich einfach gewordenen Vernetzung mit der großen, weiten Welt. Nie zuvor in der Geschichte der Menschheit gab es eine Epoche wie die letzten zwanzig Jahre vor der Jahrtausendwende, als rasanter technischer Fortschritt unseren Alltag fast vollständig umkrempelte. Kinder aus dieser Zeit sind Teil einer ›gesegneten Generation‹, einer Generation von Menschen, die den evolutionären Fortschritt der elektronischen Geräte miterlebten. Die Kultgeräte der 1980er, wie der Sony Walkman oder der CD-Player, sie stellten nur den Beginn einer technischen Revolution dar, deren Ergebnis heute auch in den ärmsten Regionen unseres Planeten Standard wurde. Deren Auswirkungen waren fantastisch. Medien wurden plötzlich überall nach Wunsch konsumiert. Spiele konnten zu Hause über das Fernsehgerät gespielt werden. Filme wurden nach Belieben gesehen, denn die Verbreitung des Videorekorders in den Haushalten der westlichen Welt ging mit unglaublicher Geschwindigkeit voran. Ebenso, kaum zu überblicken, wuchs die Zahl der Videotheken, Computerspiel-Geschäfte und Elektronikmärkte. Das Telefon blieb aber bis zur Endphase des 20. Jahrhunderts unsere Hauptoption zur Kommunikation über größere Distanzen. Als das Mobiltelefon Einzug hielt, um zeitgleich mit dem Internet immer mehr zum erschwinglichen Massenphänomen zu werden, konnte noch immer niemand die Entwicklung dieser Tendenz auch nur ansatzweise prognostizieren.

Ich erinnere mich an ein Zitat, das so Mitte der 90er im beruflichen Umfeld gefallen ist: ›Wehe, wenn einmal Hinz und Kunz im Internet sein sollten‹...dieser Satz wiederholte sich wie eine dringliche Warnung. Wie sich diese Aussage bewahrheitetete, zeigte sich mit der Erfindung des ›IPhones‹ vom bis dahin krisengeschüttelten Unternehmen ›Apple Industries‹. Zu jener Zeit war der Konzern dem Bankrott nahe, doch heute ist ›Apple‹ die wertvollste Firma der Welt mit einem geschätzten Wert, der 2017 erstmals die Schallmauer von einer Billion US-Dollar überschritt[59]. Als das Internet seinen Siegeszug durch die Büros und Haushalte der Welt begann, dominierte ein Unternehmen den digitalen Markt: Microsoft. Das Betriebssystem ›Windows‹ beherrschte die Welt der Computer. Als Windows 95, eine Weiterentwicklung der ersten Betriebssysteme mit grafischer Oberfläche, mit innovativem, interaktiven Interface und gut ausbalancierter Kompatibilität zu den neuen Medien auf den Markt kam, verspürte die boomende Branche der Informations-Technologie ein Erdbeben. Nun begannen kommende Branchenriesen, von Beginn an das Potential des World Wide Web als Geschäftszweig erkennend, Wurzeln im weltweiten Business zu schlagen. Manche Marken (Altavista, Yahoo ...), oft Pioniere und Begründer des Booms, fristen heute wiederum nur ein Schattendasein. Ein beinharter Kampf um einen brandneuen Milliardenmarkt begann. Eines zeichnete sich aber damals schon ab: Beobachtete man sich selbst, spürte man die steigende Abhängigkeit von diesem neuen Medium. Vor allem in den ersten Jahren schienen regelmäßig neue Betätigungs-Möglichkeiten auf, die sich durch das Internet boten. Doch noch dominierten Tageszeitungen, Printmedien, lokaler Medienkonsum und persönliche Kommunikation. Sukzessive wuchs die Anzahl derer, die sich im Internet bewegten, wobei sich die durchschnittliche Tagesaktivität potenzierte. Zuerst noch Randphänomen, rückte das Online-Dasein immer mehr in den Mittelpunkt der Allgemeinheit. Sogar die ältere Generation erlag konsequent der Faszination des weltweiten Netzes.

Als das Jahr 2000 nahe rückte, eroberte die neue Technik schlagartig viele Bereiche unseres Alltags. Die Verbreitung von Breitband-Internet für jedermann stieg kräftig. ›ADSL‹ war das neue Zauberwort, zu Beginn noch unleistbar in den meisten Gegenden. Kurz danach, das Jahr 2000 war überschritten, boten die ersten Glasfasernetze in den urbanen Gebieten plötzlich kurz zuvor noch nicht vorstellbare Download- und Upload-Raten. Ab nun ging es verdammt schnell...unser aller Alltagsleben wurde auf den Kopf gestellt.

Die Welt der Unterhaltungsmedien bahnte den Weg für viele Segmente des heutigen Internet-Geschäfts: Blühten Leihgeschäfte für Filme und Videospiele bis zur Jahrtausendwende auf, so stoppte dieser Boom abrupt, als Breitband-Leitungen komfortablen Medienkonsum für zu Hause bot. Es war logische Konsequenz, dass die plötzlich beinahe unendliche Verfügbarkeit digitaler Medien wie Musik, Filme oder Spiele die Menschen in die Welt der Nullen und Einsen lockte. Die Welt der Unterhaltung war aber nur eine von vielen gleichzeitig durch das Internet eroberten Fronten. Die Art der

Kommunikation von uns allen wurde verändert. Langsam, doch nachhaltig. Erste Dienste für Instant-Messaging wurden entwickelt. In den Menschen setzte eine Sucht ein, die so schnell wirkte, als spritze man Heroin. Einmal angefixt, gab es, durch allgemeine Gruppendynamik beschleunigt, keine Rückkehr in herkömmliche Arten der Interaktion.

Chats ermöglichten dem User oder der Userin, blitzschnell, ohne zusätzliche Kosten zu verursachen, Nachrichten zu versenden und umgehend Antworten zu erhalten. Absurd schnell hingen Millionen von Menschen auf der Welt in digitalen Unterhaltungen fest, in denen sie mit Menschen kommunizieren konnten, die ihnen über den herkömmlichen Weg niemals begegnet wären.

Damit war die Büchse der Pandora geöffnet … permanente Beschleunigung, Optimierung, Performance-Steigerung der Hardware und dazu einhergehende persönliche Gewöhnung an diese neuen Formen der Kommunikation starteten einen gesellschaftlichen Selbstläufer, dem kein geschichtlicher Vergleich standhält. Es war der Beginn einer neuen Epoche. Einer Ära, in der der Mensch seine alten Muster abstreifte, um neues Tempo in der persönlichen Korrespondenz anzuwenden. Er begann, sich vorwiegend online zu unterhalten und damit die wenige Zeit des Tages noch schneller und effektiver zu nutzen. Das Maximum an persönlicher Effizienz wurde erreicht, in einer Zeitspanne, die noch für die Drehbuchschreiber von ›Star Trek – Next Generation‹ in den 1980ern als unvorstellbar galt. En passant florierte eine völlig neue Art der Zwischenmenschlichkeit: Das Online-Dating. Sich mittels des Internets einen Lebenspartner zu finden, war absolutes Neuland. Und veränderte unsere Beziehungs-Gewohnheiten … Zu Beginn noch von den Menschen mehr oder weniger als amüsante Nische betrachtet, stürmten die Massen mithilfe des rasch wachsenden Angebots rasant, durch alle sozialen Schichten hindurch, die Partnerbörsen des digitalen Netzes.

Inzwischen waren die bis heute dominanten Branchenriesen am Markt etabliert. Als das Internet noch in den Kinderschuhen steckte, waren es findige Geschäftsleute, deren Nase nicht trog. Dominante Marken der Neuzeit entstanden, während andere den Weg allen Irdischen gingen. Mit der Zeit läuteten Google, Amazon, Facebook, Apple, Microsoft und Co. eine neue Ära ein, die Ära der Internet-Giganten. Große Medien-Unternehmen der Vorzeit, ich nenne ›BASF‹, ›TDK‹, ›Agfa‹ oder ›Kodak‹ als Beispiele, zuvor noch unumstritten, kämpften plötzlich um die Existenz. Amazon, der immer wieder negativ in den Medien genannte Moloch, trotzdem als Paketdienst fix in unsere Gehirne programmiert, spürte von Beginn an, dass

Online-Shopping eine völlig neue Möglichkeit der Wertschöpfung vorhandenen Kapitals bot. Die Bequemlichkeit der Menschen wurde findig, doch ebenso schamlos ausgenutzt.

Zahllose Unternehmen waren nunmehr unweigerlich gezwungen, ihre Vertriebswege umzudenken. Ebay bot die Alternative zu herkömmlichen Auktionen. Yahoo, zeitgleich mit dem längst vergessenen ›Altavista‹, füllte eine logische Nische des wachsenden Netzes: Das Verzeichnis. Als Google, erfunden von den Freunden Larry Page und Sergej Brin, sich anschickte, mittels eines genialen Algorithmus das Prinzip der Suchmaschine zu revolutionieren und unser aller Alltag radikal zu verändern, war die Maschinerie dieses neuen Business' längst entfesselt. Allen Gründern dieser neuen Firmen war eines gleich: In unvergleichlich kurzer Zeit wurden sie von ›Niemanden‹ zu Milliardären. Manche strauchelten, wie der ›Napster‹-Erfinder Sean Parker, doch bahnten diese Pioniere den Weg für ein neueres, verbessertes Erlebnis multimedialer Inhalte.

Google war es schließlich, das – technisch visionärer als der Rest – sofort erkannte, welche Möglichkeiten das nach wie vor junge Medium ›Internet‹ bot. Unser alltäglicher Umgang mit den Dienstes des Internet-Riesen, inzwischen eine Selbstverständlichkeit, wurde umgekrempelt. Dabei ist der Branchen-Krösus gerade erst knapp zwanzig Jahre alt. ›Google Earth‹ und ›Google Maps‹ unterstützen uns, jeglichen Punkt der Welt detailliert zu erkunden. ›Google Mail‹ ist der mit Abstand meistbenutzte Maildienst und überflügelte in Rekordzeit die Branchen-Primen. Nebenbei verknüpfen ausgefeilte Algorithmen unsere Gewohnheiten mit den herkömmlichen Anwendungen am heimischen Computer. ›Google Drive‹ bietet kostenfreie Uploads in die sogenannte ›Cloud‹ (ein Servercluster zur Speicherung persönlicher Daten im Internet) an. Revolutionär ist ohne Weiteres neben dem Kartographie-Dienst ›Google Maps (oder Google Earth)‹ der ›Google Translator‹ zu bezeichnen, der einem erlaubt, fast in Echtzeit jegliche Sprachdifferenz zu umgehen. Der Kauf von ›Youtube‹ erlaubte Google, das ›Web 2.0‹ (so die Bezeichnung für das ›neue‹ Internet, das bequem multimediale Inhalte in die Haushalte liefert) vollends in den Griff zu bekommen und uns de facto rund um die Uhr mit diversen Diensten zu versorgen. Könnte sich unsere Gesellschaft inzwischen eine Welt ohne diesen Riesen vorstellen? Kaum.

Der Kausalität wurde wieder Rechnung getragen. Denn nichts geschieht, wenn es zuvor unmöglich ist. Sowie die Welt auf das neue Medium des Internets eingestellt war, wurden die Grenzen des Machbaren erobert.

Ohne Sprache keine Schrift. Ohne Schrift keine Überlieferung von Wissen. Ohne Überlieferungen kein Fortschritt. Die Entdeckung der Elektrizität ermöglichte die Massenproduktion. Aus dieser konnten erst die Millionen Computer produziert werden, ohne die ein Internet nicht existierte. Doch auch der Computer selbst ist das Resultat vieler Erfindungen davor.

Unser Alltag war aber noch lange nicht genug auf den Kopf gestellt. Es war 2007, als ›Apple‹ das ›IPhone‹ präsentierte. Kurz zuvor revolutionierte der ›IPod‹ die Welt des mobilen Musik-Konsums. Anfangs noch als technische Spielerei für Menschen mit zu prallem Portemonnaie belächelt, wurde dieses erste moderne Smartphone ein ›All-in-One‹-Gerät für unterwegs. Damit war der Wechsel in die digitale Gesellschaft endgültig vollzogen. Das schnöde Handy, nur Telefonie und SMS bietend, war gestern. Wogegen das IPhone alles bot: Telefonie, SMS, Messaging-Systeme, schnelles Internet, Kompass, Bewegungssensoren, Medien-Rekorder (Audio, Foto und Video), Touchscreen, technisch hervorragende Spiele usw.

Jedes Modell blähte die Funktionalität dieser elektronischen Spielart des Schweizer Taschenmessers weiter auf. Google reagierte findig und schnell, antwortete mit ›Android‹, einem Open-Source-Betriebssystem für Smartphones, um Knebelverträge, wie sie Apple bei ihren Produkten erzwingt, zu umgehen. ›Android‹ erledigte die Eroberung unserer Gesellschaft durch das Smartphone zur Formsache. Weil aber Smartphones ohne entsprechende Gimmicks nicht lange unsere Aufmerksamkeit zu halten im Stande sind, wurden die neuen Möglichkeiten endgültig genutzt, um die Kommunikation der Menschen völlig neu zu erfinden und den Alltag umzukrempeln.

Smartphones gäbe es ohne das Internet nicht. Wiederum ergab eines das andere. Und doch wurde damit quasi die zweite Stufe der Online-Rakete gezündet, denn ab nun veränderte sich durch diese elektronischen Tausendsassas der Alltag unserer Gesellschaft endgültig.

2004 erfand ein gewisser Mark Zuckerberg, junger Student der Harvard-Universität, ›The Facebook‹. Der junge Mann mit üblich brodelndem Hormonspiegel erfand diese Seite für einen besonders oberflächlichen Zweck: StudentInnen der Universität sollten nach ihrem Aussehen bewertet werden. Eher zufällig traf Zuckerberg einen Nerv. Seine Seite entwickelte auf Harvard einen regelrechten Run auf die Teilnahme an diesem digitalen Austauschplatz. Heute kennen wir Facebook als Marktführer einer ganzen Armada an ›sozialen Netzwerken‹, einem Begriff, der zwanzig Jahre zuvor noch gar nicht existierte, heute aber die Gesellschaft bis in die hohe Politik vor sich hertreibt. Nun dominieren auf unseren Mobiltelefonen der

Gegenwart die Messaging- und Social-network-Dienste wie ›Facebook‹, ›Twitter‹, ›Instagram‹, ›Snapchat‹ und vor allem ›WhatsApp‹, einem mächtigen Kommunikations-Tool. Noch im Jahre 2000, keine zwei Jahrzehnte in der Vergangenheit, spazierte man durch die Städte dieser Welt und sah nur vereinzelt Menschen mit ihren Handys telefonieren. Meist aber taten sie das, was sie immer taten: Agieren in der realen Welt. Blickt man heute auf den Straßen dieser Welt wahllos in die Menschenmengen, regieren ›Smombies‹, eine Wortmischung aus den Wörtern ›Smartphone‹ und ›Zombie‹.

(Scherzhaftes) Warnschild vor ›Smombies‹, Menschen, die ihre Umwelt nicht bewusst wahrnehmen

All diese revolutionären Beiboote des Kreuzfahrtschiffes ›Internet‹ hinterließen eine Zivilisation, wie sie mit den Epochen zuvor kaum noch zu vergleichen ist. Egal, wo man hinsieht, die Menschen blicken unentwegt in ihr Smartphone. Wir erleben ein Szenario, das noch letztes Jahrhundert höchstens in unterhaltsamen Science-Fiction-Filmen Stoff für Gags bot. Doch waren diese alles verändernden Umstände harmlos im Vergleich zu den Umwälzungen, die soziale Medien in unserer politischen Landschaft auslösten …

In der Politik läuft seitdem so einiges aus dem Ruder. Im Fahrwasser der neuen Medien passte sich unser Verhalten radikal den neuen Angeboten an. Der Umgang mit sozialen Medien bot Fanatikern auf der gesamten Welt (unabhängig ob politisch oder religiös motiviert … die Unterschiede sind höchstens marginal und nur der Herkunft unterworfen) ein breites Betätigungsfeld übelster Propaganda. Wie sich Joseph Göbbels bei den plötzlich gebotenen Optionen ausgetobt hätte … nicht auszudenken! Heute ist es Usus, Fehlinformationen über unliebsame Personen zu verbreiten, Rufmorde zu generieren, sogenannte ›Shitstorms‹ zu provozieren oder ›Fake News‹ unter den Menschen wie renitentes Gift zu verbreiten. Auf anderen Seiten werden leichtgläubige Menschen mit fanatischen und gefährlichen Ideologien infiziert. Inzwischen bewegt sich ein Großteil unserer heutigen Gesellschaft in den sozialen Medien – und zwar nicht zu knapp! – und lässt sich, anders als noch zuvor, in kürzester Zeit durch allerhand Unsinn und Lügenpropaganda perfider Nachrichtenproduzenten erreichen. Die Rechtspopulisten der Welt reagierten am schnellsten auf die eklatant veränderte Medienlandschaft. Die Methoden der Nazis kopierend – ob absichtlich oder einfach durch ihre psychologische Verwandtschaft bedingt – begannen sie, populistische und oft verhetzende Worte unter die Menschen zu streuen. Das Motto ›Irgendetwas bleibt schon hängen‹ bei der Verbreitung von falschen Nachrichten (heute ›Fake News‹) in die meist einfältige Klientel erwies sich als wirksames Mittel. Ohne die Macht der blitzschnellen Verbreitung wäre Donald Trump – um das prominenteste Beispiel zu nennen – niemals an die mächtigste Position der Welt, dem Präsidentenamt der USA, gelangt.

Unerheblich, welche Region des Planeten betrachtet wird, erreichte dieses Phänomen die Menschen überall in gleichem Maße. Auch der ›Arabische Frühling‹ war Ergebnis einer schnell organisierten Menschenmasse (in diesem Fall in Tunesien), um die herrschenden politischen Systeme zu destabilisieren. Der IS (Islamische Staat), unrühmlich bekannt als gefährlichste internationale Terror-Organisation der aktuellen Zeit, rekrutiert seine Kämpfer fast ausschließlich durch perfekt inszenierte Propaganda in den sozialen Medien. Rechtsparteien, wie die FPÖ in Österreich, vollziehen ein tägliches Feuerwerk an tendenziösen Aussagen gegenüber Minderheiten und den politischen Mitbewerb, womit sie in Minuten tausende Menschen erreichen, deren Nachrichten durch Algorithmen durchwegs aus ähnlich gelagerten Stoffen bestehen. Auch ist Russland unter Verdacht, über die sozialen Medien maßgeblichen Einfluss auf die US-Wahl 2016 verübt und Donald Trump damit zum Wahlsieg verholfen zu haben. ›Cyberkrieg‹, ebenso relativ neues Synonym für gezielte, organisierte Beeinflussung von Wahlen oder Attacken auf relevante Server, wurde längst als probates Mittel zur Schädigung von Gegnern etabliert.

Soziale Medien sind Segen und Fluch zugleich. Obwohl eine exzellente Varianz von Vorzügen (wie Kontaktaufnahme und schnelle, individuelle Information …) gut sortiert und längst personalisiert für jeden Menschen auf dem Tablett serviert wird, wurden sie ebenso zum Verstärker für langsam einsickernden Hass, der längst in der gesamten nördlichen Hemisphäre für gefährliche soziale Spannungen sorgt. Die daraus resultierenden sozialen Spaltungen in vielen Staaten der Welt unterscheiden sich nicht in der Methodik, sondern alleine durch lokale Modalitäten und Sprachen. Die Aussage ist meist austauschbar: dort der Hass auf Andersdenkende, Migranten oder Menschen, die dem herrschenden System schaden könnten, da die defensive Varianz an Versuchen rational denkender Menschen, derlei Attacken zu entschärfen. Leider erweist sich die Vorgehensweise sachlicher Argumentation viel zu oft als zahm. Fanatische Menschen sind emotional verhetzt. Irrationale Ängste werden systematisch bedient, bis der Zugang zu Sachlichkeit (beinahe) endgültig versperrt wird. Solch emotionale Debatten sind ein alter Hut. Früher traf sich ein Gutteil der Menschen in Lokalen und tauschte sich in ähnlicher Weise aus. Der Lauteste hatte meistens recht. Introvertierte, ruhige Menschen, unerheblich von Standards wie Bildung, Standpunkt oder Sachlichkeit, wurden schlicht übertönt. Stille, beschwichtigende Diskussionsteilnehmer gehen im Stakkato des Hasses meist lautlos unter. Emotion als wichtigste Triebfeder politischer Turbulenzen im World Wide Web sollte uns stets Warnung sein, nicht selbst auf diese gefährliche Ebene zu kippen. Soziale Medien sind mächtig. Kaum ein Politiker auf der Welt wird mittlerweile davon verschont, von vielen Menschen misstrauisch bei jeder Äußerung beäugt und bewertet zu werden, weshalb jeder Schritt, jedes Wort möglichst publikumswirksam in diesen Virtual-Gemeinschaften veröffentlicht wird. Ständige öffentliche Beobachtung führte inzwischen dazu, dass kaum ein Politiker noch motiviert ist, seine ehrliche Ansicht der Dinge zu offenbaren oder auch nur leicht Kontroverses von sich zu geben. Inhaltsleere Worthülsen ersetzten Botschaften, Inhaltslosigkeit die Produktivität. Auch das Privatleben von Menschen des öffentlichen Lebens wird nicht mehr geschont. Psychisch sind viele Betroffene überfordert und brennen innerlich aus. Somit wagen es Nachfolger überhaupt nicht mehr, sich außerhalb eines vorgegebenen Rahmens zu bewegen. Der allgemeine Rechtsruck im Netz (und dadurch auch in der Realität) inkludiert zusätzliche gefährliche Nebengeräusche. Millionen von Menschen offenbaren ihr soziales Leben über diese Medien – ob sie es einem privaten Kreis vorenthalten oder viele Menschen daran teilnehmen lassen, spielt dabei nur eine untergeordnete Rolle – und spielen den Rechtsextremen dieser Welt deren

Angriffsmaterial quasi in die Hände. Jede Kleinigkeit wird gesammelt und im Bedarfsfall gegen die unliebsame Person verwendet. Auch wenn eine Äußerung schon viele Jahre her ist – das Internet vergisst nie!

›Rechts‹ zu sein impliziert stets den Hang zu Gleichschaltung des Individuums und ›Law & Order‹, befeuert durch Paranoia, Misstrauen und Gleichgesinnte. Nach unseren Maßstäben kategorisierte ›rechte Politik‹ basiert aber auf einem urtümlichen Instinkt – unserer Gier! Gier involviert vieles: Neugier, Ehrgeiz, aber auch Neid, Missgunst, Machthunger und Rücksichtslosigkeit. Dadurch steigern sich in so manchem von uns innere Gewaltphantasien, die sich irgendwann, wie beim Terror in Christchurch (Neuseeland) im Jahr 2019, mit tödlicher Wirkung entladen. Unschuldige kommen zu Tode, während die eigene Gesinnungsgemeinschaft gesteigerte Motivation zur Nachahmung erfährt. So entwickelt sich seit Jahren in vielen Geistern, oft unscheinbar unter uns lebend, brandgefährliches Gewaltpotential, das sich eventuell zum sozialen Desaster entwickelt, achten die Staaten nicht tunlichst darauf, Eskalationen zu vermeiden. Ihr Verfolgungswahn, für alles Gute zu stehen, während an jeder Ecke jede Menge Feinde vermutet werden, wird von Rechtsextremen mit spielerischer Leichtigkeit zur Rekrutierung ähnlich Unbedarfter verwendet.

Ziemlich alles, was man über eine Person erfahren will, lässt sich mittlerweile über das Internet recherchieren. Kaum jemand von uns ist für andere bei Bedarf ein unbeschriebenes Blatt. Jeder bietet Schwachstellen, so danach gesucht wird. Jede Instanz ist inzwischen hervorragend vernetzt, womit es in Zukunft für jede Opposition brandgefährlich wird. Auch politisch diametral ist es vermeintlich ›Linken‹, so extrem und an der Macht, sehr recht, jedes Mittel zu nutzen, um unliebsame Charaktere auszuforschen und ihnen bei Gelegenheit Schwierigkeiten zu bereiten. Smartphones verschärften die persönliche Transparenz in ungemeiner Weise und verwandelten uns binnen weniger Jahre zu gläsernen Menschen. Gewiss kann das Internet als Schritt in eine neue Ära betrachtet werden. Eine mit keiner Epoche zuvor vergleichbare Zeit. Kaum ein Winkel unserer Erde wurde verschont vom Datenkraken.

Viele positive Aspekte wurden dadurch überhaupt zum ersten Mal greifbar. Der bequeme Zugriff zum beinahe gesamten Wissen der Menschheit, Verkleinerung der Distanzen zwischen Menschen, völlig neue Lebensgewohnheiten, ungleiche Erhöhung des privaten Komforts und viele ungenannte Anwendungen haben unser Leben erobert. Websites wie ›Google‹ oder die unglaubliche ›Wikipedia‹ erhöhten auf unvorstellbare Weise den Zugang der Menschen zu Wissen und Information. Zugriff auf Medien oder vielfache Interaktion bieten einen zuvor unvorstellbaren Luxus. Das Informations-Zeitalter hat von uns Besitz ergriffen. Wir leben nun in einer neuen Welt.

Doch kaum eine Erfindung brachte nicht nur etliche positive, sondern auch zahlreiche negative Dinge mit sich. Die Ambivalenz aller Dinge präsentiert sich ausgerechnet beim mächtigsten Werkzeug aller Zeiten in kaum beschreibbarem Facettenreichtum: Überwachung, Existenzvernichtung, Verlust der Anonymität oder ständiger Informationsdruck belasten uns zusehends. Orwells ›1984‹ bewahrheitete sich schneller, als uns lieb war. Freiwillig von uns selbst durch unsere eigene Dauerpräsenz installiert, wurden wir zu Sklaven eines digitalen Fangnetzes, das uns sogar in den fernsten Winkeln der Welt aufspürt, wenn es will ...

Die Politik der späten 2010er ist kaum mehr mit jener der Prä-Internet-Ära vergleichbar. Wo zuvor Partei-Mitglieder ihren Diskurs zu festgelegten Terminen führten, tauschen sie sich mittlerweile rund um die Uhr aus. Spitzenpolitiker werden von der Öffentlichkeit im Internet auf Schritt und Tritt verfolgt. Männer in allerhöchsten Positionen, wie Donald Trump, ›glänzen‹ hauptsächlich durch unqualifizierte Aussagen, die sie blitzschnell in die weite Welt befördern. Ganze Teams an Mitarbeitern politischer Büros üben sich in Manipulation und Propaganda. Die zu erreichenden Zielgruppen selbst befinden sich dank personifizierter Algorithmen in den sozialen Medien meist in einer ›Informationsblase‹, wo nur genehme und persönlich interessante Nachrichten bequem auf dem Bildschirm landen. Auch Tageszeitungen wurden gezwungen, ihren Hauptfokus auf ihren Online-Auftritt zu legen, denn dort werden die Konsumenten erreicht. Printmedien verkommen mehr und mehr zur Randerscheinung aus vergilbter Vergangenheit und zum netten Zeitvertreib beim Morgenkaffee. In den Industrie- und Schwellenländern dominieren ›Smombies‹: An jeder Ecke stehen und gehen sie (fast jeder Einzelne von uns ist betroffen), denn schließlich bedient das Smartphone eine latente Sucht in uns, die uns zuvor unbekannt war - die Sucht nach Information. Immer und überall trachten wir danach, den neuesten Stand der Dinge nicht zu verpassen. Diese Sucht, die uns nur allzu oft das wirkliche Leben um uns vergessen lässt, und vor allem die jüngere Generation sichtlich in ihrer Kommunikation degeneriert, hat von uns Besitz ergriffen und unser aller Leben auf den Kopf gestellt. Mobbing und Rufmord wurden übliche Mittel der Diskussionskultur im Internet. Der Mythos der Anonymität verleitet selbst labile Geister, ihre persönlichen Grenzen zu überschreiten und sich einem wütenden Mob zu präsentieren ... Oft ein Bumerang für die eigene Seele, wobei die Loslösung dieser psychisch ungesunden Lebensweise fast unmöglich erscheint. Heute fällt es leicht, sich öffentlich zu präsentieren, nur vergisst die Öffentlichkeit nicht, was man vom Stapel ließ. Die Server der Internetriesen speichern alles für die digitale Ewigkeit. Eltern veröffentlichen unbedarft die Kindheit ihres Nachwuchses, die im Erwachsenenalter unschuldig damit konfrontiert werden. Kleinigkeiten werden preisgegeben. Kleinigkeiten, die, obwohl persönlichste Privatsphäre, viel zu viele Menschen – darunter auch negativ gesonnene - erreichen. Alles in allem obsiegte ein bedenklicher Trend unserer sozialen Natur, die seit Jahren gefährliche Dimensionen überschritten hat. Wohin es geht? Schlimmes ist zu befürchten, wenn sich die Weltgemeinschaft nicht auf Schutzmaßnahmen für den Einzelnen einigt.

Zusammenfassung:

- Mit dem Internet wurde die vielleicht größte Erfindung der menschlichen Geschichte geschaffen. Diese Errungenschaft besitzt jedoch nicht nur positive Merkmale, auch die negativen Aspekte sind bedenklich bis gefährlich!

Das politische Geschäft mit der Angst

Schon unsere evolutionären Vorfahren agierten primär als Fluchttiere. Ständig achtsam, weil bei großen Räubern gerne am Speisezettel, lernten die frühen Menschen, ihren Fluchtreflex durch ihre frisch gewonnene Fingerfertigkeit in offensive Aktionen zu wandeln. Das Gros der revolutionären Erfindungen der Antike wie auch der Neuzeit basierten auf einem Gefühl: Angst! Angst vor Hunger, Krieg und persönlichem Verlust spielten von Anfang an den Mächtigen in die Hände. Der Pöbel wurde durch die Nutzung ihrer Furcht durch alle Epochen mit Leichtigkeit manipuliert. Die Methoden veränderten sich zwar mit der Zeit, die Grundursache jedoch blieb die gleiche. Schon antike Herrscher wussten, wie sie die Furcht ihrer Untertanen um die eigene Existenz sowohl gegen innere als auch äußere Gefahren gerichtet zu nutzen hatten. Ihre Macht blieb nur gefestigt, wenn sie von ihren Völkern ebenso geliebt wie gefürchtet wurden. Die Furcht vor dem äußeren Feind entlockte den Menschen einer Gemeinde auch, ihr hart bewirtschaftetes Revier zu verteidigen. Jeder Krieg basierte daher auf Propaganda. Grundlos ließen sich Menschen für ihre Herrscher nicht abschlachten, daher einte die Furcht vor dem Feind das Volk, um ihm entschlossen zu trotzen. Nur in wenigen Fällen funktionierte Kriegspropaganda durch selbstbewusste Expansions-Wahrheiten an die Untertanen, indem diese vollgepumpt mit Ego wussten, dass sie es sind, die Angst verbreiten. Meist wurde der ständig in den Menschen flackernde Überlebensinstinkt durch Angst vor äußeren Gefahren gefördert.

›Der Feind will uns zertreten‹, ›Er will unsere Frauen schänden, die Kinder töten, die Äcker vergiften‹, ›Unser gemeinsamer Feind ist kein Mensch, sondern eine Bestie, die keine Gnade kennt‹ – das ewige Rezept, die eigenen Untertanen für eigene Zwecke zu missbrauchen, ist es, sie ›die Anderen‹ fürchten zu lassen.

Menschen von heute funktionieren noch immer nach diesem Prinzip und lassen sich gegen imaginäre Gefahren aufhetzen. Es ist kein geheimer Plan einer verschwörerischen Gemeinschaft, der in Medien die negativen Nachrichten dominieren lässt. Mit negativer Emotion werden Auflagen erhöht, Klicks generiert und Menschen emotionalisiert. Schönes von unserem großartigen Planeten hinterlässt im Kleinhirn keine Spuren. Journalisten sind selbst der grauen Masse der Bevölkerung entwachsen, weshalb sie sich nicht im Geringsten von jenen, die sie mit Informationen beliefern, unterscheiden. Wenn ein Angehöriger der schreibenden Zunft Furcht vor Fremden hat, fließt diese Furcht natürlich in seine Texte, die wiederum eine wesentlich größere Zahl von Lesern infiziert. Auch unser Privatleben – wir müssen nur in uns hineinhören – verliert sich im Laufe der Jahre im Pessimismus. Obwohl das Leben der meisten von uns gleichmäßig von schönen wie auch grausamen Erfahrungen geprägt ist, sind es böse Erfahrungen, die uns stärker prägen. Die Scheidung nach vielen Jahren Ehe hinterlässt weit heftigere Spuren in unserer Seele als all die schönen Ehejahre zuvor. Wie weggeblasen werden sie aus unserem Gemüt … nur wenige sind sich der positiven Facetten des Lebens so bewusst, dass sie die negativen Aspekte narbenfrei akzeptieren können. Das Maß von Reichtum und Macht des Einzelnen ist dafür unerheblich…auch das Leben der Mächtigen, trotz allen Komforts, die sie eventuell genießen, ist von zahllosen Rück- und Schicksalsschlägen geprägt. Ein steinreiches Hollywood-Sexsymbol leidet ebenso wie der normale Durchschnittsmensch an Liebeskummer. Auch wird der Star nicht von denselben psychischen Problemen, die Otto Normalverbraucher erleidet, verschont. Die gleichen Süchte, Sorgen, Verluste und Rückschläge knicken Seelen der Mächtigen ebenso wie die des kleinen Hilfsarbeiters. Zugleich zermürben unbestechliche Faktoren wie eine endliche Lebenszeit arm und reich gleichzeitig. Manche Faktoren des Lebens sind unwiderruflich gerecht.

Wir Menschen sind dem Fluch der Erfahrung unterworfen. Als Kind erscheint uns alles neu. Mit kindlicher Freude begegnen wir täglich neuen Eindrücken und verarbeiten sie. Die Zahl der Neuigkeiten nimmt reziprok mit der Zunahme des Lebensalters ab. Wodurch wir, insbesondere durch unsere angstvolle Natur, der steigenden Zahl an negativen Einflüssen früher oder später erliegen. Je älter wir werden, desto mehr erlischt die Freude in uns. Es wird zunehmend schwieriger, Freude an kleinen Dingen zu erleben, wenn wir kaum noch Neues empfinden. Das kindliche Staunen stirbt in vielen von uns. Ausgezehrt, müde und desillusioniert durch den allgegenwärtigen Existenzdruck treten viele Menschen ihren Ruhestand an. Im schlimmsten Fall äußert sich dieser Ruhestand durch leidendes Warten auf den Tod.

Der uns stets mahnende Leistungsdruck, der durch unsere Gesellschaft pulsiert, überfordert eine steigende Zahl von Menschen und laugt sie aus. Dadurch steigt die Zahl der Depressionen. Immer mehr Menschen leben in der Stadt, um ein Maximum an Möglichkeiten auszuschöpfen. Der Lärm der Großstadt, die Hektik und das Leben in Isolation, inmitten von Betonwüsten, drücken unaufhörlich auf die menschliche Psyche. Dass Menschen dadurch Heilsbotschaften suchen, weil sie diesen Umständen hilflos gegenüberstehen, ist daher mehr oder minder logisch. Rattenfänger haben, gestärkt durch die Waffen des Internets, leichtes Spiel mit all den desillusionierten und vom Leben überforderten Menschen.

Mit dem Internet und dem Zugang zu all den Gräueln der Welt, die viel zu früh auf junge Gehirne einprasseln, verstärkt sich dieser Effekt inzwischen mit jeder Generation: Druck, immer und überall auf dem neuesten Stand der Dinge zu sein, immer erreichbar und schon als Kind einem oft strikten Zeitplan unterworfen zu sein. Junge Geister müssen weit mehr verarbeiten als jede Generation davor. Kinder der Zeit vor dem Siegeszug der allmächtigen Datenkrake ›Internet‹ entdeckten noch selbst die Welt. Unser Nachwuchs von heute bekommt die Welt häppchenweise und bequem serviert, während er selbst kaum noch die Schönheit der Welt auf eigene Faust zu entdecken lernt. Leider werden unsere Kleinen aber auch viel zu früh mit all den schlimmen Dingen konfrontiert, die auf unserem Planeten geschehen. So etwas prägt. Mobbing und psychische Vernichtung findet nicht mehr dezent auf dem Schulhof statt, sondern in der gesamten persönlichen Umgebung. Unlöschbar und für jedermann nachzuvollziehen, der nur sekundär betroffen ist. Die Psyche unserer Spezies ist ausgereizt und überreizt. Die daraus resultierenden Langzeitfolgen sind noch nicht absehbar.

Alle sind wir dankbare Medien für negative Einflüsse von innen und außen! Angst als Triebfeder für Freisetzung nötiger Energien beherrscht unser Leben ebenso wie das unserer Vorfahren vor tausenden Jahren, nur die Instrumente haben sich fundamental geändert. Die Geschwindigkeit des Lebens wurde maximiert, die Lebensdauer fulminant erhöht. All dies geschah in wenigen Generationen. So schnell kam die Evolution mit der allgemeinen Entwicklung nicht mit, der moderne Mensch kämpft mit sich selbst.

Ereignisse fern unserer Heimat, die live berichtet werden, werden unreflektiert als akute persönliche Bedrohung wahrgenommen. Wir erfahren zu viel, unser Gehirn speichert jede Eventualität an Gefahren. ›Zu Tode gefürchtet ist auch gestorben!‹, ›Angst essen Seele auf‹... die Dimension der Angst erreicht ständig neue Maßstäbe, unsere körperliche Widerstandskraft hingegen nicht. Obwohl Österreich seit Franz Fuchs keinen Terroranschlag mehr zu beklagen hatte, fürchten sich leichtgläubige Anhänger angstmachender wie auch rechtsextremer Parteien vor Phantomen. Die theoretische Möglichkeit, einen gewaltsamen Tod zu erleiden, genügt, um Panikreaktionen zu provozieren. Umgekehrt stelle man sich vor, ein Lottospieler hüpfe euphorisch durchs Leben, weil er nach der nächsten Ziehung theoretisch reich sein könnte. Positive Erlebnisse anderer bleiben kaum im Kopf hängen, negative allerdings viel zu oft. Die Gefahr eines Bürgerkriegs wurde in die Köpfe gepflanzt, obwohl es an kaum etwas fehlt.

Angst ist Triebfeder des Privatlebens, des Jobs, wie auch der Politik. Politiker sind auch nur Menschen, weshalb sie selbst voll von imaginär erzeugter Furcht, vermeintliche Sicherheit zum Preis der Freiheit zu opfern bereit wären.

Die Menschheit weiß einfach zu viel! Sie erlebt zu viel. Sie konsumiert zu viel. Übersättigung macht uns müde und gleichzeitige Furcht vor dem Verlust materieller Werte treibt uns zeitgleich in die Unmenschlichkeit. Unterdessen wird leichtfertig übersehen, wie die unendliche Menge an schönen Dingen des Lebens unser Dasein erquickt. Aber so sind wir gepolt! Egal, wie sehr ein Angestellter tagtäglich große Leistungen in seinem Job bringt: Am Ende wird er an den wenigen Fehlern, die er begeht, weit intensiver gemessen. Unsere Gesellschaft steigert sich autonom in krankhafte und brandgefährliche Paranoia-Zustände. Es sollte eigentlich umgekehrt sein, denn irgendwann geht jeder von uns den Weg alles Irdischen. Bis dahin sollte es eigentlich schön sein, trotz der Rückschläge ...

Dieser Artikel ist von 2015, spiegelt aber die allgemeine Situation wider.

Man kann sicher sein, dass jetzt, 2020, die Zahlen weiter unaufhörlich nach oben schnellen ... https://ooe.orf.at/news/stories/2802243/

Zusammenfassung:

- Negative Nachrichten beherrschen die Welt. Sie injizieren Angst in unsere Gehirne. Angst erzeugt Wut. Wut erzeugt Hass. Und Hass erzeugt Gewalt. Diese Spirale des Schreckens muss unterbrochen werden!

Depressionen wirken meist als Teufelskreis und sind oft schwer heilbar

Lösungen?

Die bisherigen Kapitel haben versucht, auf simple Weise die uns alle bewegenden Muster verständlich zu beschreiben. In diesen Texten wurden einige akute Herausforderungen für den gesunden Weiterverbleib unserer Art aufgezählt. Am Ende bleibt uns aber, auch wenn unsere sozialen Probleme gelöst wären und unsere Politik besonnen funktionieren würde, die ständige Bedrohung, unseren Planeten überzustrapazieren und die Zeche dafür bezahlen zu müssen. Unser aller Wohl ist ein sehr fragiles Modell. Nicht nur uns als Individuen könnte jede Sekunde etwas zustoßen. Auch das inzwischen kaum zu entwirrende globale System steht permanent auf tönernen Füßen, wie uns in den letzten hundert Jahren praktisch als auch theoretisch bewusst gemacht wurde.

Doch unsere Welt muss nicht untergehen! Sie muss überhaupt nicht leiden, behandeln wir sie mit Bedacht und Liebe. Nach wie vor gibt es jede Menge Möglichkeiten, die drohenden Szenarien zu verhindern, die logisch aus unserem gemeinsamen Verhalten entstehen, Dieses Buch soll kein ›Das Ende ist nah!‹-Panikverbreiter sein, sondern zum Nachdenken animieren.

Wichtig ist aber, all diese Trends zu kennen. Nur so kann man als Einzelner wie auch als Gemeinschaft entgegenwirken. Kennt man die Gefahr nicht, bleibt nur die Möglichkeit, darauf zu reagieren, anstatt dass schon im Vorfeld zu agieren. Jeder der hier beschriebenen Punkte besitzt mehr oder weniger vernichtendes Potential, wodurch es sehr wichtig ist, sich als Mensch nüchtern und sachlich damit zu beschäftigen, bevor unnötige Schnellschüsse passieren, die niemandem helfen.

Um der Kausalität ein wenig mehr Herr zu werden, ist es notwendig, diese als ›gegeben‹ zu begreifen. Das hinlänglich beschriebene Naturgesetz von ›Ursache und Wirkung‹ kann uns zerstören, daran besteht kein Zweifel. Aber, wenn wir die Logik dahinter untersuchen, bietet sie auch Chancen auf Verbesserung. Jede von mir aufgezählte Gefahr ist nicht in Stein gemeißelt, wenn wir als Gesellschaft endlich damit beginnen, unsere Hausaufgaben zu machen.

Wir Menschen haben die Grenzen der Physik und Chemie kennengelernt. Wir haben das Universum entdeckt. Neben dem Makrokosmos eröffnete uns unsere Neugier ebenso den Mikrokosmos. Wir wissen um Krankheiten, Ursachen, Tendenzen und Möglichkeiten.

Wir erobern ebenso das uns erreichbare All, ob mit Teleskopen, mit Sonden oder persönlich. Homo sapiens lernt den Plafond seiner Macht kennen. Die menschliche Zivilisation funktioniert momentan so gut wie noch nie. Dazu wurde uns von Mutter Erde bislang auch jede Gelegenheit geboten. Zum ersten Mal allerdings zeigt uns die Umwelt, dass ihre Kapazität, trotz kosmisch fast idealer Bedingungen, endlich ist.

Homo sapiens muss umdenken!

Will er am Ende nicht verblüfft und radikal dezimiert zu spät erkannt haben, dass es keine Unendlichkeit an Ressourcen gibt, muss er schnell reagieren, so lange es noch möglich ist. In den 80ern des 20. Jahrhunderts – andere Themen beherrschten das kollektive Bewusstsein – etablierte sich ›5 Minuten vor 12‹ als Phrase für unseren Umgang mit unserer Umwelt. Damals glaubten wir, naiv im Vergleich zu jetzt, der Mensch könnte den Planeten zerstören. Inzwischen wurden wir doch klüger und erkannten unsere Grenzen. Trotz der kurzen Zeitspanne, die seitdem verging, erklimmt die naturwissenschaftliche Forschung regelmäßig neue Stufen des Fortschritts. Jetzt wissen wir immerhin, dass es uns wahrscheinlich, selbst wenn wir wollten, unmöglich wäre, den Planeten nachhaltig zu ruinieren. Um Schaden reparieren zu können, besitzt die Erde viele Millionen von Jahren an Zeit. Sie säße uns also locker aus. Die einstweilen erlangten Erkenntnisse geben jedoch kaum Raum für Optimismus, denn wir haben eines erkannt: Wir sägen am eigenen Ast! Der Mensch ist drauf und dran, sich selbst die Lebensgrundlage unweigerlich zu zerstören. In ein paar Jahrzehnten könnte das menschliche Leben schon so aus den Fugen geraten sein, dass die von uns verbrannte Erde unserer Art kein Fundament für eine Wieder-Gesundung mehr bietet. Viele Milliarden Menschen könnten unserem Leichtsinn zum Opfer fallen. Wir wissen längst, dass wir annähernd jegliche Grenze erreicht oder überschritten haben, weshalb wir einiges umgehend korrigieren sollten. Ansonsten sorgen unter Garantie unvermeidliche Prozesse dafür, dass uns der Boden unter den Füßen vom Planeten selbst entrissen wird. Dessen sollten wir uns endlich bewusst sein.

Eigentlich sollte uns inzwischen panisch bewusst sein, was wir unseren Kindern, Enkeln oder Urenkeln hinterlassen. Welche Welt vererben wir ihnen wirklich? Welches Leid vererben wir als vierte Generation von Räubern am irdischen Reichtum? Nur, weil wir zu bequem waren, Maßnahmen zu setzen und unser System nachhaltig zu adaptieren, riskieren wir, dass unsere Erben ein unwürdiges Dasein fristen. Nur weil wir widerstandslos dem Willen Mächtiger nachgaben, hat sich die Wahrscheinlichkeit einer unwirtlichen Welt der Zukunft, gespickt von Gewalt und Krieg um wesentliche Themen wie Ressourcen und Nahrung, exponentiell erhöht. Doch die Aussichten nur zu beklagen, ist zu wenig. Der Tenor des ›Was sollen wir schon groß ausrichten können?‹ ist Zündstoff für künftige Weltenbrände.

Es bleibt uns keine Wahl. Wir sind nicht nur gezwungen, zu überlegen, welche Möglichkeiten wir zur Vermeidung des vermeintlich Unvermeidbaren besitzen, wir sind gezwungen, umgehend Handlungen und einschneidende Schritte zu setzen, um unseren Nachkommen lebenswerte Bedingungen zu vererben. Die Alternative wäre, aufzugeben. Dann fällt der Vorhang für unsere Zivilisation zumindest für viele Jahrhunderte und ein neues dunkles Zeitalter wäre unvermeidbar. Die Erholung der planetaren Umstände nimmt zigtausende von Jahren in Anspruch. Soviel Zeit besitzen wir nicht.

Vielleicht stellt unsere Erde die Champions League an günstigen Lebensbedingungen in diesem Universum dar. Vielleicht auch nicht. Jedenfalls bietet unser Heimatplanet herausragende Bedingungen zur Entfaltung von Leben. Ob es Orte im All gibt, die einer Spezies bessere Möglichkeiten bieten, sei dahingestellt, denn uns fehlen die Mittel, um dies herauszufinden. Fänden wir es heraus, bliebe die Machtlosigkeit, dorthin zu gelangen.

Deshalb …

Es gibt keinen Planeten ›B‹

Nur, weil Mutter Erde ideale Bedingungen für die Entstehung lebender Organismen bietet, konnten wir als Art überhaupt entstehen. Doch ohne funktionierende Biosphäre stößt selbst unsere hoch technologisierte Zivilisation an die Grenzen des Machbaren. Das sollte selbst dem einfältigsten Geist unter der Sonne hinlänglich bewusst sein. Aus diesem Grund sollten wir alle über Lösungen nachdenken, die unsere Zukunft wider allen düsteren Prognosen glorreich gestalten könnten. Nicht der Angstimpuls sollte das Fundament für Schlussfolgerungen bilden, sondern der Wille zur Rettung dessen, was wir haben. Angst ist stets der schlechteste Ratgeber von allen, sie sorgt ausnahmslos für verzerrte Wahrnehmung der Dinge. Auch führt Schwarzmalerei oder Pessimismus kaum zu besseren Alternativen, ganz sicher nicht. Deshalb denke ich hier laut über ein paar Möglichkeiten nach, wie es in Zukunft funktionieren könnte und eine maximale Zahl von Menschen menschenwürdig leben kann. Wie jeder von uns benutze ich nur die uns gegebenen Sinne und versuche, meine persönlichen Eindrücke fertig zu denken. Daraus entstand eine mir selbst entwachsene Philosophie. Manche Gedankengänge mögen radikal und unmenschlich wirken, keine Frage. Sie sind aber nicht der Weisheit letzter Schluss und pochen ganz sicher nicht auf Richtigkeit. Ich bin kein Wissenschaftler. Selbstverständlich bin ich auch nicht klüger, stärker, zäher, weiser oder reicher (das schon gar nicht) als andere. Am Ende bleibt nur jemand, der emotionslos mit dem ihm maximal verfügbaren Vorrat an diversen Aspekten, ein möglichst objektives Bild zu zimmern versucht, das vielleicht Impulse für andere Geister mit hoffentlich optimistischeren Lösungsansätzen setzt. Aber ich gestatte es mir, Schlüsse zu ziehen, weil ich es als Pflicht für alle Menschen erachte, Verantwortung zu zeigen und persönliche Anteile zu einer lebenswerten Zukunft für alle zu bringen. Zumindest gedanklich wird es nötig sein, sich mit den Szenarien auseinanderzusetzen. Ob man richtig liegt oder nicht, kann ich zum jetzigen Zeitpunkt, wie niemand von uns, behaupten. Deshalb geht es allein um Denkansätze, die vielleicht andere auch zum Grübeln bringen, um vielleicht realistischere Lösungen zu finden.

Meine Schlüsse waren einer persönlichen Regel unterworfen: Möglichst wenige Wesen sollen an den Veränderungen leiden. Eine Einstellung, die bei so manchem Politiker schmerzlich vermisst wird. Sehe ich mir die mittelfristige Zukunft unserer Zivilisation an, steht unserer Welt großes Leid bevor. Milliarden von Menschen werden die Früchte unseres unverantwortlichen Raubbaus zu spüren bekommen. Deshalb mache ich mir Gedanken.

Alles im Universum, sogar das Universum selbst, ist endlich. Irgendwann gehen alle Lichter aus. Nichts währt ewig. Deshalb böte sich eine bequeme Einstellung an: Im Grunde könnten wir an uns denken und nach uns die Sintflut kommen lassen. Politik der verbrannten Erde ist deshalb sicher die bequemste Konsequenz. Denn uns könnte es, wenn wir vom irdischen Dasein befreit sind, egal sein. Das ist aber absolut keine Option. Hätten unsere Vorgänger-Generationen die kollektive Zukunft nicht ins Kalkül ihrer politischen wie sozialen Planungen einbezogen, wären nun wir die Gelackmeierten. Der Lebensstandard wäre nach wie vor entsetzlich, das Mittelalter wäre nicht überwunden, der Großteil der Menschen leidend und nur würden kurz existieren. Also ist es ebenso Pflicht eines jeden von uns, sich zumindest Gedanken zu machen, wie diese Welt für unsere Nachkommen lebenswert bleibt. Erst das macht uns zu intelligenten Lebewesen. Auch, wenn manche Entscheidungen in Vergangenheit, Gegenwart und Zukunft große Fehler waren, ist es in unserer Verantwortung, im Hier und Jetzt fruchtbare Keime für unsere Kinder und Kindeskinder zu säen. Jeder Fehler der Vergangenheit war auch lehrreiches Mahnmal für Gegenwart und Zukunft. Katastrophen, Kriege, Unfälle und Veränderungen forderten Opfer, hinterließen aber lehrreiche Erfahrungen für uns. Um unsere Umwelt zu erhalten, werden deshalb in Zukunft drastische Einschnitte unseres Wohlstands unvermeidlich sein.

Visualisieren wir die menschliche Historie als Weg: Plötzlich endet dieser Weg und mündet in einer Gabelung. Links der Abhang, von dem man sich suizidal runterstürzt, doch zuvor lockt ein weiterer, stetiger, steiler, aber kurzer Aufstieg. Rechts eine Gerade. Stabil, auf hohem, gewohntem Level, kein Absturz in Sicht. Aktuell gehen wir alle frohen Mutes nach links, als könnten wir den tiefen Fall in die finstere Schlucht gar nicht erwarten.

Der etablierte Überschuss an Waren, Erfindungen oder Erkenntnissen, den unsere Gesellschaft angehäuft hat, böte Optionen. Vor allem der ›Westen‹ produziert viel zu viel, wodurch ein Gutteil der erwirtschafteten Güter entbehrlich ist und damit verloren geht. Das pervers ausgeartete wirtschaftliche System des Raubtier-Kapitalismus fördert Verschwendung in absurden Dimensionen. Doch all die Technik, die uns zur Verfügung steht, erlaubt uns weiterhin ausreichenden Output, falls sie effizient und der Allgemeinheit dienlich eingesetzt wird. Wir wissen längst, dass unser Planet die Ressourcen für weiteres Wachstum nicht mehr bieten kann und riskieren trotz dieser Kenntnis - wie mit Absicht – das materielle Gleichgewicht der Erde.

›Weniger ist mehr‹ sollte unser aller Devise in Zukunft sein. Ein erzwungenes Wirtschaftswachstum war einmal Um und Auf einer ständig der Weiterentwicklung unterworfenen Zivilisation, doch aktuell bedeutet dieses Prinzip, dass unsere Gesellschaft mit Anlauf den Selbstmord wählt. Ein Darwin-Award[60] für unsere gesamte Spezies wäre hochverdient. Wir sind am brisanten Status Quo unserer Umwelt ausnahmslos selbst schuld. Charles Darwin lehrte uns durch sein Werk ›Die Entstehung der Arten‹[61], ob man nun die Evolution reaktionär verneint oder nicht: Von nichts kommt nichts. Alles in der Natur basiert auf Ursachen, die in bestimmten Prozessen entstehen.

In den verstrichenen vier Jahrzehnten seit den 1970er-Jahren machten viele Zweige der Wissenschaft gehörige Fortschritte. Es hat sich einiges geändert! Vor allem die Naturwissenschaften schritten während der letzten 40 Jahre mit Siebenmeilenstiefeln voran, sodass einem interessierten Menschen bei all der Fülle an Entdeckungen in hübscher Regelmäßigkeit die Spucke wegblieb. Diese Fortschritte wurden vom Menschen teilweise gründlich genutzt. Dank der uns angeborenen Neugier, getriggert durch steigendes Forschungs-Tempo auch immer effizienter, wurden in einem geradezu lächerlichen Zeitraum diverse Quantensprünge vollzogen. Wir erreichten maximale Effizienz in den Disziplinen ›Produktion‹, ›Forschung‹, ›Interaktion‹, ›Mobilität‹ und ›Kommunikation‹. Überblicken wir die Produktivität des modernen Menschen mittels Unterstützung des Computers, verglichen mit der Zeit davor: Maschinen wurden effektiver - Menschen wurden im Zuge dessen mithilfe modernerer Computer effektiver. Das Kollektiv ›Menschheit‹ erwachte, weil es mit dem Instrument des Internets zusammengespannt wurde. Unsere Optionen zu produktiver Teilnahme am Gesamterfolg wurden beinahe unüberschaubar. Der westlichen Welt wurden enorme Verbesserungen zuteil. Leider aber wurde dadurch der Kreditrahmen bei unserem Gastgeber – Mutter Erde – gewaltig überzogen. Ändert sich unsere Lebensweise nicht grundlegend, ist bisheriges Leben von der Erde nicht mehr vorfinanzierbar. Dafür bietet sie bei weitem nicht die Kapazität, die nötig wäre. Wir haben jeden noch so unwirtlichen Fleck besiedelt und dadurch großen persönlichen Einfluss auf natürliche Prozesse genommen, aber unsere Gesellschaft ist geistig in die nächste Stufe der Evolution aufgestiegen. Sie ist keine Gesellschaft mit stark eingeschränktem Horizont mehr, sucht aus Platzgründen die räumliche Expansion und ist für weitere Entdeckungen hoch motiviert.

Jetzt hat sie sich wie ein organisches Gehirn über den Planeten gespannt: Milliarden von Neuronen, die in ständiger Interaktion über die Umstände des Körpers (Erde) informiert sind. Das sind fulminante Möglichkeiten im Vergleich zum 20. Jahrhundert. Es war der Planet selbst, der mit unserer Zivilisation sein eigenes Gehirn entwarf. Der terrestrische Wille, gesund zu bleiben, steckt daher instinktiv in uns allen.

Das bis vor kurzem äußerst erfolgreiche Modell des unbedingten Wachstums der Wirtschaft ist mit diesen Möglichkeiten nicht mehr aufrecht zu erhalten. Um das Ruder noch herumzureißen, bedarf es eines Endes des Wachstums, bevor der Nachwelt nichts mehr von unserer Erde bleibt.

Es gibt Auswege aus diesem Irrsinn, der uns eines Tages noch Kopf und Kragen kosten wird!

Sogar mehrere, mit einem Nachteil: Jede der Alternativen zu unserem System wäre mit Senkungen des durchschnittlichen Wohlstands verbunden. Die Menschheit lebt als Kollektiv auf viel zu großem Fuß. Wie wir aus den letzten Jahrzehnten inzwischen messen können, zeigt sich erbarmungslos: Unser gewünschter Standard ist auf Dauer nicht zu erhalten, weshalb es unumgänglich ist, über Alternativen nachzudenken.

Brauchen wir wirklich zwei Autos? Ist es nötig, um 20€ in andere Länder zu jetten? Wollen wir tatsächlich so viel zu essen haben, dass wir die Hälfte davon achtlos wegwerfen? Braucht der Mensch täglich Unmengen von Fleisch und Wurst? Ist es nicht dekadent, volle Kleiderschränke zu besitzen, weil wir für jeden Anlass andere Kleidung anziehen ›müssen‹? Ist es nötig, außerhalb der Saison heimische Früchte zu essen? Oder gar, ständig exotische Waren durch die Welt schippern zu lassen? Ist es das wert, dieser Erde mehr, als sie hat, abzuverlangen, weil wir auf nichts verzichten können? Die Antwort gibt uns der Brötchengeber, unser blauer Planet: Nein! Die Erde kann nicht mehr hergeben, als sie zu produzieren in der Lage ist. Ihr über die Jahrmillionen wachsendes Gleichgewicht ist nicht dazu da, um im Zeitraum eines lächerlichen Jahrhunderts aus der Bahn geworfen zu werden, damit ihre genialste Schöpfung im Überfluss lebt. Sie ist dazu da, um uns Leben und Nahrung zu spenden. Aber nicht, um Luxus und weit über jedes nötige Maß vorhandene Dinge bereitzustellen.

Soweit, so logisch. Es ist nicht möglich, mehr zu erwirtschaften, als es in einem (noch) gesunden Rahmen zur Verfügung gestellt werden kann. Also sollte die Weltgemeinschaft jetzt, eigentlich fünf Minuten nach zwölf, über Alternativen zum die Menschheit überrollenden Kapitalismus moderner Prägung nachdenken.

Abkehr vom ungeschriebenen Gesetz des Wirtschaftswachstums

Unbegrenztes Wachstum ist ein Mythos. Weder ist es Sternen, noch Lebewesen oder sonstigen Objekten in diesem Universum gegeben, endlos an Größe zu gewinnen. Genauso verhält es sich mit unserem Wirtschaftskreislauf! Die Tatsache, dass die Erde schon Ende Juli ihren ›Earth Overshoot Day‹ erlebt, an dem sie alle von ihr in einem Kalenderjahr produzierten Güter schon an uns Menschen vergeben hat, sollte uns schon längst zu denken geben. Aber nein! Nach wie vor wird unser gesamtes System von einem Hirngespinst angetrieben, immer mehr zu erzeugen. Schon im kleinsten Rahmen kann dies nicht funktionieren. Gibt eine Person über viele Jahre mehr aus als sie besitzt, wird sie mit Garantie in Schwierigkeiten kommen und früher oder später straucheln. Uns als Gesellschaft geht es nicht anders, denn mehr als zur Verfügung steht, können wir nicht schadlos zu Waren oder Leistungen verarbeiten. Weshalb ein Paradigmenwechsel unausweichlich ist! Vernünftig wäre, die vorhandenen Ressourcen und Güter möglichst effizient zu verteilen, um möglichst viele Menschen vom Kuchen, der unsere Wirtschaft nun mal ist, kosten zu lassen. Optimale Verteilung, vor allem an die ärmsten Regionen der Welt, garantiert friedlichere Umstände, bescheidenere Lebensweise und florierendes Zusammenleben. Wenn dieser Schritt ordentlich und gerecht durchgeführt wird! Bedarfsorientierte Verteilung ist in diesem Fall kein ideologisches Fantasie-Konstrukt, sondern ein unbedingt nötiger Schritt, um sozialen Unruhen, wo vielen Gegenden der Erde Ungemach droht, so wirksam wie möglich gegenzusteuern. Gerechte Verteilung kann, so lehrte uns die Geschichte, in keinem Fall Auftrag einzelner Regierungen werden, da in diesem Fall persönliche Interessen überwiegen und der Bevorzugung bestimmter Menschengruppen kein Riegel vorgeschoben werden kann. Einziges politisches Angebot, schon längst als geeignetes Instrument vorhanden, sind die Vereinten Nationen. Die UNO als Staatengemeinschaft böte all die Mechanismen, die es für eine gerechte Verteilung braucht. Politisch respektiert, aber leider immer noch sträflich von den mächtigen Staaten der Welt unterdrückt, wäre eine überregionale Verwaltung genau die Einrichtung, die für eine Verbesserung der aktuellen Zustände geeignet wäre.

Uns bleibt kaum eine Alternative, wollen wir unseren Nachfahren noch eine Restchance für ein menschenwürdiges Dasein bieten.

Nach wie vor, für viele Millionen von Jahren, erzeugt unsere Erde genug Bodenschätze und Lebewesen, um sogar zehn Milliarden Menschen adäquat zu ernähren. Die Mittel sind vorhanden, an der Verteilung derer muss jedoch ordentlich geschraubt werden. Bodenschätze, Getreide, Nutztiere…all die Waren, die unsere Heimat jedes Jahr für unser aller Wohlstand hervorzaubert, sollten daher von den Vereinten Nationen nach Kontingent (Schlüssel aus Einwohnerzahl, regionalem Verbrauch, regionale Notwendigkeiten etc.) und nicht nach den Gesetzen des Marktes ausgegeben werden.

Politisch kommen wir Menschen an einer Weltregierung daher nicht vorbei. Staatengebilde und nationale Interessen sind nach wie vor bedingt legitim, politischer Chauvinismus allerdings ist nicht mehr finanzierbar. Eine globale Verwaltung sorgt für gerechte Aufteilung der vorhandenen Ressourcen, um Konfliktherde durch Mangelversorgung der Menschen so gering wie möglich zu halten. Insbesonders, wenn man die Bedrohung durch die bereits beschriebenen Szenarien wie der rasch akuter werdenden Klimaerwärmung betrachtet. Realistische Studien prophezeien den Untergang unserer Zivilisation ab dem Jahr 2030. Sollte nur ein Teil des prognostizierten Unheils unsere Welt treffen, läuft die Welt Gefahr, wieder durch große bewaffnete Auseinandersetzungen außer Rand und Band zu geraten. Heutige Waffensysteme mit großem Tötungspotential bedrohen unsere Welt. Gerät die Welt daher in einen weiteren Brand, sind die Konsequenzen nicht auszudenken. Die UNO wurde nach dem zweiten Weltkrieg gegründet, um eine Wiederholung für alle Zeiten zu vermeiden. Nun steht die Menschheit vor ihrer größten Prüfung – das Werkzeug ›Vereinte Nationen‹ wäre noch nie so wichtig gewesen!

Theoretisch erzeugt unsere Erde ausreichend Nahrung und Energie für jeden von uns. Gezielte Verteilung wurde bislang durch gewinnorientierte Politik, unterstützt von unternehmensfreundlichen Gesetzen, verhindert. Bis in die Moderne zählte regionaler Wohlstand, der allerorts jedem fremden Wohlergehen vorstand. Menschlich ist eine ›Mir san mir!‹-Mentalität nachzuvollziehen, diese Bevorzugung persönlicher Interessen wurde allerdings vom dringlich gewordenen Zeitgeist überholt. All die Auswirkungen auf Klima, Fauna und Flora nehmen auf politische Grenzen keine Rücksicht und betreffen weit mehr Menschen als die innerhalb der eigenen Landesgrenzen. Konsequenzen werden daher auch bei absoluter Isolation von der Außenwelt unvermeidlich. Es ist daher logisch, dass Lösungsansätze als Antwort auf die akuten Herausforderungen auch nur überregional funktionieren können. Deshalb müssen vorhandene Ressourcen ab nun gerecht und präzise eingesetzt werden.

Ein Beispiel für verschwenderischen Umgang mit schwindenden Vorkommen, den jeder von uns im Alltag leicht beobachten kann: Wo auch immer man spaziert, genügt es, einen kurzen Blick in die Fonds vorbeifahrender Autos zu riskieren und die mitfahrenden Passagiere zu zählen. Ein enorm hoher Teil der Menschen sitzt allein im Auto und verschwendet dadurch unnötige Mengen an Energie. Dies wird von bewährten politischen Systemen nicht nur geduldet, sondern gar noch immer gefördert. Der Mythos von ›Freiheit‹ wird den Menschen nach wie vor suggeriert, um die Umsätze der KFZ-Produzenten weiterhin anzukurbeln. Diese vermeintliche Freiheit gebärdet sich inzwischen als Tanz auf dem Vulkan. Schon alleine der unverantwortliche Umgang mit fossilen Brennstoffen rechtfertigt radikale Maßnahmen. Dem ist aber eine anerzogene Einstellung im Weg, die uns rund um die Uhr suggeriert, ›besondere Rechte‹ zu besitzen und eigene Bedürfnisse – so dekadent sie auch sind – befriedigen zu müssen. ›Verzicht‹ ist ein Begriff, der keinerlei Akzeptanz erfährt, denn schließlich verdient man selbst ja nur das Beste. So die Botschaften der Werbung, der Politik und der persönlichen Umwelt. Bis vor kurzem vielleicht bedingt gültig, Ende der 2010er-Jahre aber gefährlicher Unsinn. Schließlich überlebt der Einzelne nur, wenn das Kollektiv halbwegs funktioniert. Droht Unheil, kann auch ein gerissener Mensch kaum den daraus resultierenden Ereignissen entfliehen.

Eine schon auf der ganzen Welt bewährte Form zur Reduktion der abgelassenen Schadstoffe sollte eigentlich schon längst von den Regierungen der Welt ernsthaft überdacht werden: Carsharing! Diese Form des optimierten Verbrauchs führt bis dato ein stiefmütterliches Dasein. Warum eigentlich? Effizienter Transport von Menschen ist sowohl logistisch als auch menschlich sehr wohl durch sacht vorausblickende Gesetzgebung möglich, ohne die Menschen vor den Kopf zu stoßen. Ohne politische Ratifizierung mit den drohenden Umständen angepassten Gesetzen bleibt diese Variante vernünftiger Mobilität allerdings ein Wunschtraum, dem sich kaum jemand freiwillig unterordnet. Diese Form des reduzierten Abgas-Ausstoßes ist nicht nur wesentlich effizienter, sondern auch den Lärm und die Staub-Belastung der betroffenen Gegenden reduzierend und muss daher politisch gefordert werden. Doch nicht, indem man die Menschen zu verlocken versucht und auf Freiwilligkeit pocht (funktionierte kaum), sondern mit ausjudizierten Gesetzen, die bei Nicht-Einhaltung empfindliche Geldstrafen nach sich ziehen.

Ähnliches böten autofreie Tage, angelehnt an das Jahr 1973, als die Ölkrise die Welt in Atem hielt. Damals musste der Not wegen reagiert werden, heute ist Reaktion längst vonnöten, AKTION seitens politischer Amtsinhaber ist daher fast ein ›Muss‹. Autofreie Tage böten definitiv verbesserte

Emissions-Werte, wobei auch diese Maßnahme nur Sinn stiftet, wenn sie überregional in Kraft träte. Ob unsere Bequemlichkeit dadurch ein wenig eingedellt wird, ist nebensächlich und lässt sich, vor allem im Berufsverkehr, leicht durch oben beschriebenes Carsharing bewerben. Die Erfahrung lehrt uns allerdings, dass die Wirtschaft ein elastisches Konstrukt ist und sich blitzschnell an veränderte Gegebenheiten anzupassen weiß. Kurzfristig ergäben sich wahrscheinlich horrende Verluste, langfristig passt sich ein Markt stets an und reagiert auch auf diese Änderung der persönlichen Mobilität.

Allerdings sind diese zwei Vorschläge nur der berühmte Tropfen auf dem heißen Stein. Es braucht wesentlich mehr!

Den Emissions-Ausstoß auf ein nötiges Minimum zu reduzieren sollte eigentlich seit Jahrzehnten höchstes politisches Ziel sein. Dem ist leider nicht so. Um regionalen Chauvinismus zu befriedigen, werden Abkommen wie jene der Klima-Konferenzen in Kyoto und Paris einfach ignoriert. Unnötige Marktsegmente, wie groß ihre Rolle in der Mobil-Ökonomie auch ist, werden nicht bekämpft. Nein, sie werden politisch nicht einmal thematisiert! Konnte man sich diese sträfliche Ignoranz vielleicht noch in den 1990er-Jahren leisten, bleibt heute kein Spielraum mehr… Keine Umsätze, keine Gewinne, nichts kann rechtfertigen, warum Kreuzfahrtschiffe, deren Abgas-Mengen exorbitant hoch sind und keinerlei Nutzen außer maximierten Profit besitzen, überhaupt noch durch die Meere schippern dürfen. Nur wenige Menschen sind bereit, für eine Flugreise tiefer in die Tasche zu greifen, wenn die Möglichkeit geboten wird, für einen Bettel weite und bequeme Flüge zu buchen. Der Verzicht auf unnötigen Luxus wird nicht gepredigt, sondern beinahe komplett ignoriert. Am 19.6.2019 veröffentlichte ›www.regenwald.org‹ folgenden Artikel:

https://www.regenwald.org/news/9399/kreuzfahrtschiffe-sind-dreckschleudern

Dieser Artikel dokumentiert auch nur ansatzweise, was schon längst allgemeiner Wissensstand ist: Die großen Kreuzfahrt-Unternehmen scheren sich einen wortwörtlichen Dreck um Vorgaben und produzieren eine Summe an Schadstoffen, die seinesgleichen sucht. Eine Vielzahl an Schwefeloxiden wird durch die Treibstoff-Gemische der Meereskreuzer in die Atmosphäre geblasen, um diese schwimmenden Monster durch die Meere pflügen zu lassen. Ebenso ›glänzt‹ der Flugverkehr durch entfesselten Wettbewerb, der ganz besonders die Umwelt belastet. Kerosin ist die emissionsreichste Variante raffinierten Öls. In den letzten Jahrzehnten stieg die Zahl der gebuchten Flüge extrem an, weshalb die Kurve weiterhin steil nach oben zeigt. Reduktionen sind weit und breit nicht zu sehen... Billigste Flugangebote produzieren ein stetiges Wachstum an Passagieren. War die Flugreise bis vor dreißig Jahren noch kaum erschwinglicher Luxus, so wurde sie zu einer alltäglich angebotenen Alternative, die allzu oft weit weniger kostet als die Reise mit dem Automobil. Pervers wird es endgültig, vergleicht man Bahnreisen mit Flugreisen zwischen zwei identischen Destinationen. Oft kostet die Reise per Bahn – umwelttechnisch wesentlich gesünder für unsere Atmosphäre – ein Vielfaches, verglichen mit der alternativ gebotenen Flugreise. Der Unterschied für den Kunden ist auffällig groß: Benötigt er für die Reise von 1000km mit der Bahn mehrere Stunden, oft durch erzwungenes Umsteigen und größeren Aufwand erschwert, braucht die Bewältigung der selben Distanz mit dem Flugzeug höchstens 90 Minuten...zu einem wesentlich billigeren Preis. Der persönliche Vorteil lässt sich nicht absprechen, deshalb verpuffen Appelle von Umweltschutz-Organisationen als auch seitens der Wissenschaft wirkungslos. Wir Menschen leben zwar als Kollektiv, das Individuum in uns jedoch schreit synchron ›Warum soll ich verzichten, wenn es der Rest der Welt nicht tut?‹.

Auf https://de.statista.com/statistik/daten/studie/374860/umfrage/flugverkehr-entwicklung-passagiere-weltweit/ findet sich eine aussagekräftige Prognose darüber, welche Richtung der ungebremste Flugreiseverkehr in den nächsten Jahrzehnten einnehmen wird. Von derzeit 4 Milliarden Fluggästen (Stand: 2017) wird der Bedarf - wird diesem Trend nicht Einhalt geboten - auf über das Doppelte (8,2 Milliarden) im Jahr 2037 steigen. In sage und schreibe zwanzig Jahren verdoppelt sich damit nicht nur die Zahl der Passagiere, da dieser Bedarf auch mit dementsprechend großer Steigerung der Flüge abgefedert werden muss. Details verraten jedoch nicht nur erhöhte Zahlen der jetzt schon entsetzlich hohen Emissionen, sondern auch eine ganze Latte an Nebeneffekten. So steigt die Zahl der Flughäfen oder deren Start- und Landepisten ebenso um diesen Faktor. Die unmittelbare Umwelt dieser Orte wird massiv beeinträchtigt, sowohl durch Verschmutzung mittels des Nahverkehrs, der infrastrukturellen Bedürfnisse, als auch durch exzessive Lärmbelästigung, wodurch die betroffene Tier- und Pflanzenwelt in arge Bedrängnis gerät.

So sind vorgeschlagene Verbesserungen, werden sie nicht gesetzlich vorgeschrieben, die Mühe des Ausdenkens nicht wert. Erst rigorose Maßnahmen der Legislative, fraglos ein Milliarden-Business an ihren Gewinnen hindernd, würde zumindest den Willen zur Trendumkehr in Richtung ›Rettung der Umwelt für spätere Generationen‹ bezeugen. Wird weiterhin kaum etwas unternommen, wobei es wiederum einen Schulterschluss der Staaten zwingend erforderte, bleibt alles beim Alten. Oder schlimmer noch: Der Zustand unseres Planeten wird sich weiterhin verschlechtern. Ständige Steigerung der für höhere Lebewesen unangenehmen Umweltbedingungen wird in den nächsten dreißig Jahren die gesamte Zivilisation der Menschen auf den größten Prüfstand aller Zeiten stellen. Es scheint, als unterschätzte ein noch immer viel zu großer Teil der Weltbevölkerung die üble Zukunft aller sträflich. Daher erfordert es eine gemeinsame Notbremse des etablierten Wirtschaftssystems, ansonsten schmecken alle, ausnahmslos und unerheblich, ob direkt oder indirekt betroffen, die Alternativen.

Zusammenfassung:

- Mehr geht nicht mehr! Die Weltwirtschaft hat längst einen Wert überflügelt, der den gesunden Rahmen sprengt, weshalb sie durch ein politisches General-Instrument – in unserem Fall durch die UNO – reguliert werden muss, will unsere Generation der Nachwelt etwas Anderes als verbrannte Erde hinterlassen.

Im Laufe der letzten Jahre verschärfte sich die Lage auf der Welt zusehends und in bedenklicher Rasanz. Unsere Wahrnehmung veränderte sich mit dem merklich wärmeren Wetter. Die Sensibilität wächst, doch verfolgt man die politischen Landschaften, ist wirklicher Wille zur Umkehr leider noch nicht zu spüren. Es wäre so viel zu tun, eine große Mauer an Herausforderungen steht vor uns, doch trotzdem bewegt sich zu wenig…

Es böten sich jedoch sehr wohl Möglichkeiten an! Wobei diese Optionen bislang am primitivsten, das die Menschheit bieten kann, strauchelte: dem nationalen Chauvinismus der Völker! Das politische Instrument für eine wesentlich nachhaltigere, global zusammenarbeitende Menschheit haben wir längst installiert. Wie schon erwähnt, böte die UNO all die politischen als auch sozialen Werkzeuge, um den Hebel Richtung ›Erhalt‹ zu bewegen.

Bedauerlicherweise aber ist die Weltgemeinschaft am Goodwill ihrer Staaten gebunden, allen voran befindet sich die UNO an der Leine der egoistischen, verbrannte Erde hinterlassenden USA, Wirtschaftsmacht Nummer eins und immer noch Klimazerstörer in Reinform. All die Zahlen, die uns täglich um die Ohren sausen und uns die beklemmende Situation unserer Umwelt beschreiben, irritieren die Mächtigen noch immer nicht. Uns vor den Tatsachen zu verstecken und so zu tun, als ginge uns die Situation der

Welt nichts an, da wir uns ohnmächtig als Individuum fühlen, führt uns in eine Spirale des Elends, deren Konsequenzen wir tatsächlich maximal erahnen können. Heutige Berechnungen, obwohl auffällig steigend in den Beschreibungen künftiger Horror-Szenarien, ermöglichen uns höchstens einen Blick auf den schwimmenden Teil eines Eisberges. Welche entsetzlichen Auswirkungen der Verlust unserer ökologischen Balance wirklich mit sich führt, erahnen wir höchstens. Starrköpfig verbleiben wir jedoch zwar bei der Ausführung persönlicher Interessen in der Globalisierung, Gegenmaßnahmen werden von den Staaten aber abgewinkt, als ginge sie die Erhaltung unserer Umwelt nichts an, denn schließlich ›sind ja die Anderen nicht besser‹. Sich ausschließlich persönliche Vorteile aus überregionalen Möglichkeiten ziehen, die Konsequenzen daraus allerdings regional betrachten…so winken uns Probleme der Sonderklasse!

Das UNO-Militärmonopol

Aktuell (Stand: Juni 2019) sind 193 von derzeit 206 mehr oder weniger weltweit legitimierten Staaten Mitglieder der Vereinten Nationen. Beinahe die ganze Weltgemeinschaft beteiligt sich also an grenzüberschreitenden Agenden zum Wohle der gesamten Menschheit. Darunter finden sich wichtige Aufgaben wie langfristige Reparatur infrastruktureller Zerstörung in von Kriegen gebeutelten Gebieten, Forschung zur Heilung von Krankheiten und Seuchen, Bildung, Kinderhilfe und viele mehr. Eine ideale Welt moderner Prägung, mit fähigen Staatsspitzen ausgestattet, würde mittlerweile reagieren und die Kompetenz-Verteilung zwischen Nationalstaaten und Weltgemeinschaft überdenken. Heutzutage leben wir im Grunde in administrativen Verwaltungsgebieten, deren Aufgabe es allein wäre, regionale Gesichtspunkte zur Erhaltung höchstmöglicher Gerechtigkeit und Armutsbekämpfung zu den vorgegebenen Regeln des internationalen Menschenrechts zu implizieren. Die Ära der Eroberungskriege ist fast zur Gänze in die Geschichtsbücher verbannt, Armeen könnte man daher fast ausnahmslos in Katastrophenschutz-Bataillone umwandeln. In einer idealen Welt bräuchte es maximal Milizen, bestehend aus Berufssoldaten, um im Falle des Falles schnell für Sicherheit sorgen zu können. In einer idealen Welt …

Wir leben allerdings, wie uns in jedem hellen Moment bewusst gemacht wird, in keiner Idealversion unserer Welt. Noch immer streiten wir über nationale Interessen, unterdrücken ethnisch Fremde, bewegen uns im Geiste in einer das Revier stur erhalten wollenden Gesellschaft, deren Ziele selten über eigene Interessen hinausgehen. Stur hält sich ein schon längst absurder Gedanke in den Köpfen, der in den Menschen irrationale Ängste vor fremden Gefahren fördert. Militärisches Gedankengut lässt sich leider, wider jegliche Vernunft, nicht so einfach entfernen. Der Hall nach Krieg und Verderben verlockt global immer noch Millionen wie ein gefährlicher Virus zu den Mitteln der Gewalt. Unglücklicherweise, trotz freier Handelsabkommen und längst international unentwirrbarer Wirtschaft und Kommunikation, befinden sich die Geister der einzelnen Länder immer noch innerhalb regionaler Tellerränder und sind nicht willens, darüber hinaus zu blicken. Als der zweite Weltkrieg in Europa zu Ende war, begann, frei nach dem (gescheiterten) Konzept des Völkerbundes, die Idee miteinander verwobener Staatenbünde um sich zu greifen. Die UNO, die Europäische Union, die NATO, zuvor auch der Warschauer Pakt, doch ebenso in den anderen Kontinenten unserer politisch strukturierten Welt, wurden zum Zwecke miteinander agierender Nationalstaaten gegründet. Die Grundidee war so simpel wie atemberaubend: Staatenbünde sollten bei Möglichkeit Kriege zwischen zwei Ländern vermeiden. Dies sollte durch stark vernetze Wirtschaftsbünde untermauert werden, denn immer, wenn Menschen miteinander Handel betreiben, werden kriegerische Interessen in den Hintergrund gestellt. Eine edle Erfindung visionärer Politiker, die aber nach wie vor von stark nationalistischen Trieben systematisch torpediert wird. Einen kalten Krieg, der uns Menschen beinahe den atomaren Untergang beschert hätte, zwei Golfkriege, unzählige Konflikte im Nahen Osten und in Afrika, zahllose Scharmützel in Mittel- und Südamerika und einen Balkan-Krieg später tritt die Zivilisation immer noch auf der Stelle und denkt, dass militärische Gewalt am Ende alles löst. Ein friedliches Werkzeug globaler Interaktion wurde mit dem Internet geschaffen und nun wäre die Zeit reif für individuelle Expansion. Und doch...die Köpfe eines Gutteils der Menschen sind nicht bereit, sich über eigene, winzige Horizonte zu bewegen. Obwohl gemeinsame Herausforderungen alle regionalen Pläne mittlerweile seit geraumer Zeit überschatten, wirken die Programme der politischen Parteien auf der Welt immer noch wie Relikte vergangener Zeit. Energieversorgung, Umwelt-Gefahren, Verschmutzung der Welt, Kriege mit importierten Waffen, die in Millionen von Flüchtlingen resultieren, welche wiederum Munition für Rechtspopulisten aller Welt bieten ... unser Planet zieht seine Kreise unverändert zu den letzten Dekaden durchs All. Die Gesellschaft des Menschen, seiner dominanten und alles verzehrenden Art, dreht sich ebenso im Kreis.

Bestimmte Bereiche der Politik gehörten daher schon lange aus den regionalen Parlamenten ausgegliedert und größeren Instanzen übergeben. So die militärischen Mandate, die Steuerpolitik (welche nur funktioniert, wenn sie so perfekt wie möglich – regionale Aspekte mittels aufgeschlüsselter Individual-Lösungen ausgenommen – dem internationalen Konsens unterworfen wird), Menschenrechte, Drogen-, Umwelt- und Bildungspolitik ... die Bandbreite der von den staatlichen Parlamenten längst zu entreißender Macht-Instrumente ist endlos. Einzig Verkehrs-, Sozial- und Wissenschafts-Politik darf mit gewissen Auflagen noch der (geringen) Kraft der Staaten überlassen sein, denn auf Dauer funktioniert es nicht, wenn jeder Staat zwar für seine Bewohner das Allerbeste aus globalen Spielregeln erringen will, während sie nicht willens sind, dafür auch adäquate Abstriche zu machen.

- 2000–2005 Zweite Intifada
- 2001 Albanischer Aufstand in Mazedonien 2001
- seit 2001 Krieg in Afghanistan
- 2002–2007 Bürgerkrieg in der Elfenbeinküste
- 2003–2011 Irakkrieg
- 2003–2009 Darfur-Konflikt
- seit 2004 Südossetienkonflikt
    - seit 2004 Unabhängigkeitskampf südossetischer Rebellen
    - 2008 Eskalation im Sommer 2008
- seit 2004 Huthi-Konflikt im Jemen
    - seit 2015 „Sturm der Entschlossenheit", Offensive von Saudi-Arabien, Ägypten, Bahrain, Katar, Kuwait, den Vereinigten Arabischen Emiraten, Jordanien, Marokko, Sudan und Pakistan gegen die Huthi-Miliz im Jemen
- 2005–2010 Bürgerkrieg im Tschad
- Seit 2006 Drogenkrieg in Mexiko
- 2006 Libanonkrieg 2006
- seit 2006 Fatah-Hamas-Konflikt
- 2006–2009 Dritter Kongokrieg
- 2008 Eritreisch-dschibutischer Grenzkonflikt
- 2008–2009 Operation Gegossenes Blei Gaza (Hamas)/Israel
- seit 2009 Krieg gegen die Taliban in Pakistan
- 2010–2011 Bürgerkrieg in der Elfenbeinküste
- 2011 Bürgerkrieg in Libyen
    - 2011 Internationaler Militäreinsatz in Libyen 2011
- seit 2011 Aufstand im Irak (nach US-Rückzug)
    - seit 2014 Irakkrise

- seit 2014 Krieg gegen den Islamischen Staat
- seit 2011 Bürgerkrieg in Syrien
  - seit 2014 Krieg gegen den Islamischen Staat
- seit 2012 Rebellion der Bewegung 23. März
- seit 2012 Konflikt in Mali
  - 2013–2014 Opération Serval
- 2013–2018 Bürgerkrieg im Südsudan
- seit 2014 Krieg in der Ostukraine
- seit 2014 Krieg gegen den Islamischen Staat
- 2014 Krieg in Gaza
- seit 2015 Jemenkrieg
- seit 2016 Rohingya-Konflikt
- seit 2016 Drogenkrieg auf den Philippinen

Liste von Kriegen seit 2000 - Quelle: Wikipedia

Wie die von der ›Wikipedia‹ übernommene Liste von kriegerischen Konflikten der letzten 20 Jahre in erschreckender Manier beweist, gibt es noch immer eine Menge von politischen Brandherden, die es zu löschen gilt. Immer noch leiden und sterben Menschen durch die Hand von militärischen Mitteln, deren einziger Zweck darin besteht, zu töten und zu zerstören. Da diese Kriege ausnahmslos von den Führungsriegen der beteiligten Länder (unerheblich, ob es sich um die politischen oder religiösen Machtzentralen handelt) ausgelöst und geführt werden, sollte ein Mandat für eine Weltarmee dringend überdacht werden. Kriegerische Mittel haben, will diese Welt noch länger existieren, aus verschiedensten Gründen aus den Händen regionaler Militärs entrissen zu werden:

Budgets, die mittels undurchsichtiger Kanäle oft zur Finanzierung von weiteren Schäden für die Menschen münden. Auch die Höhe dieser Budgets könnte, wenn in soziale Zwecke fließend, maßgeblich für eine homogenere Welt beitragen. Die astronomisch hohen Mittel, die dem militärischen und damit kriegerischem Zweck zur Verfügung gestellt werden, legen unverblümt irregeleitete Prioritäten dar. Leider nur ein Traum, würden all diese Milliarden und Abermilliarden an lokalen Geldmitteln für Bildung, Gesundheit oder Ökologie zur Verfügung stehen. Davon sind wir aber noch weit entfernt. Fraglich ist auch, ob die gegenwärtigen Muster der Menschen Alternativen erlauben. Jene, die über Geld verfügen, bestimmen das Geschehen. Und weil ausgerechnet der militärische Sektor hohe Gewinnraten verzeichnet, üben die Bosse des Todes ungemeine Macht auf die Regierungen der Länder aus. So etablierte sich unser System. So schwer ist es daher, diesen Teufelskreis zu beenden. Globalisierung hat beinahe jedes Kinderzimmer dieser Welt erobert. Doch leider wirkt sich dieser die Menschen näher aneinanderrückende Effekt noch immer nicht positiv auf die nationale Paranoia vieler souveräner Staaten aus. Der Ruf des nationalen Stolzes übertönt immer noch jeden progressiven Effekt. Und wird es noch lange tun, stehen die Massen nicht geschlossen dagegen auf.

Subjektivität: Vor allem große Länder wie die USA, Russland, China, oder auch Israel usw. führen und finanzieren ihr Militär aus egoistischen Motiven. Als mahnendes Beispiel dient der zweite Golfkrieg der USA ab 2003, dem viele tausend Zivilisten zum Opfer fielen. Längst weiß die gesamte Welt, ebenso wie die Einwohner der Vereinigten Staaten von Amerika, dass dieser Krieg auf durchsichtige und dreiste Lügenpropaganda basierte. Zigtausende verloren ihr Leben, weil persönliche Interessen weniger Mogule daraus ihren eigenen Vorteil zogen. Militärische Maßnahmen der Staaten wie auch die lokale Gewichtung brutaler Gewalt sind immer von Interessen Einzelner geprägt. Zivilpersonen tragen zwar selbst Konflikte aus, doch die wenigsten würden freiwillig in den Krieg ziehen, ließe es sich vermeiden.
Der erste Weltkrieg ging als Mahnmal blinder Euphorie ins Gedächtnis der Menschheit ein. Millionen junger Männer, unwissend über die zu dieser Zeit stark verbesserte Kriegsmaschinerie, stürmten blind vor Begeisterung in einen schrecklichen Tod. Ausnahmslos jedes der zu Beginn des ersten Weltkriegs teilnehmenden Länder verzeichnete einen beispiellosen Ansturm auf die Anheuerungs-Büros des Militärs. Es galt als Landesverrat, wollte man nicht in surrealer Verzückung uniformiert und bewaffnet dem Land gegen den üblen Feind dienen. Diese perverse Gruppendynamik, die kaum der Pubertät entkommene Burschen in Scharen Richtung ›Front‹ taumeln ließ, fand damals ein jähes Ende, als die Erfindung des Maschinengewehrs kein Fortkommen der Offensive erlaubte und - einer Schlachtung gleich - die todesmutigen Soldaten zwischen den Fronten mühelos niedermähte. Der Krieg war kein romantisches Heldenepos mehr, er mutierte zur ›Blutpumpe‹, der eine ganze Generation zum Opfer fiel. Doch dieses Fanal der Geschichte stoppte den Nationalismus nicht, im Gegenteil. Es benötigte noch einen brutaleren, längeren und gnadenloseren zweiten Weltkrieg, um zumindest in Europa ein erstes Umdenken zu bewirken. Heute würde kaum noch jemand blindlings in den Tod stürmen, weil hiesige Politiker dazu auf-riefen. Dazu bräuchte es tatsächlich latente Gefahren, doch informieren sich die Menschen heute im Internet – zwar Propaganda-Mittel für viele

Arten der gezielten Fehlinformation, doch ebenso Offenbarer menschlicher Schwächen der Gesetzesmacher – doch ein wenig gezielter und reflektierter.

Technische Gefahr

Heutige Kriege bergen eine schwelende Gefahr für die gesamte Menschheit. Hinter diesen Kriegen stecken skrupellose Machthaber, denen oft jedes Mittel zur Erreichung von Zielen recht ist. Nicht wenige in der Geschichte waren irre und wahnsinnig, weshalb sie auch gnadenlose Bereitschaft an den Tag legten, unlautere und grausame Mittel zu ihren Zwecken in die militärische Waagschale zu werfen. In die hohe Politik strömen zumeist Personen mit überhöhter Selbsteinschätzung. Selten spült es reflektierte und besonnene Menschen ganz nach oben. Vor allem, da Besonnenheit in unserer Welt immer noch eher verspottet denn respektiert wird. Vermeintliche Stärke übt immer noch Sex-Appeal auf Wählerinnen und Wähler aus. Da Regenten in ihrem Wahn verlässlich – so lehrt uns die Geschichte – gegen humane Gesetze zu verstoßen bereit sind, war die Motivation zum technischen Vorteil zwingender Schritt, wollte man den Konflikt als Sieger beenden. Kriege waren stets Anlass für technische Quantensprünge. Tabubrüche gingen damit einher.

Berühmte Beispiele von Tabubrüchen sind schnell zu finden:

<u>Hiroshima</u>

Kaum einer der Wissenschafter aus der großen Entwickler-Riege des Manhattan-Projekts[62] ahnte von den Konsequenzen, die ein Abwurf ihrer Kreation auslösen sollte.

Die meisten erschraken furchtbar, als die Erfindung der Kernspaltung kurz danach zur Tötung von mehreren hunderttausend Unschuldigen verwendet wurde. Mit der Atombombe wurde 1945 die Büchse der Pandora weit geöffnet. Ein Instrument zur feigen Massenvernichtung stand plötzlich zur Verfügung. Ein probates Mittel zum Untergang der Menschheit war geschaffen. Daher führte der kalte Krieg, zwischen dem kapitalistischen Westen und dem kommunistischen Osten entflammt, zu einem ›Gleichgewicht des Schreckens‹, in dem sich beide Großmächte, die USA wie die UdSSR, mit tausenden Atomsprengköpfen in Schach hielten. Donald Trump, der vielleicht wahnsinnigste Mensch, der jemals in Reichweite des roten Knopfs zur Zündung von Atomraketen war, ließ die Welt schon mehrmals erahnen, wie wehrlos die Welt dieser Bedrohung im Falle des Falles gegenübersteht.

Das völlig verwüstete Hiroshima nach dem Wurf der Atombombe

Ypern

Eines der schrecklichsten Tabus wurde im ersten Weltkrieg gebrochen: Zum ersten Male wurde vom deutschen Kaiserreich 1915 in Belgien, in der Stadt Ypern, Giftgas, nämlich das unbarmherzige Chlorgas, eingesetzt. Tausende Soldaten wie auch Zivilisten fielen diesem tödlichen Gift, das die Atemluft zerfraß, auf qualvolle Weise zum Opfer. Schnell reagierten die teilnehmenden Staaten auf diesen Bruch des Völkerrechtes. Leider aber nicht mit menschlichen Methoden, indem sie diesen Mord verurteilten und mittels der daraus folgenden globalen Empörung für alle Zeiten verboten. Alle an den Schlachten des ersten Weltenbrandes teilnehmenden Staaten verwendeten ab diesem Zeitpunkt selbst die tödlichsten Chemikalien zur Vernichtung des Gegners. Die Frontsoldaten als auch bedrohte Zivilisten wurden mit Gasmasken ausgestattet, um auch eigene Angriffe auf den Feind zu überleben. Schließlich konnte der Wind drehen und das tödliche Gas plötzlich eine andere Richtung anvisieren. Der chemische Krieg wurde zum neuen Mittel der militärischen Abschreckung. Seitdem wurden chemische Waffen immer wieder Teil von Massenmorden und Kriegen. Immer noch werden horrende Mittel zur Erforschung neuerer, tödlicherer Substanzen bereitgestellt.

Durch solche Gasgranatenwerfer wurde 1915 der erste Giftgasangriff durchgeführt. Man wartete auf optimalen Wind und beschoss die Feinde mit tödlichem Gas.

Napalm

Die USA war es, die im Vietnam-Krieg skrupellos ganze Dörfer mit Napalm überzog, da sie keinen Fortschritt in diesem Konflikt verzeichnete. Dieses brennbare Material verwüstete ganze Dörfer, oft noch von vielen Zivilisten bewohnt und brachte die Menschen darin auf unmenschliche Weise zu Tode. Überlebende blieben oft für ihr ganzes Leben entstellt zurück und leben heute noch mit den Nachwirkungen dieser verheerenden Kriegstaktik.

Das berühmte nackte vietnamesische Mädchen, das zusammen mit anderen Opfern verstört nach einem Napalm-Angriff der USA flieht.

Landminen

Als sich die Fronten im ersten Weltkrieg verhärteten, entwickelten die Kriegsteilnehmer Mordinstrumente, die an Feigheit nicht zu überbieten waren: Das Maschinengewehr mähte ganze Bataillone nieder, Giftgas zersetzte Lungen und Organe der Soldaten, die ersten Bombenteppiche gingen auf Städte nieder. Doch ging es noch feiger und hinterlistiger! Landminen wurden zu tausenden in den betroffenen Frontgebieten gelegt. Der wartende Tod überlebt seitdem jeden bewaffneten Konflikt für Jahrzehnte …

Diese hinterhältigen Waffen werden in Kampfarealen massenhaft vergraben und überleben eine bewaffnete Auseinandersetzung bis lange nach Beendigung der Gewalt. Jahrzehnte danach töten Minen unverändert, weil ihre Mechanik so einfach wie diabolisch funktioniert: Tritt ein Mensch auf eine Mine, explodiert diese und hinterlässt Tod und Verzweiflung. Bis dahin ›ruht‹ dieses Ding, still auf den auslösenden Schritt eines Menschen wartend. Seit Beginn der 1990er-Jahre, also in den letzten dreißig Jahren, töteten Landminen ca. eine Million Menschen auf der Erde. Hauptsächlich nach kriegerischen Konflikten, indem die Opfer arglos durch unauffällige Landschaften stapfen.

Es lässt sich nicht verifizieren, welche Kriegsmittel die gemeinsten sind. Die meisten davon übertrumpfen sich gegenseitig beim Versuch, auf möglichst hinterlistige Weise den Feind zu vernichten. Eines davon jedoch lässt selbst unmenschlichste Machthaber zurückschrecken.

Biologische Kampfstoffe

Biowaffen sind der Gipfel des Bösen. Werden Krankheiten oder gar Seuchen in Feindesland getragen, wird jede humanitäre Grenze überschritten. Unsichtbar und ohne Rücksicht auf soziale wie finanzielle Unterschiede pflügen Seuchen ihre tödliche Spur durch belebte Siedlungen. Oft werden ganze Landstriche durch Epidemien ausgelöscht, zumindest aber werden betroffene Gegenden empfindlich in ihrer Autonomie gestört. Biologische Kampfmittel bergen aber einen Nachteil, weshalb sie sogar in den irrsten Köpfen lokaler Kriegstreiber nur selten in Erwägung gezogen werden: Bio-Kampfstoffe kennen keine Unterschiede, weshalb das Risiko besteht, auch sich selbst und die ›eigenen‹ Menschen früher oder später der Gefahr durch Ansteckung und Verbreitung auszusetzen. Dazu inkludieren freigelassene Krankheiten das nicht unerhebliche Risiko, zu mutieren und dadurch unkontrollierbar zu wüten. Obwohl hunderte mutierte Erreger in den Laboren der großen Militärmächte des Planeten eingefroren und damit jederzeit einsetzbar gebunkert sind, stellen sie mitsamt den Atomwaffen die unwirklichste und unrealistischste Gefahr der aktuellen Weltlage dar. Jede Menge Gerüchte existieren. So wird kolportiert, dass während des kalten Krieges die USA in ihrem eigenen Hoheitsgebiet Menschen heimlich für Tests benutzte.

Die Waffen der heutigen Zeit bewegen sich trotzdem auf gefährliches Terrain zu. Sie werden zunehmend anonymisiert. Drohnen erlauben verschiedenste, bis vor kurzem undenkbare Formen des feigen Tötens. Waren es zuvor Bomben oder Minen, die es den Kriegsparteien erlaubten, aus sicherer Distanz und mit minimalem Risiko Angst zu verbreiten und tausende von Zivilisten zu töten, bieten Drohnen noch viel mehr: Sie können aus der Ferne gesteuert gezielt das Leben rauben. Bodennah. Rücksichtslos. Versteckt und fern jeglicher Berichterstattung, damit die Weltöffentlichkeit so wenig wie möglich davon erfährt.

Eine moderne Kriegsdrohne

Mit Drohnen lässt sich auch alles transportieren: Maschinengewehre, Bomben bis hin zu Nuklearwaffen, chemische Waffen, biologische Waffen etc.

Kriegsdrohnen sind damit ein ultimatives Tabu, ein Höhepunkt von gewaltsamer Feigheit. Ohne dem Risiko ausgesetzt zu sein, eigene Soldaten in den Tod zu schicken, werden nun die ferngesteuerten Todesschwadronen tief in Feindesland gesendet, um gezielt Verwüstung zu bringen.

Inzwischen erfand der menschliche Geist jede mögliche Methode, um fremdes Leben zu nehmen. Militärisch wurde längst über die Stränge geschlagen, weshalb folgende ›Utopie‹ spätestens in fernerer, hoffentlich in nächster Zukunft, zum ›Muss‹ für die Welt reifen muss:

Eine funktionierende Welt der Zukunft muss, neben ökologischen Hürden, auch die Gefahr sozialer Brennpunkte auf Grund der geänderten Umwelt-Umstände der Welt einberechnen. Lokale Kriegsherren sollten daher umgehend, so sie an die Macht streben und nachweislich Menschen unterdrücken, von einer ›Weltarmee‹, bestehend aus maximal zehn Millionen Soldaten, aber in ihrer Größe individuell variierend, zur Räson gebracht werden. Dafür nötig wäre eine Zwei-Drittel-Mehrheit des UNO-Rates, dem alle teilnehmenden Nationen angehören. Die Teilnahme an dieser Armee könnte nach regionalen Gesichtspunkten – BIP, Einwohnerzahl, regionale Nähe – geregelt werden. Die UNO wäre damit die einzige ›Nation‹, welche über ein kriegsbereites Heer verfügt. Um eine Abstimmung über den Einsatz dieser Militärmacht – einer Armee, die gemeinsam von der Menschheit entsandt wird, um den Frieden zu gewährleisten – zu legitimieren, sollten mindestens 90 Prozent aller Staaten der Vereinten Nationen an dieser teilnehmen. Somit wäre der Aufstieg von Diktatoren und Despoten im Keim erstickt. Nach erfolgreicher Intervention (kein Land der Welt ertrüge auf Dauer eine Armee mit zehn Millionen Soldaten) bestünde die Kernaufgabe dieser Streitmacht darin, worin sie schon immer bestand: Aufbau und Erhalt von lokaler Infrastruktur durch Krisenzeiten, um intakte Verhältnisse zu schaffen, womit die betroffenen Gebiete auch danach friedlich ihr Dasein fristen könnten.

Ausschließlich diese strengen Umstände sollten es erlauben, militärische Operationen durchzuführen. Längst ist der Mensch selbst zur Gefahr für die eigene Existenz mutiert, weshalb es eine gemeinschaftliche Regelung braucht, will unsere Spezies nicht eines Tages plötzlich das Zeitliche segnen, weil ein irrer politischer Führer eine wahnwitzige Entscheidung trifft. Da es für den Erhalt der Welt, wie wir sie kennen, unabdinglich ist, die Staaten in ihrem militärischen Drang zu stoppen, werden wir über diesen Paradigmen-Wechsel früher oder später laut nachdenken müssen!

Die Welt stöhnt in steigender Manier unter anderen Problemen. Ihre Umwelt fällt ihr auf den Kopf. All die Ressourcen, die für Kriege verwendet werden könnten, fehlen der Erde, oder wären anderswo besser aufgehoben. Massive Schäden an der Umwelt durch Kriege nicht hinzugerechnet. Wir können uns Kriege schlicht nicht mehr leisten!

Bäume!

Die durchschnittlichen Temperaturen auf unserem Planeten beginnt langsam mit der Mission ›Durch die Decke schießen‹. Im Sommer werden die Hitzephasen extremer, länger und für Mensch und Tier zunehmend belastender.

Schon 2019 erreichte die durchschnittliche Temperatur auf der Erde Werte, die vor einem Jahrzehnt noch undenkbar waren.

Seit der Jahrtausendwende melden viele Studien eine beunruhigende Tendenz ... inzwischen dürfte die globale Durchschnitts-Temperatur 1,5 Grad Celsiushöher sein als noch vor dem Jahr 2000. Das ist beunruhigend. Sogar sehr beunruhigend!

Nehmen wir das Beispiel ›Wien‹. In der österreichischen Bundeshauptstadt wird es laut aktuellen Prognosen im Jahr 2050 anders aussehen als heute. Das Klima in diesen Breiten wird sich ändern, und zwar radikal! In dreißig Jahren wird Wien, so die aktuellen Studien-Ergebnisse, ein Klima aufweisen, das der Stadt Skopje in Nordmazedonien gleicht. Um es griffiger zu beschreiben: Skopje liegt ca. 1000km weiter südlich als Wien! In der nordmazedonischen Hauptstadt herrscht dünne Vegetation, trockene und karge Landschaften prägen das Bild dieser Gegend. Schon jetzt wurden in Österreich sechs Plätze entdeckt, wo die eigentlich aus Ostasien stammende Hanfpalme den Winter überlebte. Bis vor kurzem ein Ding der Unmöglichkeit, siedeln sich inzwischen Pflanzen und Tiere aus dem Süden vermehrt in den Breiten Mitteleuropas an. Die Natur stellt sich schon auf neue Gegebenheiten ein, eine Trendumkehr wird kaum noch möglich sein.

Was das für Mittel- und Nordeuropa bedeutet, lässt sich nach wie vor kaum prognostizieren. Die Landwirtschaft wird Probleme bekommen, stellt sie sich nicht dauerhaft um. Im Süden Europas könnten bald unerträgliche Werte dominieren, die zur Flucht aus vielen Gebieten zwingt. Doch wie kann man dieser Hitze entgegenwirken?

Eine Antwort ist leicht: Bäume! Die für unsere Natur lebenswichtigen Holzlieferanten wandeln CO^2 in Sauerstoff um, wie es bei jeder Pflanze durch die Photosynthese immerzu geschieht.

Neue Studien zeigen, dass weltweite Aufforstung das unsere Atmosphäre aufheizende CO^2 weitaus mehr binden könnte als zuvor geglaubt. Um zwei Dritten der CO^2-Emissionen zu schlucken, reichten 900 Millionen Hektar Wald, die auf unserer Welt fehlen. 900 Millionen Hektar sind – wir alle haben wahrscheinlich in der Schule aufgepasst – 9 Millionen Quadratkilometer.

Zum Vergleich: Russland, das größte Land der Welt hat eine Gesamtfläche von 17 Millionen Quadratkilometern. Grob gerechnet müsste die Menschheit so schnell wie möglich also, gut auf der Erde verteilt, die halbe Fläche Russlands neuen Bäumen widmen. Diese würden, erlaubt man ihnen, in Ruhe zu wachsen, in spätestens 80 Jahren die Emissionen der Menschheit auf ein Drittel runterdrücken. Forstet man die Fläche Russlands auf, wäre der Aufheizung unserer Erde eine leistungsstarke Natur-Klimaanlage entgegengesetzt, die es spielend bewältigen würde, unsere Temperaturen auf erträgliche Maße zu setzen und der Klimaerwärmung eine mächtige Schutzvorrichtung entgegenzusetzen.

Bäume würden aber nicht nur dringend nötige Kühlung verschaffen – auch die mittlerweile stark gebeutelte Natur hätte wieder eine Chance, sich zu stabilisieren. Viele Tier- und Pflanzenarten könnten dadurch wieder Reviere finden, in denen sie sich regenerieren könnten. Dem Insektensterben wäre eine Gegenmaßnahme gesetzt, wodurch sich auch die Population der Vögel wieder erholen könnte.

Das Mittel zur Rettung der Welt ist also natürliche Abwehr, die wir installieren könnten und die nachhaltig für weitere Jahrhunderte des klimatischen Friedens sorgt. Wir müssen nur beginnen!

In manchen Teilen unserer Welt beginnt die Zivilisation schon mit der Aufforstung. Vor allem sind es Gegenden, in denen der Sommer schon jetzt unerträglich ist. Indien zum Beispiel pflanzte 220 Millionen Bäume an einem Tag. Daran nahmen eine Million indische Bürgerinnen und Bürger teil. So wurde mehr als ein Symbol gesetzt. Äthiopien führte Ähnliches in noch größerer Dimension durch. Im Juli 2019 wurden – im in den letzten Jahrzehnten regelmäßig von katastrophalen Dürreperioden heimgesuchten Land durch eine landesweite Kampagne – gleichzeitig 350 Millionen Bäume neu gepflanzt!

Hier der Bericht dazu: https://www.tagesschau.de/ausland/indien-baeume-105.html

Nachahmung ist nicht nur wünschenswert, sondern nun nur eine Frage der Zeit. Abgesehen vom Nutzen, den die Bäume in relativer Bälde dem Planeten bringen werden, ist es enorm wichtig, den Menschen dieser Regionen nicht nur Hoffnung zu bieten, sondern auch Teilnahme abzuringen. Nur bewusste Menschen leben auch rücksichtsvoll mit der Natur in Eintracht! Gerade in den Ländern der Dritten Welt aber fehlt vielerorts immer noch das Bewusstsein für einen respektvollen Umgang mit dem, was uns der Planet bietet. Doch wird es nun, wo die Uhr erbarmungslos gegen uns tickt, schnell besser!

Zusammenfassung:

- Bäume retten das Klima! Der Mensch sollte daher Besitztümer und Grundstücks-Gesetze überdenken, um unsere Retter überall wieder zu pflanzen, um diesem lebensnotwendigen Retter ›Baum‹ wieder eine Chance zur Stabilisierung des Klimas zu bieten.
- Also: Pflanzen wir Bäume! Regelmäßig und überall, wo es nur theoretisch möglich ist, dass sie auch in Ruhe wachsen können!

Fridays for Future

Greta Thunberg ist mehr als ein kleines schwedisches Mädchen. Sie ist Symbol und Ikone einer Bewegung, deren Ausmaße zum jetzigen Zeitpunkt noch nicht abschätzbar sind.

Wenn eine Jugendbewegung - einer Kettenreaktion gleich - durch die Klassen und Schulen der Welt grassiert, sollte die Weltbevölkerung weit mehr als nur hellhörig sein.

Alte Menschen leiden zwar unter den schon jetzt aktiven Auswirkungen unseres verschwenderischen Tuns, doch sind es die Jungen, die noch weitaus schlimmere Konsequenzen zu fürchten haben. Deren Angst vor der Zukunft ist begründet, der Aufmarsch in den Städten dieser Welt nur der Beginn einer Bewegung, die sich zum Ziel gesetzt hat, unseren Planeten auch für deren Generation und die folgenden lebenswert zu gestalten.

Unsere Jugend weiß, dank der hervorragenden Durchschnittsbildung vor allem in der nördlichen Hemisphäre, wie sehr ihr künftiges Wohlbefinden auch von eigenem Engagement abhängt. Deshalb streikt sie nun an allen Freitagen und geht an diesem Wochentag nicht zur Schule, sondern auf die Straßen, um darauf aufmerksam zu machen.

Noch ist ein Großteil dieser Bewegung von Schülerinnen und Schülern dominiert. Doch reifen diese flott zu den Studenten und Wissenschaftlern, Meinungsmachern und Regierungen der Zukunft heran. Wissentlich über die Gefahr, die ihnen droht, haben sie ein Bewusstsein darüber entwickelt, dass Verschwendung und Konsum – speziell in unseren Breiten Alltag – unweigerlich in die Katastrophe führen. Anders als noch unsere Generation, wissen ›Millenials‹ um die Verantwortung eines jeden von uns und wollen diese auch wahrnehmen. Anstatt vollgepackter Regale, auch in jedem kleinen Dorf-Supermarkt, wollen sie eine lebenswerte Welt begehen dürfen, weshalb sie bereit sind, zu verzichten.

Noch besteht höchste Not, dass auch diese Generation von Öko-Revoluzzern dem System anheimfällt und selbst zur Totengräber-Generation späterer Jahrzehnte werden kann. Mit großem Bewusstsein allerdings beginnt es! Schon deren Kinder werden quasi mit der Muttermilch das Bedürfnis aufsaugen, diesen Planeten gerecht zu behandeln. Damit ist zu rechnen, dass unser turbokapitalistisches System im Laufe der nächsten fünfzig Jahre revidiert wird. Greta Thunberg reist um die Welt, eilt von Veranstaltung zu Veranstaltung, hält Rede um Rede. Sei es vor einzelnen Regierungen, die sie natürlich gerne präsentieren, oder auch vor dem EU-Parlament oder dem UN-Sicherheitsrat. Zum ersten Mal wird jemandem aus dieser Generation, die alle Auswirkungen der Klimaerwärmung und des Verlusts natürlicher Ressourcen frontal erwischt, Gehör geschenkt! Andere werden folgen, viele andere wiederum die nötigen Schritte setzen, um den Wandel in letzter Minute noch zu schaffen.

›Fridays for Future‹ ist daher mehr als eine Bewegung. Der Aufmarsch der weltweiten Jugend sollte sehr ernst genommen werden, denn immerhin ist sie es, die den Zustand des Planeten nicht nur erbt, sondern auch beheben muss, will die Menschheit noch länger existieren.

Am 11. Dezember 2019 wurde Greta Thunberg vom ›Time‹-Magazin zur ›Person of the Year 2019‹ gekürt.

Greta Thunberg könnte Person des Jahrhunderts werden, bewirkt sie doch großes Umdenken in unserer Gesellschaft.

›Extinction Rebellion‹ schlägt in dieselbe Kerbe wie ›Fridays for Future‹, aber wesentlich radikaler.

Mit Straßen-Blockaden, Sitzstreiks und ähnlichen Aktionen behindern die Aktivisten der Gruppierung den Verkehr oder blockieren öffentliche Plätze, bis sie von der Exekutive abtransportiert werden.

Damit erwecken die Menschen von ›Extinction Rebellion‹ den Zorn der Menschen.

Ein Umdenken bei erzürnten Bürgerinnen und Bürgern wird dadurch eher verhindert denn gefördert, weshalb ›Fridays for Future‹ als vorbildhafte Organisation den wesentlich nützlicheren Beitrag für eine halbwegs intakte Umwelt der Zukunft leistet.

Die UNO als wichtigster Beschützer der Balance

Um wirklich das Husarenstück einer Trendumkehr zu schaffen, benötigt es aber mehr als eine Jugendbewegung. Es braucht politische Erdbeben, die dauerhaft dafür sorgen, dass ein Wandel auch stabil erhalten bleibt. Der nächste ›Traum‹ meinerseits könnte daher einiges lösen. Es ist vielleicht der wichtigste Aspekt, der in den nächsten Jahrzehnten für die Erhaltung unserer Welt zwingend wird. Natürlich geht es um irdische Ressourcen, welche immer noch weit über jegliches vernünftige Maß dem Planeten entrissen werden. Auch dieser Raubbau, vielleicht auf lange Sicht noch fataler als die Klimaerwärmung, bringt á la longue nur Leid und Not. Wie uns der ›Earth Overshoot Day‹ jedes Jahr lehrt, lebt die Menschheit durch massiv übertriebene Weltwirtschaft bei unserem Planeten auf Pump, doch ist sie nicht willig, diese Schulden auch zurückzuzahlen.

Am 29. Juli, knapp nach Beendigung des ersten Halbjahres, wurden die Bodenschätze, die unser Planet in einem Kalenderjahr produziert, aufgebraucht sein. 2017 war der ›Earth Overshoot Day‹ noch am 2. August, im Jahre 2000 gar am 1. November!

Vor über fünfzig Jahren, im Jahr 1962, begann Homo sapiens mehr Ressourcen zu verbrauchen als die Erde produzieren kann. Ein Artikel über den ›Earth Overshoot Day 2018‹ vom ›WWF Schweiz‹ beschreibt die Misere im Detail: https://www.wwf.ch/de/medien/earth-overshoot-day-am-1.-august-sind-alle-erdressourcen-aufgebraucht

All die relativ neuen Klimaphänomene, die sich wie eine Plage auf der Welt vermehren, wie Hurrikans, Dürren, Hitzeperioden, Kälte-Extreme, Tsunamis, Überschwemmungen usw., sind Ergebnis unseres alles außer Acht lassenden, verschwenderischen Lebensstils.

Deshalb muss folgendes Konzept überlegt werden:

Die Vereinten Nationen sollten die Verwaltung über die Verteilungs-Gewalt einer Auswahl von natürlichen Ressourcen dringend übernehmen. Betroffen sind jene natürlichen Vorkommen, deren Abschöpfung die Reproduktion übersteigt, um dem Verlust des natürlichen Gleichgewichts unseres Planeten entgegenzuwirken. Der Bedarf an Bodenschätzen sollte nach strengen Schlüsseln (Einwohnerzahl, Bedarf, lokale Missstände…) erfolgen, woraufhin zumindest eine gerechte Verteilung gewährleistet wäre. Die Zuständigkeit obliege internationalen Gremien, von der UN-Mitgliedergemeinschaft aus einem Pool der besten Fachleute gemeinsam nominiert und besetzt. So sollte es zum Beispiel ein Landwirtschaft-, ein Bergbau- und ein Nahrungsmittel-Gremium geben, das für gerechte Kontingent-Verteilung auf transparente Weise sorgt. Die Bodenschatz-Abbau-Konzerne sollten logistisch eingebunden und, um dem Gewinnstreben auf Kosten unserer Umwelt entgegenzuwirken, aus dem Aktienhandel ausgeschlossen werden. Gewinne würden ausschließlich zweckgebunden zum Erhalt von natürlicher Infrastruktur und etwaigem, nach geo-ethischen Prinzipien handelnden Methoden für die nötige Produktions-Verstärkung im Sinne wachsender Effizienz eingesetzt.

Radikal? Sehr wohl. Politische Schritte wie dieser, zugegeben die weltliche Ordnung durcheinanderwirbelnd, zerrütten natürlich auch das wirtschaftliche System unserer Welt gehörig und sorgen für weitere, die Weltwirtschaft irritierende Mechanismen. Nur: Alle wissen wir über die Überproduktion und gleichzeitig damit korrelierende Verschwendung samt katastrophaler Auswirkungen am Ende Bescheid. Vieler Menschen Existenz hängt von gewinnträchtiger Produktion ab, das ist klar. Darauf darf die künftige Menschheit jedoch keine Rücksicht nehmen, da die negativen Effekte weiteren Raubbaus die große Mehrheit trifft, während die profitorientierte Minderheit persönlich motivierte Vorsorge leisten kann.

Die Rechnung ist eine einfache: Wenn die Erde nicht nachliefern kann, was gebraucht wird, sorgt dies naturgemäß irgendwann in näherer Zukunft für Notlagen. Diese resultieren in sozialen Unruhen, Kriegen und weiterer Zerstörung dringend nötiger Grundbedürfnisse. Ein Leben auf kollektiv gelebten Pump kann dauerhaft nicht funktionieren und wird grausame Ereignisse zur Folge haben. Bleiben wir deshalb gleich beim herrschenden Wirtschafts-System. Reale Lösungen werden, ich muss vorwarnen, noch radikaler werden, wenn wir der ausufernden Weltwirtschaft keine Fesseln anlegen. So leid es mir aber tut: Meine Schlüsse mögen vielen als erzkommunistisch oder extrem erscheinen, sind aber nur logische Schritte, um den

Untergang unserer Zivilisation im letzten Moment verhindern zu können. Persönliche Ideologie ist nicht Triebfeder meiner theoretischen Ansätze, es ist das Wissen um Kausalität, der alles unterworfen ist, vor allem die Gesetze unserer Natur. Wollen wir nicht eines Tages in einer Welt des unvorstellbaren Chaos und Leids erwachen, muss schon längst seriös darüber nachgedacht werden, wie dieses System, offensichtlich mit einem dick geschriebenen Ablaufdatum versehen, so optimal wie möglich reformiert werden kann. Der Punkt, wo rudimentäre Modifikationen am herrschenden System – an dem wir alle, ob wir wollen oder nicht, teilnehmen – stattfinden müssen, liegt eigentlich schon weit in der Vergangenheit. Außer politische Lippenbekenntnisse und halbgarer Reformen einzelner Staaten drehte sich das globale System weiter wie bisher, als wäre noch nichts geschehen, mit permanent stärker gedrücktem Gaspedal. Ob es uns passt oder nicht, unser Lebensstandard hat, wollen wir unseren Kindern und Kindeskindern eine intakte Welt überlassen, radikal gekürzt zu werden. Das wirtschaftliche System, auf dem unsere Zivilisation gestützt ist, bietet keine Alternative mehr, als von innen nach außen gekehrt zu werden.

Zusammenfassung:

- Ewig können wir dem Planeten nicht mehr nehmen, als er herzugeben vermag! Weshalb es überfällig ist, das herrschende System von Wirtschaft und Politik, zumeist gesteuert von ein paar Wenigen, grundlegend zu überdenken!

Verbot des Zinssystems

Zinsen sind des Menschen Fluch. Schon in der Steinzeit wurden Tauschmittel, wenn möglich, gewinnbringend verwendet. Da in unseren Köpfen stets der persönliche Vorteil Triebfeder für den Handel mit Geld war, erwies sich die Erfindung des Zinses als logische Folge. Zinsen bringen aber ausschließlich der Person Vorteile, welche diese Mehrleistung verlangt. Doch wächst mit jedem Cent, der in dieser Welt an Zinsen verlangt wird, der Berg der kollektiven Verschuldung. Es wird ein virtueller Mehrwert produziert. Das Produkt ›Geld‹ funktioniert aber nur, wenn ihm ein adäquater Produkt- oder Dienstleistungswert gegenübersteht. Geld, das ohne Gegenwert in den Kreislauf injiziert wird, muss diesen Gegenwert erst produzieren. Aus diesem Grund muss der Output erhöht werden, um eine wachsende Schuldenlast zu vermeiden. Zinsen zwingen eine Gesellschaft daher, dem ewigen Wirtschaftswachstum unterworfen zu sein.

Natürlich würde die Beendigung des Zinssystems fatale Auswirkungen auf Banken und Finanzinstitute haben, keine Frage. Leider lässt sich das aufgezwungene Wirtschaftswachstum, hauptverantwortlich für den Niedergang der irdischen Vorkommen, kaum noch mit faulen Kompromissen eindämmen. Um die Schicksale betroffener Menschen abzufedern, fänden sich sicherlich Unmengen von Maßnahmen. Die Folgen eines derartig kolossalen Wandels der weltweiten Ökonomie sind alternativlos, müssten aber natürlich gründlich durchgedacht werden. Sonst bewirkte dieser Fundamental-Schritt wiederum bewaffnete Konflikte, politische Instabilität, und dem zufolge Leid und Tod. Gleichzeitig, wäre es zwingend nötig, laufende Zinsen aller Art sofort einzufrieren, um dem erzwungenen Wirtschaftswachstum auch schnell entgegenzuwirken Auch Verzugszinsen, ein Mehrwert kleinerer Natur für den Einzelnen, aber eine horrende Summe für eine Gemeinschaft, sollten mit Ersatzhandlungen wie gemeinnütziger Arbeit getauscht werden. Verbindlichkeiten gegenüber der Öffentlichkeit wären sonst nicht mehr beglichen, würde nicht für ebenbürtigen Ersatz gesorgt.

Dieser garantiert extreme Schritt mag vielen sauer aufstoßen. Möglicherweise denke ich in diesem Punkt grundverkehrt, das schließe ich nicht aus. Die von mir gesehenen Konsequenzen müssen nicht sein, böten sich Alternativen an. Hier rufe ich den Leser oder die Leserin auf, es mir gleichzutun und über mögliche Alternativen zur aktuell, unsere eigene Welt zerstörende Praxis, nachzudenken. Sei es, wie es ist: Ambition sollte sein, Lösungen für eklatant wachsende Hürden künftiger Generationen zu suchen. Unser ökonomisches System, zwanghaft dem unaufhörlichen Wachstum unterworfen, ist nicht mehr aufrecht zu erhalten. Überdenken wir alle, ausnahmslos, unseren persönlichen Standard weiterhin nicht, rasen wir als Kollektiv, schuldig im Sinne der Anklage, auf einen Mega-GAU zu.

Hoffentlich haben diese Zeilen den einen oder anderen klugen Kopf animiert, selbst nachzudenken. Wahrscheinlich gibt es viele Varianten, die zu einer balancierten und stabilen Zivilisation führen würden. Der Rettung unserer Spezies sollte schon seit längerem alles unterworfen sein!

Noch besser wäre es, würde sich die Welt der Menschen zu einem radikalen Schritt bekennen: Wenn das Wirtschaftssystem unserer Tage in den Grundfesten gleichbleiben soll, wäre ein genereller Schuldenschnitt wenigstens Aufschub für weitere Jahre des Lavierens um Umsatz und Gewinn. Dieser Schuldenschnitt müsste aber – hier beginnt leider die Utopie die Realität scharf zu überholen – sowohl privat als auch für Unternehmen und

Staaten gelten. Eine Sekunde nach diesem Schnitt würde es wieder neue Schulden geben, das ist fix. Denn während ich nur diesen einen Satz verfasse, werden Milliarden von Dollars gehandelt, womit wieder neue Schuldenberge wachsen.

Zusammenfassung:

- Wirtschaftswachstum basiert auf Schulden. Weiteres Wirtschaftswachstum würde garantiert katastrophale Nachwirkungen erzeugen, weshalb dem Wachstum selbst der Kampf angesagt werden muss!

Bislang wirken meine Modelle schon für viele radikal und mögen sogar bei manchen für empörten Schaum vor dem Mund sorgen. Ich bitte um Verzeihung, denn ich bin eben nur ein Mensch, der versucht, die Situation, in der wir stecken, progressiv zu einem positiven Ende zu denken. Selbstverständlich stelle ich keinerlei Anspruch auf Richtigkeit meiner politischen Ideen. Einzige Motivation hinter meinen Ansichten ist die Sorge um unsere Zukunft.

Globale Geburtenkontrolle

In einigen Staaten herrscht Geburtenrückgang, korrelierend mit steigendem Wohlstand. Da diese Bevölkerungen jedoch gleichzeitig gezwungen sind (siehe ›Wirtschaftswachstum‹), ihre individuelle Produktionskraft zu erhöhen, wächst gleichzeitig auch der persönliche Verbrauch in exponentieller Manier. Regionale Bedürfnisse sind in einer zum Überleben gezwungenen Gemeinschaft nicht primär gefordert, da die gerade entstehenden Konsequenzen nachweislich wahllos auf dem gesamten Erdball spürbar sind. Weshalb sich die berühmte Katze in den Schweif beißt, wenn wir weiterhin meinen, Sonderrechte zu genießen, nur, weil sich der persönliche Standard nicht mit dem Gros der Menschen auf der Erde vergleichen lässt. Politische Maßnahmen ökologischer, wirtschaftlicher und demografischer Natur wirken in der Welt der Zukunft nur noch global. Unsere Bedürfnisse übersteigen nicht nur die nationale Produktivität, sie destabilisieren durch unsere Grundmotivation, der angeborenen Gier des Menschen, auch die weit entfernten Regionen.

Wozu sonst liegt in unseren Breiten Meeresfisch im Regal, wenn wir nicht einmal in der Nähe zum Meer wohnen? Weshalb sind Bananen überall erhältlich? Oder Pfeffer? Auch Konzerne sind weltweit vertreten und gleichen die globalen Bedürfnisse in faszinierendem Tempo an. Quer über den Globus wird ständig kommuniziert, gehandelt etc. – der individuelle Mensch ist aktiver Teil eines Netzwerkes, das längst um den gesamten Planeten gespannt ist.

Als eine der Hauptursachen einer ausblutenden Erde darf man die ständig wachsende Bevölkerungszahl zählen. Immer mehr Münder gilt es gleichzeitig zu stopfen. Immer mehr Konsumenten gehen gleichzeitig ihrem Tagwerk nach. Die absolute Zahl produzierter Waren aus irdischen Lagern steigt in noch nie dagewesener Weise, denn die Zahl der Individuen wächst nicht nur absolut betrachtet, sondern auch in ihrer persönlichen Effizienz. Die Produktionsleistung jedes Einzelnen von uns ist in den vergangenen Jahrzehnten in unvergleichlicher Weise gewachsen. Und es wird überall ebenso steigend der Bedarf nach infrastruktureller Optimierung erhöht. Kurzum: Die Welt ist durch ihre eklatant wachsende Geschwindigkeit nicht nur sehr schnell, sondern auch sehr gefräßig geworden! Deshalb stellt es zum Wohle aller nach uns Geborenen keinen Unterschied mehr dar, wo jemand geboren ist. Eine politische Konsequenz in nächster Zukunft muss daher in auch weltweite und ausnahmslose Geburtenkontrolle sein. Im Zuge einer gleichberechtigt werdenden Gesellschaft ist die ›Ein-Kind-Politik‹ zu überdenken. Ein möglicher Ansatz:

Weltweit wird es jeder Frau nur noch erlaubt, ein Kind zu bekommen. Auch, wenn dagegen größte Gegenwehr geschehen würde, wäre diese politische Maßnahme einziges Mittel, um nicht nur der vorhandenen Zahl von Menschen halbwegs Zukunft, sondern auch zukünftigen Generationen noch einen menschenwürdigen Platz auf diesem Planeten zu bieten. Nicht nur die Zahl der Individuen schnellt nach oben und wird sich erst um das Jahr 2050 bei 10-11 Milliarden einpendeln, sondern auch die durchschnittliche Lebenserwartung steigt weiterhin stetig in vor kurzem noch undenkbare Sphären. Schon jetzt aber verbraucht die Menschheit weit mehr, als der Planet produzieren kann. Steigt die absolute Zahl der Weltbevölkerung wie vorhergesehen, sind Engpässe jeglicher Art nur eine Frage der Zeit. Wiederum wächst damit enormes Gewaltpotential, dessen Resultat nicht absehbar ist. Wenn sich einmal Menschenmassen aus überbevölkerten und hungernden Regionen aufmachen, bleibt vermutlich kein Stein mehr auf dem anderen …

Bislang gab es ein politisches Beispiel der ›Ein-Kind-Politik‹, die spektakulär scheiterte. China versuchte damit, der Überbevölkerung Herr zu werden, vergaß aber, dass seine Bevölkerung dem männlichen Geschlecht starken Vorzug gibt. Resultat dessen ist ein gewaltiger männlicher Überschuss, der Millionen unglücklicher Männer hinterlässt, die niemals in ihrem Leben eine Partnerin finden werden. Die psychischen Auswirkungen sind nicht messbar, deren demographische Konsequenzen allerdings spätestens in zwanzig Jahren. Geschlechtliche Vorteile sollten daher präventiv unterbunden werden, indem es den Kliniken nicht mehr erlaubt wird, das Geschlecht des heranwachsenden Erdenbürgers vorzeitig an die Kindeseltern weiterzugeben. Verliert eine Mutter ihr Kind, bevor dieses körperlich erwachsen ist, wird es erlaubt, noch ein Kind zu bekommen.

Mir selbst bereitet diese Konsequenz große Übelkeit, doch sehe ich im Sinne einer halbwegs florierenden Zukunft unserer Spezies keine Alternative. Wir alle stehen vor der ultimativen Prüfung: einer zu klein werdenden Welt. Die Ein-Kind-Politik in China, inzwischen abgeschafft, lehrte uns die Schieflage des traditionellen Geschlechter-Weltbildes bestimmter Regionen. Ganze Dörfer starben aus, da chinesische Mütter ihre werdenden Töchter abtrieben, um einen als ›wertvoller‹ betrachteten Sohn zu gebären. Eine Generation verzweifelter Single-Männer infolge eines gigantischen Männerüberschusses dieser Jahrgänge brachte die chinesische Demographie ordentlich in die Bredouille. Die Geburtszahlen der nächsten Zukunft werden in gewissen chinesischen Gegenden noch einige Zeit zur Regeneration benötigen, bis sie sich wieder auf ein vernünftiges Verhältnis einpendeln. Balance war das Ziel, hingegen wurde mangels Erfahrung ein Problem erzeugt. Nüchtern wurde dieses die eigene Zukunft gefährdende Gesetz von der chinesischen Regierung erkannt und abgeschafft. Diese Erfahrung lehrt uns, dass zukünftige Geburtenregelung in jeder Hinsicht auf einzelne Kulturen achten, doch schlussendlich gerecht sein muss.

Bei allen Punkten gilt aber, im Gegensatz zu den kommunistischen Unrechts-Systemen der Vergangenheit, ein kolossaler Unterschied zur Vergangenheit: All die politischen Schritte, die eigentlich schon längst diskutiert werden sollten, müssten weltweit gleichzeitig in Geltung treten. Verpflichtend dazu müsste die gesamte Weltgemeinschaft diese Reformen geschlossen absegnen und exekutieren. Bei Problemen, die im Soge dessen entstehen, muss es auch die Weltgemeinschaft sein, die diese gemeinsam zu lösen versucht.

Zusammenfassung:

- Die Zahl der menschlichen Individuen auf diesem Planeten wächst unaufhörlich, obwohl sie schon jetzt viel zu hoch ist. Aktuell bräuchte die Menschheit zwei Erden, um halbwegs über die Runden zu kommen. Setzt man ökologische Schritte, wird deren Wirkung verpuffen, wenn gleichzeitig der absolute Bedarf weiterhin im Wachsen ist. Deshalb ist Geburtenkontrolle, fraglos ein grausames Mittel der Regulierung, zumindest zu überdenken. Doch nicht nur regional, sondern global!

Vermögensverteilung

Ein aus den Fugen geratenes System, gleich, ob natürlich oder künstlich entstanden, erzeugt gefährliche Vermögens-Schieflagen. Jedes noch so kleine Ökosystem benötigt möglichst ausgewogene Kräfte. Sowie die Wurzel des einen Baums stärker wird als die des direkt benachbarten Holzriesen, kippt die Balance, wodurch die stärkere Wurzel immer mehr überhandnimmt und die schwächere am Ende abstirbt. So ist es auch in der menschlichen Welt des Mammons. Für den Einzelnen ist es natürlich erfreulich, wenn er weit mehr Glück hatte als andere, wodurch ein gehobener Lebensstandard generiert wurde. Doch kippt diese Wippe massiv in eine Richtung … in die der alles verschlingenden Riesen am Ende des Spiels. ›Monopoly‹, das berühmte Brettspiel, verdeutlicht selbst Kindern, dass der Rest verliert, wenn einer zu stark wird. Resultat dessen sind immer wenige Reiche auf der Welt, die mehr vom Gesamtreichtum der Menschheit besitzt, während die Schar der Armen oder Armutsgefährdeten wächst, welche mit schrumpfenden Mitteln zu kämpfen hat.

Die Geschichte lehrt uns den Effekt, dass, wenn eine kleine Klientel zu viel besitzt, gleichzeitig die Masse zu wenig zum Leben zur Verfügung hat. Diese Schieflage erzeugte ausnahmslos soziale Unruhen bis hin zu Bürgerkriegen und Revolutionen. Da unsere Zivilisation inzwischen unlösbar ineinander vernetzt ist, sind die Auswirkungen in heutigen Zeiten nicht vergleichbar bzw. einzuschätzen. Finanzielle Ungleichheit erzeugt mit präziser Sicherheit soziale Missstände. Deshalb sollte uns Vergangenes als Vorbild dessen dienen, was uns in größerem Ausmaß blühen kann. Politische Systeme der Gegenwart müssten sich dementsprechend beweglich zeigen, um präventiv das Schlimmste zu verhindern. Leider aber steht der Realität eine Simplifizierung der Botschaften politischer Kräfte entgegen, obwohl die

Herausforderungen täglich komplexer werden. In den Verfassungen moderner Demokratien findet sich stets der Passus von ›Chancengleichheit für jeden Menschen‹, nur ist dieser längst durch die Auswirkungen ungleicher Verteilung von Macht und Vermögen ad absurdum geführt. Die Chancen des Bauernbubs im hintersten Zillertal sinken wieder, vergleicht man sie mit den Möglichkeiten eines mittelprächtig situierten, in der Stadt groß gewordenen Pendants. Da andererseits die Teilnahme an Information in steigender Form abgedeckt wird, steigt der Hunger des metaphorischen Bauernbubs, an der Welt des Pendants ebenso partizipieren zu dürfen, diametral. Schieflage wird greifbar. Neid wird geschürt und das Gewalt-Potential steigt.

Ein Maximalvermögen muss daher her, wodurch sich die Wippe wieder Richtung ›bessere Verteilung der Volksvermögen‹ bewegte. Tut mir schrecklich leid für euch, ihr weit über den Durchschnitt finanziell situierte Menschen. Es ist eure Pflicht, eure Kräfte der Allgemeinheit zur Verfügung zu stellen, um den sozialen Frieden zu gewähren.

Maximalvermögen: Jeder Mensch darf eine bestimmte Summe an Vermögen (inkl. gleichzusetzender Sicherheiten) nicht überschreiten. Jeder Cent, der ein Maximalvermögen übersteigt (10 Mio. € reichen absolut), wandert in die öffentlichen Kassen, zweckgebunden an soziale Maßnahmen.

›Nur 5-10 Millionen?‹, mit Sicherheit erzeugt eine derartige Forderung in manchen Kehlen entsetzte Reaktionen. Niemand neidet Reichtum, im Gegenteil. Ich würde mir eine Welt erwünschen, in der alle Menschen reich wären. Soviel böte jedoch sicher kein Planet in diesem Universum, um nicht irgendwann an Grenzen zu stoßen.

Nein. Um zu einem pseudo-kommunistischen Gedanken zu kommen, reichen Hausverstand und Logik. Idealismen sind passé, ebenso der Klassenkampf. Äußerst nüchtern betrachtet gefährden geparkte Gelder, die kaum noch am Wirtschaftskreislauf teilnehmen, in steigender Form die Stabilität eines demografischen als auch politischen und wirtschaftlichen Systems. Vergessen wir nicht, dass solche politischen Einschnitte auch dauerhaft dem leiblichen Schutz reicher Menschen dienen, denn wenn es so vielen Menschen wie möglich so gut wie möglich geht, sinkt die Gefahr stark steigender Kriminalität, welche vor allem die Straßenkriminalität und Gewaltdelikte beträfe. Aufstände gab es in der Geschichte genug. Viele dieser Ereignisse gingen nicht glimpflich für die Geldelite aus …

Hand aufs Herz: 5-10 Millionen Euro...mit derartiger Vermögenslage ist man unter Garantie im Stande, sein Leben bis zum Ende möglichst sorgenfrei zu leben. Obwohl diese Grenze auch nicht überschritten werden darf, ist getrost davon auszugehen, dass Menschen dieser Position auch weiterhin Gewinne erzielen und damit auf dem maximalen Level verbleiben können. Dies gewährleistet steigende Einnahmen für die Allgemeinheit, während der reiche Bürger ebenso reich bleibt und seinen Lebensstandard genießen darf. Geld aus diesen Quellen ist damit weiterhin oder wieder im wirtschaftlichen Kreislauf, doch bremsen derartige Gesetze die Gier unserer Global-Ökonomie spürbar ein. Der Reiche jedoch, vor allem der, der sich souverän entlang der Obergrenze hangelt, kann trotzdem ein relativ ausschweifendes Leben führen und seiner persönlichen Nachwelt fruchtbare Wurzeln hinterlassen. Angst um das eigene Fortschreiten sollte in den meisten Fällen nicht auftreten, der Fokus wäre der Stabilisierung des sozialen Friedens gewidmet.

Bis jetzt fielen mir ausnahmslos ziemlich radikale Veränderungen des politischen und wirtschaftlichen Lebens der gesamten Welt ein. Wirksame Alternativen sollten dankbar angenommen werden, nur schwindet die Chance mit jedem Tag, rudimentären Wechseln sanftere Methoden vorziehen zu können. Doch gibt es noch einen Punkt, welcher die Welt stärker und nachhaltiger befrieden könnte.

Der 4-Generationen-Sprachplan

Was ist ein 4-Generationen-Sprachplan? Einfach erklärt: Um gemeinsame, weltumspannende Schritte zum Schutze der eigenen Spezies auf Dauer zu etablieren, hilft gemeinsame Sprache. Eine Sprache, die jeder spricht, wirkt den parallel schwelenden ethnischen Konflikten und Destabilisierungen entgegen. So brächte es garantiert mehr Frieden, wenn innerhalb von vier bis fünf Generationen, also ungefähr 100 Jahren, ein menschlicher Paradigmenwechsel vollzogen würde. Eine gemeinsame Sprache (momentan böte sich Englisch an. Immerhin ist diese Sprache schon längst auf der ganzen Welt verbreitet), die allerorts gelehrt und gefördert würde. Ist dieser Zeitraum verstrichen, sollte die ganze Welt eine gemeinsame Muttersprache sprechen, die sich aber garantiert durch regional entstehende Dialekte unterscheidet. Um die alten Muttersprachen nicht vergessen zu machen, würden sie überall als Zweitsprache gelehrt.

Wie liefe ein derart umwälzendes Projekt ab? Am naheliegenden Beispiel der englischen Sprache kaue ich diese linguistische Revolution mal durch:

Generation 1 lernt Englisch als Umgangssprache vom Kindergartenalter an. Die Muttersprache wird weiterhin familiär und im Alltag gesprochen und geht damit nicht verloren, sondern wird in späteren Schulstufen als Zweitsprache zusätzlich gelehrt. Die Bildungseinrichtungen aber lehren vom ersten Tag an ausschließlich die englische Sprache. Insbesondere im Kleinkindalter sind Menschen mit faszinierender Lernfähigkeit ausgestattet, wie sich schon längst in zweisprachigen Kindergärten oder Volksschulen beweist.

Generation 2 erlebt Englisch auch im Alltag. Die einstige Muttersprache wird in der Öffentlichkeit nur noch als Fremdsprache verwendet. Ungefähr ein Vierteljahrhundert nach Einführung des Generationen-Sprachplans beginnen Ämter und Unternehmen, vermehrt auf die englische Sprache zu setzen. Auch Massenmedien liefern ihre Nachrichten, so sie von der öffentlichen Hand gefördert werden, nur noch in der künftig globalen linguistischen Sprachform.

Generation 3 wird überall nur noch mit englischem Vokabular konfrontiert. In Kindergarten und Schule, Universität und Firma. In Werbungen, Sendungen, Plakaten und öffentlichen Gebäuden. Egal, wo. Die frühere Muttersprache aber wird weiterhin intensiv als Fremdsprache in den Bildungsstätten gelehrt, wodurch das Lokalkolorit erhalten bleibt.

Generation 4 sollte nach diesem Plan automatisch nur noch mit der allumfassenden Weltsprache konfrontiert sein und diese wie ihre Muttersprache behandeln. Sei es in den fernsten Dörfern Indonesiens wie auch in Paris oder Tokio. Die Förderung der einstigen Muttersprachen wird verpflichtend in den Verfassungsrang der einzelnen Staaten gehoben.

Sprachbarrieren und deren Ausläufer, chauvinistischer Nationalismus und ethnische Differenzen sollten durch diesen, die Menschheit verändernden Schritt, in die Schmutzecke der Geschichte geworfen werden können. Die menschliche Historie zeigt uns unabhängig von Epoche und Konsequenz, dass unterschiedliche Sprachen oft verschärfend für kriegerische Auseinandersetzungen waren. Eine einzige Sprache untergräbt Fremdenhass und mindert Vorurteile. Im besten Fall vermeidet sie Kriege, erhöht ein unbedingt nötiges ›Wir-Gefühl‹ - für gemeinsame Herausforderungen unumgänglich.

Der optimale Ablauf könnte sogar die Menschheit einen.

Dass solche Ideen ins Reich der Utopie auszulagern sind, ist mir mit jeder Faser meines Körpers bewusst. Und doch sind es vielleicht träumerische Visionen, die uns einst vielleicht vor dem Niedergang der Zivilisation retten.

Religion wird zur Privatsache erklärt

Eines eint die Staaten dieser Welt: Es ist die oft gesellschaftlich dominierende Allgegenwart der Religionen. Die Kunst der Weltreligionen doch ebenso wie regionalen Sekten war es stets, den Gläubigen eine Heilsbotschaft zu übermitteln, um all die manipulierten Geister organisiert zu kontrollieren. So konnten sich, unabhängig von Erdteil, Ethnie und sozialer Schicht, die Massen unterdrückende Apparate etablieren, welche bis heute noch eine wesentliche Rolle in der Weltpolitik spielen.

Das Wesentliche wurde dabei übersehen: All die Kriege, Anschläge, Morde und Diktaturen dienten am Ende nur dem dahintersteckenden Apparat. Ein allmächtiger Gott, speziell ein gütiges Exemplar, hätte diesem Treiben keine Sekunde zugesehen.

Viele Anhaltspunkte erlauben dem aufgeklärten Menschen, die Existenz eines Überwesens gründlich anzuzweifeln. Die Widersprüche der Religionen werden aber hinlänglich von anderen Menschen präsentiert, weshalb ich nicht näher darauf eingehen muss.

Menschen benötigen den Glauben an das Übernatürliche für ihr geistiges Wohlbefinden. Seit jeher schon erklärten theologische Dogmen simplifiziert, wie die Welt funktioniert. Zur Antike bis ins finstere Mittelalter – an dessen Finsternis das Christentum keine unbedeutende Rolle spielte – hinderten übernatürliche Erklärungen physischer und chemischer Vorgänge selbstverständliche Fortschritte der geistigen Evolution. Die Angst vor dem Tod, gemischt mit der Sehnsucht nach einem besseren Leben nach der gnadenlos harten Existenz, beflügelte die Völker zu religiösem Eifer. Bis heute lässt sich dieser Virus, reziprok zu dringend benötigten Progressionen, nicht aus den Massen entfernen. Glaube erklärt, Glaube tröstet! Vor allem aber leitet der persönliche Glaube. Spielt man die psychische Klarinette der Menschen gezielt, macht er gefügig und öffnet die Türen zum Fanatismus. Der klerikale Einfluss hält sich nach wie vor in Dimensionen weitab jeglichen vernünftigen Maßstabs, weshalb es dem Überleben der Menschheit mehr als dienlich wäre, wenn sich die Prioritäten änderten, hin zu einer ebenso intensiven Würdigung unseres wahren ›Gottes‹, unserer Mutter Erde. Die Erde nimmt und gibt das Leben, sie ist der Körper, auf dem wir mangels eines Ausweich-Planeten unser Dasein zu fristen haben. Sie sollte schon längst gehegt und gepflegt werden. Doch nach wie vor ziehen es Milliarden von Menschen vor, einer die eigene Existenz schuldig bleibenden Figur ihre Energien zu widmen.

Nur: Neben all den kriegerischen Taten, die immer noch im Namen der Religion vollzogen werden, sind es gesellschaftliche Hürden, die sich durch die große Macht der Kulte nicht überwinden lassen.

Religiöse Motive indoktrinieren, unterwandern, manipulieren, entführen, quälen und töten. Nach vielen Jahrtausenden an überirdisch motivierten Gräueltaten steht die Gesamtheit unserer Art vor einem folgenschweren Scheideweg: Entweder wir kratzen im letzten Moment die Kurve, wobei es uns gelingt, die Natur wieder in ausgeglichene Positionen zu manövrieren, oder wir gehen mit fliegenden Fahnen unter. Kriege und kleinere Scharmützel werden wieder an der Tagesordnung sein, auch im westlichen Bereich der Erde. Bürgerkriege, Barbarei und Tod könnten in nicht allzu ferner Zeit zum Alltag unserer Kinder werden! Dabei ist eines zu beachten: Wird die wirtschaftliche Kraft einer Region destabilisiert, strömen Millionen von Menschen verzweifelt in die Fänge der religiösen Führer, wodurch sich weitere, längst vergessen geglaubte Krisenherde wieder entzünden könnten. Die Endlosschleife der Gewalt fände einen neuen Höhepunkt.

So wie unzählige andere Lektüren kann auch diese nur vor den Folgen des ewigen Kompromisses mit demographischen Viren, wie es die Weltreligionen sind, warnen. Politisch gibt es jedoch Optionen, um diesen Irrsinn ein für alle Mal in den Griff zu bekommen, um Eskalationen der Zukunft im Keim zu ersticken. Dazu gehört die strikte Verbannung religiöser Kulte aus dem öffentlichen Raum. Wer an religiösen Riten teilnehmen will, kann dies weiterhin tun. Strikt limitiert! Die Ausübung kultischer Verehrung jeglicher Götter wird daher in einer intakten Zukunft nur noch in den eigenen vier Wänden oder dafür zur Verfügung stehender Stätten stattfinden müssen. Ebenso ist es unabdinglich, Kirchen aus dem politischen Alltag strengstens fernzuhalten. Der Einfluss von Kirchen auf die tägliche Politik ist selbst hier im angeblich säkularen Österreich erschreckend hoch. Nach wie vor definieren sich Spitzenpolitiker durch ihren Glauben, wodurch sie noch immer irrealen Ideen anheimfallen, die womöglich in Gesetze involviert werden. Auch sind die langen Finger der Hydra ›Religion‹ immer noch in höchsten wirtschaftlichen sowie politischen Kreisen aktiv, wobei sie meist nur ihrer eigenen Klientel zum Vorteil gereichen, während nicht betroffene Personen wider den eigenen Geboten der Nächstenliebe unberücksichtigt bleiben und oft sogar angefeindet werden.

Weiters ist der elend langen Diskussion, ob Ethik-Unterricht dem Religionsunterricht den schulischen Garaus macht, ein Ende zu setzen. Ethik, ein Grundprinzip sozialer Interaktion, ist konfessions-übergreifend und einend. Religionsunterricht, vor allem in frühen Schulstufen, dient der

Trennung und dem Chauvinismus. Dass in unseren Breiten noch immer über den Ersatz der klerikalen Gehirnwäsche in Schulen diskutiert wird, spricht für sich. Steuerfreiheit für anerkannte Religionen, ein Relikt alter Zeiten, hat zum Wohle der Bevölkerung dieser Welt, abgeschafft zu werden. All die horrenden Einnahmen, vor allem aus diametral zu kirchlichen Geboten installierten Zins- und Immobiliengeschäften, kommen der Allgemeinheit zu Gute. Zukünftig sollten Glaubensrichtungen nur noch selbstfinanziert – durch Eintrittsgelder in ihre Tempel, Merchandising, Mitglieder-Beiträgen etc. – wie jeder Verein ihr Dasein fristen. Ebenso wird es Staatsoberhäuptern untersagt, im Dienst jegliche religiöse Veranstaltung zu besuchen, um Missverständnissen vorzubeugen.

Die strukturierte Verbreitung von Lehren, die dem Überleben der Menschheit nicht dienlich sind, erfolgt nur noch in den dafür vorhandenen Kirchenstätten. Da Missionierung zumeist nur den eigenen Glauben als das Nonplusultra dieser Welt beschreibt, andere Konfessionen aber gleichzeitig herabwürdigt bis diskriminiert, ist eine weitere Verbreitung dogmatischer Grundsätze aus der Bronzezeit unter Beobachtung zu stellen.

Es ist, wie es ist: Selbst friedlichste Ansichten nach den abrahamitischen Lehren laufen permanent Gefahr, durch fatale Botschaften radikalisiert zu werden. Säkularität, eigentlich eine Selbstverständlichkeit im 21. Jahrhundert, wie man meinen sollte, ist noch immer das Papier nicht wert, worauf sie geschrieben wurde.

Zuletzt betone ich noch einmal, dass meine Schlüsse keinen Anspruch auf Richtigkeit oder moralische Hoheit stellen. Niemals erdreistete ich mich, einen Stein der Weisen für mich selbst in Anspruch zu nehmen. Bedauerlicherweise sind es logische Schlüsse für eine bessere Welt, die sich kaum noch mit Alternativen verhindern lassen. All die Einigungen der jüngsten Vergangenheit, wie das Kyoto- oder das Paris-Abkommen, werden kalt lächelnd von den Nationen dieser Welt unterschrieben, doch keine Sekunde ernst genommen. Weder wird strengstens sanktioniert, noch dem Unwesen der schon lange überbordenden Konzern-Macht entgegengetreten. Wenn nur die Staaten gezwungen werden, etwas zu tun, während der Wirtschaft unverändert beinahe freie Hand gelassen wird und den Menschen selbst kaum Aufklärung oder strengere Regeln aufgestülpt werden, sind all die Klimakonferenzen nur weiteres Schwarzpulver im Fass der Klimaerwärmung. All die Reisen, all der logistische Aufwand, all das erweist sich als ›Perlen vor die Säue werfen‹, wenn die Erkenntnisse nicht exekutiert werden.

Nur hat unsere Art keine Zeit mehr! Unbemerkt übertreten wir alle den Ereignishorizont unseres Untergangs, da sich immer noch viel zu wenig verändert. Kippt das Klima, ist es zu spät. Für Schadensbegrenzung bleibt in diesem Fall auch kaum noch Zeit, denn es ist zu befürchten, dass die schiere Zahl der aufkeimenden Probleme nur noch Reaktion statt Aktion erlaubt.

Abschluss

Ich hoffe, dieses Buch konnte halbwegs nachvollziehbar erklären, auf welch dünnem Eis wir uns bewegen. Kausalität ist nichts Zufälliges, sondern zwingender Effekt aus Ereignissen. Dass wir zur denkenden Spezies dieser Welt wurden, ist einerseits unendlich großem Zufall zu verdanken, andererseits, als dieser Zufall seine Wirkung tat, war unsere Evolution logische Folge einer Erde, die sich selbst zu einem pulsierenden, aber fragilen Organismus entwickelt hat.

Was kann jeder von uns beitragen, damit unsere Natur auch der Nachwelt erhalten bleibt? Gibt es Möglichkeiten, die Welt zu verbessern? Was kann die Menschheit tun, aber vor allem: Was kann jeder Einzelne von uns besser machen? Jeder von uns, der schon erwachsen ist, ist de facto verpflichtet, sich diesen Fragen bewusst zu stellen und individuelle Antworten für das eigene Leben auszuarbeiten. Wir alle sind Teil eines über Jahrtausende entstandenen Systems. Dieses System entstand aus Empirie, weshalb wir ständig lernten, Details zu verbessern, womit sich wiederum neue Möglichkeiten entpuppten.

So konnte sich unsere Art zur beherrschenden und selbstverwalteten Art emporheben. Jetzt aber ist der Plafond erreicht. Wir strecken uns seit geraumer Zeit gegen den Himmel, wie Ikarus es tat. Wie diese klassische Geschichte des Größenwahns ausging, ist bekannt… Ohne radikale Reformen, ohne die erzwungene Bereitschaft aller Menschen, ohne aufrichtigen Willen zu Veränderungen in uns allen werden wir den Preis dafür zahlen. Noch mehr aber werden es unsere Kinder und Enkelkinder bereuen, in diese Welt hineingeboren worden zu sein. Unsere Generation ist nicht nur größter Ressourcen-Verbraucher, sie weiß gleichzeitig um die Konsequenzen ihres Tuns. Trotz alledem trifft jede Hiobsbotschaft, mit aktuellen Messdaten versehen, auf taube Ohren, sobald es um Wohlstandsverzicht geht. Verantwortung, vor allem im ökologischen Sektor, ist nichts, das man arglos von sich schieben kann. Sie ist unser aller Pflicht, ansonsten haben wir die Wahl: Machen wir weiter und gehen wir als Zivilisation unter, oder retten wir, was noch zu retten ist?

Denken wir darüber nach …

Ihnen, geschätzte Leserin, geschätzter Leser sei bitte noch eines mitgegeben: Bewusstsein beginnt im ›Ich‹. Fehlt es dem Individuum an Aufmerksamkeit für unsere Umwelt, kann man nicht erwarten, dass es einem

Kollektiv gelingt. Wir alle sind daher angehalten, unsere Welt zu schätzen, zu lieben und liebevoll zu versorgen.

Hoffentlich wandeln unsere Nachfahren noch auf einer Welt, auf der es sich wie gewohnt wunderbar leben lässt!

Gerald Kitzmüller wurde 1972 in Wien geboren und lebt nun in Baden. Er war bereits in jungen Jahren vom Weltgeschehen fasziniert und sah die Dinge mit anderen Augen, vor allem aber mit Demut und Dankbarkeit. Ein Viertel Jahrhundert arbeitete er in der IT, bis er die Zelte abbrach und die Selbstfindung suchte.
Die Geschehnisse auf dem Planeten wurden stets von Kitzmüller analytisch und nicht mit nationalen Augen, sondern mit denen eines Menschen betrachtet.

Sein Fluch ist seine Hochbegabung – sagt er von sich selbst – weshalb es selten wem gelang, seine Denkweise zu begreifen.
Inzwischen arbeitet der Autor als Freischaffender. Seit 2013 betreibt er, ziemlich erfolgreichen, einen gesellschaftlichen und politischen Blog und gilt als unbequemer Aktivist, der ohne Rücksicht auf eigene Verluste für eine menschliche und ökologische Gesellschaft eintritt.

Verweise:

1 https://www.spiegel.de/wissenschaft/natur/chicxulub-impakt-meteorit-war-reset-knopf-der-evolution-a-1183127.htm

2 Eso.org: ›Detailscharfer Blick auf Beteigeuze zeigt, wie Riesensterne Masse verlieren‹. https://www.eso.org/public/germany/news/eso0927/

3 Mars Express-Radar misst Wassermenge am Marssüdpol. ESA, 15. März 2007

4 Carl Edward Sagan (*1934 in Brooklyn, New York City - †1996 in Seattle, Washington) war ein US-amerikanischer Astronom, Astrophysiker, Exobiologe, Fernsehmoderator, Sachbuchautor und Schriftsteller.

5 https://www.geo.de/natur/8901-rtkl-wasser-das-magische-element

6 Kenkmann, Thomas: „Mit der Wucht von Millionen Wasserstoffbomben". Humboldt-Universität Berlin, 10. April 2004,

7 Alan Robock et al.: Did the Toba volcanic eruption of ~74 ka B.P. produce widespread glaciation? In: Journal of Geophysical Research. Band 114, Nr. D10, 2009, doi:10.1029/2008JD011652, http://climate.envsci.rutgers.edu/pdf/Toba6revised.pdf (Volltext als PDF)

8 http://oep.oxfordjournals.org/content/early/2013/08/29/oep.gpt030

9 »Planeten, soweit das Auge reicht« - http://www.eso.org/public/germany/news/eso1204/

10 Jürgen Mittelstraß: Art. Geozentrisch, geozentrisches Weltsystem. in: HWPh Bd. 3, S. 329 ff.

11 https://www.bloomberg.com/news/articles/2018-07-05/hottest-u-k-summer-in-decades-may-mean-bigger-wheat-imports

12 https://www.irishtimes.com/news/environment/ireland-in-state-of-absolute-drought-as-heatwave-continues-1.3554298

13 https://www.standard.co.uk/news/london/scorched-satellite-images-show-how-londons-green-spaces-have-been-parched-by-the-heatwave-a3897666.html

14 https://www.nachrichten.at/nachrichten/chronik/Hitzewelle-in-OEsterreich-haelt-in-den-naechsten-Tagen-an;art58,2965129

15 https://www.uni-muenster.de/NiederlandeNet/aktuelles/archiv/2018/0724droogte.html

16 https://www.welt.de/newsticker/news2/article178276946/Duerre-Lettland-ruft-nationalen-Notstand-wegen-Duerre-aus.html

17 http://www.faz.net/-15712886.html

18 https://www.agrarheute.com/pflanze/duerre-litauen-ruft-nationalen-notstand-546320

19 https://www.epochtimes.de/politik/europa/neue-strassengefahren-in-norwegen-rekord-hitze-am-polarkreis-treibt-rentiere-in-tunnel-a2508304.html#

20 https://www.theguardian.com/environment/2017/jan/18/2016-hottest-year-ever-recorded-and-scientists-say-human-activity-to-blame

21 http://www.klimaretter.info/forschung/nachricht/24118-2017-war-zweitwaermstes-jahr

22 https://www.earth-syst-dynam.net/8/577/2017/esd-8-577-2017.pdf

23 https://web.archive.org/web/20150923213133/http://www.de-ipcc.de/_media/IPCC_AR5_WGI_Kernbotschaften_20131008.pdf

24 http://www.ametsoc.net/sotc/StateoftheClimate2015_lowres.pdf

25 https://www.nzz.ch/wirtschaft/trump-plant-laxere-vorschriften-fuer-abgase-von-autos-ld.1408537

26 https://www.welt.de/politik/ausland/article176904866/Trump-will-Kohle-und-Atomkraftwerke-sofort-subventionieren.html

27 https://www.boell.de/sites/default/files/fleischatlas2014_vi.pdf

28 https://oesterreich.orf.at/stories/2863379/

29 http://www.scinexx.de/wissen-aktuell-13896-2011-09-15.html

30 Stephan V. Sobolev, Alexander V. Sobolev, Dmitry V. Kuzmin, Nadezhda A. Krivolutskaya, Alexey G. Petrunin, Nicholas T. Arndt, Viktor A. Radko & Yuri R. Vasiliev: ›Linking mantle plumes, large igneous provinces and environmental catastrophes‹ - http://www.nature.com/nature/journal/v477/n7364/full/nature10385.html

31 http://www.ipcc.ch/publications_and_data/publications_and_data_reports.htm

32 http://www.badische-zeitung.de/panorama/in-skandinavien-steigt-der-meeresspiegel-zu-langsam-an--149480797.html

33 Josef Settele, Robert Scholes u. a.: 4 Terrestrial and inland water systems. In: Climate Change 2014: Impacts, Adaptation, and Vulnerability. Part A: Global and Sectoral Aspects. Contribution of Working Group II to the Fifth Assessment Report of the Intergovernmental Panel on Climate Change. 2014, 4.2 A Dynamic and Inclusive View of Ecosystems, S. 280–282 (http://www.ipcc.ch/pdf/assessment-report/ar5/wg2/WGIIAR5-Chap4_FINAL.pdf).

34 Beschrieben im ›Provisional WMO Statement on the Status of the Global Climate in 2016‹ - http://public.wmo.int/en/media/press-release/provisional-wmo-statement-status-of-global-climate-2016

35 J.-P. Gattuso u. a.: Contrasting futures for ocean and society from different anthropogenic CO2 emissions scenarios. In: Science. Band 349, Nr. 6243, Juli 2015 - https://doi.org/10.1126/science.aac4722

36 Robert J. Nicholls und Richard S. J. Tol: ›Impacts and responses to sea-level rise: a global analysis of the SRES scenarios over the twenty-first century.‹ In: Phil. Trans. R. Soc. A, Volume 364, Number 1841, April 2006, S. 1073–1095. http://rsta.royalsocietypublishing.org/content/364/1841/1073

37 S. Jevrejeva et al.: Flood damage costs under the sea level rise with warming of 1.5 °C and 2 °C. In: Environmental Research Letters. Band 13, 2018, doi:10.1088/1748-9326/aacc76

38 https://de.wikipedia.org/wiki/Damokles

39 http://www.sektenwatch.de/drupal/sites/default/files/files/nlp_neurolinguistisches_programmieren.pdf

40 http://www.gwup.org/images/stories/pdf/themen/nlp.pdf

41 http://www.zukunft-braucht-erinnerung.de/franz-von-papen/

42 http://www.humanrights.ch/de/menschenrechte-themen/asylrecht/?gclid=EAIaIQobChMIqsfn98ng3AIVjOR3Ch1mZgZUEAAYASAAEgI4zfD_BwE

43 https://de.wikipedia.org/wiki/Panem_et_circenses

44 https://www.stern.de/politik/ausland/neues-gesetz--ungarn-macht-obdachlose-zu-kriminellen-8141244.html

45 https://www.profil.at/oesterreich/ueberwachungspaket-regierungsplaene-detail-9120571

46 https://derstandard.at/2000064958312/Neue-Schaetzung-Das-reichste-Prozent-hat-40-5-Prozent-des

47 http://www.spiegel.de/wirtschaft/soziales/vermoegen-45-superreiche-besitzen-so-viel-wie-die-halbe-deutsche-bevoelkerung-a-1189111.html

48 https://www.oxfam.de/ueber-uns/aktuelles/2018-01-22-82-prozent-weltweiten-vermoegenswachstums-geht-reichste-prozent

49 http://www.wider.unu.edu/publications/working-papers/discussion-papers/2008/en_GB/dp2008-03/

50 http://publications.credit-suisse.com/tasks/render/file/index.cfm?fileid=AD6F2B43-B17B-345E-E20A1A254A3E24A5

51 http://www.lisproject.org/publications/lwswps/1.pdf

52 http://economics.uwo.ca/faculty/davies/workingpapers/thelevelanddistribution.pdf#51

53 http://www.bundesbank.de/Redaktion/DE/Downloads/Veroeffentlichungen/Monatsberichtsaufsaetze/2016/2016_03_vermoegen_finanzen_private_haushalte.pdf

54 http://publications.credit-suisse.com/tasks/render/file/index.cfm?fileid=C26E3824-E868-56E0-CCA04D4BB9B9ADD5

55 http://publications.credit-suisse.com/tasks/render/file/index.cfm?fileid=AD6F2B43-B17B-345E-E20A1A254A3E24A5

56 http://www.economist.com/news/business/21694555-lessons-100-years-familys-industrial-empire-nordic-pyramid

57 https://www.credit-suisse.com/de/de/about-us/research/research-institute/publications.html

58 https://ourworldindata.org/war-and-peace#the-absolute-number-of-war-deaths-is-declining-since-1945

59 https://www.sueddeutsche.de/wirtschaft/apple-billion-dollar-1.4080229

60 https://de.wikipedia.org/wiki/Darwin_Award

61 Charles Darwin - „Die Entstehung der Arten" – ISBN 978-3-86820-002-7

62 Richard Rhodes: Die Atombombe oder Die Geschichte des 8. Schöpfungstages. Greno, Nördlingen, 1988; Volk und Welt, Berlin, 1990, ISBN 3-353-00717-2.